실버여행

초판 1쇄 인쇄 2008년 10월 24일   초판 2쇄 발행 2009년 5월 20일

지은이 사단법인 한국여행작가협회   펴낸이 김태영

비지니스 3파트장_박선영
기획편집 1분사_편집장 최혜진 책임편집_정지연
1팀_가정실 김세희 2팀_한수미 정지연 디자인팀_하은혜 차기윤
마케팅_곽철식 이재원 이귀애   제작팀_이재승 송현주

펴낸곳 (주)위즈덤하우스 출판등록 2000년 5월 23일 제13 - 1071호
주소 서울시 마포구 도화동 22번지 창강빌딩 15층 전화 704-3861 팩스 704-3891
전자우편 yedam1@wisdomhouse.co.kr 홈페이지 www.wisdomhouse.co.kr
출력 엔터 종이 화인페이퍼 인쇄 프린팅하우스 제본 대흥제책

값 11,000원 ⓒ 사단법인 한국여행작가협회, 2008 ISBN 978-89-92879-03-3 13980

* 잘못된 책은 바꿔드립니다.
* 이 책의 전부 또는 일부 내용을 재사용하려면 사전에 지작권자와 (주)위즈덤하우스의 동의를 받아야 합니다.

국립중앙도서관 출판시도서목록(CIP)

(대한민국 여행 고수 22인이 친절하게 안내하는) 1박2일 실버여행
/지은이 : 한국여행작가협회. -- 서울 : 위즈덤하우스, 2008
  p. ;   cm

ISBN 978-89-92879-03-3 13980 : ₩11000

한국 여행 [韓國旅行]

981.102-KDC4
915.19-DDC21   CIP 2008003155

대한민국 여행 고수 22인이 친절하게 안내하는

1박 2일
실버여행
Silver Travel

사단법인 한국여행작가협회 지음

프롤로그

　신석정 시인이 노래합니다. "어머니, 당신은 그 먼 나라를 아십니까?" 이제 이 책을 손에 든 당신은 그리 묻지만 말고 어머니를 모시고 그 먼 나라로 여행을 떠나야 할 시간입니다. 우리는 추억합니다. 어렸을 적 부모님 손잡고 찾아갔던 향기로운 꽃동산과 바람 잔잔한 물가를. 우리는 기억합니다. 부모님이 살 발라주시던 굴비 한 점의 고소함과 숟가락에 얹어주시던 한 가닥 산나물의 그윽한 맛을. 우리는 그리워합니다. 부모님과 함께 소나기 피해 숨어든 나무 그늘에서의 가위바위보 놀이와 별 헤던 밤의 무서운 옛날이야기를.

　세상은 참으로 많이 변해 부모님들은 말씀하십니다. "얘야, 우리는 아무것도 필요없다." "네 차를 타고 가면 불편하구나." 어리석게도 당신은 때론 그 말을 곧이곧대로 듣습니다. 당신은 참으로 바보입니다. 부모님들도 새 보일러가 필요하고 당신의 운전 솜씨를 대견스러워하십니다. 시간이 많지 않습니다. 당신은 없는 시간을 일부러라도 만들어 부모님을 모시고 이 산하를 두루두루 보여드려야 마땅합니다. 부모님들은 당신을 먹이고 입히고 키우느라 집과 동네 어귀만이 이 세상의 전부인 줄 알고 한평생을 사셨습니다. 세상은 참으로 넓어 볼 것 많고 맛난 것 많으니 늘그막에 자식들과 하룻밤 보내는 것이 얼마나 행복한 시간인지를 선물해 드려야 옳은 일입니다.

　한편으로 우리 주변에는 신체가 불편해서 창문으로 보이는 하늘만이 이 세상의 전부인 줄 아는 장애우들도 많습니다. 그들도 세상 밖으로 나가보고 싶어 하지만 집 밖으로 한 발짝만 나가도 온통 가시밭길 천지입니다. 계단은 왜 그리 높고 턱은 왜 그리 솟아 있으며 길은 왜 그리 울퉁불퉁한지요. 신체 건강한 사람들도 한순간에 회복하기 어려운 장애를 입을 수 있으며, 아무렇지도 않게 흘려보낸 어제와 달리 힘겹게 걸어가야 하는 오늘을 날마다 맞이하는 불행한 처지로 바뀔 수 있음을 우리는 알아야 합니다.

장애우들에게 여행은 일반인들과 더불어 즐겁고 따사롭게 세상을 살아갈 수 있음을 확인하는 소중한 기회입니다. 그들에게 여행은 자신의 불행을 비관하지 않고 꿋꿋하게 일어나 삶의 지혜를 터득해 가는 체험입니다.

『1박2일 실버여행』은 아주 따뜻한 동기로 썼습니다. 당신이 부모님을 모시고 다녀오면 좋을 만한, 그리고 장애우들이 자신감을 갖고 이 산하를 만나볼 수 있도록 우리나라의 아름다운 여행지들을 대한민국 최고의 여행작가들이 고르고 골라 한 권의 책에 녹여냈습니다. 한국여행작가협회 회원들은 여행기를 쓰면서 '실버 트래블 팁 Silver Travel Tip'에 세심한 주의를 기울였습니다. 여행지에 휠체어 통로는 있는지, 걸어야 한다면 어느 정도를 걸어가야 하는지 등등을 꼼꼼히 확인했습니다. 그러나 아직까지 우리나라의 여행지들은 장애우들의 이동에 불편한 구석이 많은 것이 사실입니다. 이 책이 그런 제도와 현실의 개선에 따끔한 충고가 될 수 있기를 기대합니다.

　이제 당신은 저희들이 제시한 일정을 따라 길에 오르고 맛난 것을 부모님께 대접하고 편안한 잠자리를 보듬어주시기만 하면 됩니다. 굳이 자식들과 함께 떠나지 않고 어르신들끼리 모여 여행을 떠나더라도 추천일정과 실버 트래블 팁, 여행정보(숙박, 맛집, 쇼핑)를 잘 활용하신다면 편안한 길이 될 것입니다. 부디 두 다리에 힘 있을 때 우리나라 구석구석을 두루두루 여행하시길 기원합니다. 정말로 살맛 나게 해주는 곳들이 이 땅에는 보석처럼 숨어 있습니다.

　아마 신석정 시인도 이 책을 보시면 이렇게 말씀하실 겁니다. "어머니, 이제 당신을 그 먼 나라로 모시겠습니다."

2008년 가을
유연태

차례

::첫번째테마 전통과 추억이 있는 여행

강화도 | 오감 만족을 보장하는 아름다운 섬 _이동미 012
대전 | 자신의 뿌리를 찾아가는 여행지 _정보상 020
안성 | 남사당놀이가 흥겨운 안성맞춤의 도시 _유연태 028
전주 | 한옥마을의 '멋과 맛'으로 푸짐한 진수성찬 _유철상 036
남원 | 명산 지리산과 청류 섬진강을 품은 맛과 멋의 고장 _양영훈 044

::두번째테마 건강한 삶을 위한 웰빙 여행

금산 | 생명의 뿌리로 대한민국의 건강을 챙겨주는 고장 _백남천 054
담양 | 대나무의 향과 고즈넉함이 바람을 타고 와 마음을 붙잡는 곳 _채지형 062
무주 | '계곡의 대명사' 무주구천동과 덕유산을 안고 있는 청정한 고장 _백남천 072
천안·아산 | 하늘 아래 사람이 가장 편안한 곳 _이시목 080
함양 | 천년의 숲과 약초의 고장 _박동식 088
여주 | 아기자기하고 소박한 웰빙 여행지의 진수 _이신화 096

::세 번째 테마 **일상의 재충전을 위한 휴식 여행**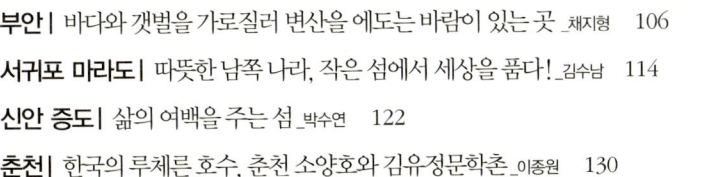
부안 | 바다와 갯벌을 가로질러 변산을 에도는 바람이 있는 곳 _채지형 106
서귀포 마라도 | 따뜻한 남쪽 나라, 작은 섬에서 세상을 품다! _김수남 114
신안 증도 | 삶의 여백을 주는 섬 _박수연 122
춘천 | 한국의 루체른 호수, 춘천 소양호와 김유정문학촌 _이종원 130
태안 | 태평하여 안락한 태안(泰安), 편히 잠들 수 있는 섬 안면도(安眠島) _구동관 138

::네 번째 테마 **손자부터 조부까지 함께 떠나는 대가족 여행**
강릉·평창 | 오대산 정기와 동해의 신선함을 만난다 _유연태 148
고성·속초 | 위대한 자연과 함께 과거와 현재를 오가는 여행지 _문일식 156
고창 | 누가 언제 찾더라도 멋진 땅 _허시명 164
통영 | 풍경과 예술이 만나는 한려수도를 품에 안다 _유철상 172
하동 | 섬진강 줄기 따라 펼쳐진 무릉도원 _송일봉 180

::다섯 번째 테마 오랜 친구들과 함께 떠나는 단체 여행

거제도 | 6.25의 생채기 포로체험과 생태 관광이 어우러진 섬 _김정수 190
남양주·가평 | 하늘 아래 꽃동네에서 펼쳐지는 몽골문화공연 _이종원 198
단양·제천 | 남한강 물길 따라 이어지는 꿈의 여로 _양영훈 206
보령 | 서해의 느긋한 여유를 느낄 수 있는 멋의 고장 _김연미 214
청원 | 대청호에 두둥실 떠 있는 또 하나의 수상테마파크 _문일식 222
파주·연천 | 호국과 역사의 흐름을 좇아 떠나는 길 _정철훈 230

::여섯 번째 테마 성지를 찾아가는 종교 여행

공주 | 백제의 고도에서 만나는 천년 고찰의 편안함 _구동관 240
당진·서산 | 서해안 천주교 성지의 숨결을 찾아서 _이영관 248
화순 | 오랜 세월 민중의 염원을 담고 선 절집으로의 여행 _한은희 256
서천 | 축복받은 땅, 최초의 성경전래지 마량포구 _김수남 264

첫번째 테마 **전통과
추억이 있는 여행**

강화도_이동미 대전_정보상 안성_유연태 전주_유철상 남원_양영훈

고려궁지 내 조선시대 유수부 동헌이었던 명위헌

{ 오감 만족을
보장하는 아름다운 섬
강화도 江華島 _이동미

강화도는 서울에서 1시간 30분이면 도착하는 아름다운 섬.
강화대교와 초지대교로 연결되어 육지나 진배없지만,
그래도 '섬'인지라 갯벌을 품은 바다가 반기고
철따라 밴댕이, 대하, 장어 등 신선한 해산물이 펄떡이며 미식가들을 유혹한다.
고색창연한 유적과 천년 고찰, 멋진 풍광은 유혹의 눈길을 보내니 두 눈이 즐겁기 그지없고,
고즈넉한 강화를 달리면 코끝에 닿는 짭조름한 갯내음에 절로 취한다.
끼룩끼룩 갈매기 울음소리와 발끝으로 느껴지는 갯벌의 감촉까지 오감을 마비시키는 강화,
그곳으로 떠나보자.

추천일정

Day 1
- 09:30 강화대교 통과
- 09:30~10:00 강화대교 직진(48번 국도, 고려궁지 표지판 보고 우회전)→용흥궁 공원 도착
- 10:00~12:00 강화읍 유적 관람(고려궁지, 용흥궁, 성공회 강화성당)
- 12:00~13:00 점심식사(고려궁지 옆 왕자정, 묵밥과 도토리전)
- 13:30~13:40 강화 읍내(48번 국도)→송해면 소재지(철산리 방면)→제적봉 강화평화전망대(032-932-3467) 도착
- 13:40~14:30 강화평화전망대 탐방
- 14:30~15:00 송해면 소재지(48번 국도)→인화 · 하점 방면
- 15:00~15:30 강화지석묘 고인돌 관광
- 15:30~16:00 하점면 소재지(48번 국도)→삼산 보문사 방면(17번 국지도)→외포리 도착
- 16:00~16:30 여객선 타고 석모도로 이동
- 16:30~17:00 석포리→전득이고개→민머루해수욕장 도착
- 17:00~17:30 민머루해수욕장 구경
- 17:30~19:00 저녁식사(유천회토랑, 제철에 맞는 생선회)와 낙조 감상

Day 2
- 06:30~09:00 기상 후 숙소 주변 산책, 느긋한 아침식사
- 09:00~10:30 보문사(032-933-8271) 답사
- 10:30~11:00 삼산면 소재지(보문사→보문선착장)
- 11:00~12:00 보문선착장→선수포구
- 12:00~13:00 선수포구 점심식사(미락횟집, 밴댕이완자탕)
- 13:00~13:30 선수포구(84번 국지도)→길상 마니산 방면→화도→덕포리→전등사 도착
- 13:30~14:30 전등사(032-937-0125) 관람
- 14:30~15:00 전등사→84번 국지도(초지대교 방면)
- 15:00~15:30 초지진(032-937-4388) 관람
- 15:30 초지대교 진입

:: 강화 읍내의 볼거리 3종 세트

강화도는 우리 역사에서 중요한 역할을 많이 한 곳이다. 고려시대 몽골군이 침략하자 그 이듬해인 1232년 고려 고종은 왕실 귀족을 비롯한 조정 관료들과 함께 급히 강화도로 피난했다. 지금의 강화읍 관청리에 고려의 수도였던 개성에 있던 것과 똑같은 궁을 짓고 주변에 성곽을 쌓은 후 동서남북으로 문도 내었다. 이때부터 1270년 몽골과 화해할 때까지 39년간 강화도는 고려의 수도가 되었고, 고려궁은 임금이 정사를 보는 고려의 중심이 되었다. 개성 환도 직후 몽골군은 저항군인 삼별초 잔당을 소탕한다는 이유로 고려궁을 비롯한 강화의 건물들을 불 질러 모두 없앤 바람에 터만 남은 '고려궁지(高麗宮址)'가 되었다. 현재는 강화 동종과 유수부의 동헌인 명위헌, 이방청 건물만 남아 있다.

고려궁지에 오르는 길 오른편으로 용흥궁이 있다. 강화 도령으로 불리는 조선 25대 임금인 철종이 1850년에 즉위하기 전 19세까지 살던 집이다. 임금이 되기 전에 살던 집을 '잠저(潛邸)'라 하는데 좁은 골목에 조선시대 살림집 모양을 하고 있다. 원래는 초가였으나 철종 4년(1853년)에 강화 유수 정기세가 지금과 같은 집을 짓고 '용흥궁'이라 했다. 용흥궁에서 바라보이는 언덕 위에는 성공회 강화 성당이 자리 잡고 있다.

성공회 강화성당(사적 제424호)은 대한성공회 초대 주교인 존 코르페에 의해 세워진 한국 최초의 성공회 성당이다. 고종 33년 강화에서 처음으로 한국인이 세례 받은 것을 계기로 1900년에 세워졌으니 어느덧 100년이 넘었다. 백두산 원시림의 목재를 압록강으로 운반하여 사용했고, 경복궁 공사에 참여했던 도편수가 건축을 맡았으며 팔작지붕과 단청, 양반 고택 같은 마당의 한옥 구조물에 기독교식 건축양식(바실리카 양식)과, 사찰의 종과 흡사한 범종 등 불교 사찰 양식을 모두 수용하여 지은 특이한 건물이다.

100년 넘은 한옥 예배당인 성공회 강화성당

:: 북녘 땅을 육안으로 바라보는 평화전망대

강화읍에서 빠져나와 48번 국도를 따라 달리면 오른편으로 강화 부근리 고인돌 공원이 자리한다. 고인돌은 청동기 유적으로 굄돌 위에 50t이나 되는 화강암 덮개돌을 얹고 있다. 청동기 부족장의 무덤으로 간주되는 고인돌이 강화도에는 150기나 있다. 2000년 12월 전북 고창, 전남 화순의 고인돌과 더불어 유네스코 세계문화유산으로 지정됐다.

고인돌 공원에서 북쪽으로 더 오르면 양사면 철산리에 새로이 문을 연 평화전망대가 있다. 강화도 최북단에 위치한 강화평화전망대는 민간인 통제구역으로 북한의 황해도 개풍군과 연백군을 육안으로 살필 수 있을 만큼 가깝다. 실제로 북한과의 최근접 거리가 1.8km에 불과하여 북한 사람들의 일상생활과 아름다운 송악산을 한눈에 바라볼 수 있는 최적의 안보 관광지다. 민통선 지역이라 송해검문소에서 신분증을 확인하니 반드시 지참하도록 한다.

:: 3대 해수관음도량 중 하나, 석모도의 보문사

강화도 여행의 베스트 명소인 석모도 여행은 강화 본섬의 서쪽 끝 외포리 포구에서 맞은편 석모도의 석포리 선착장까지 여객선을 타고 건너면서 시작된다. 차도 배에 실어서 들어간다.

석모도의 낙가산 중턱에는 남해 보리암, 낙산 홍련암과 더불어 3대 해수관음도량으로 유명한 보문사가 있다. 신라 선덕여왕 4년(635년)에 창건했다고 전해진다. 보문사의 가장 큰 볼거리는 보문사 뒤에 높다랗게 자리 잡은 눈썹바위와 바위 벽에 10m 높이로 조각되어 있는 마애불상인데, 대웅전 옆으로 난 계단 400여 개를 올라가야 한다. 계단 오르기가 힘들지만 눈썹바위에서 보문사와 석모도, 서해를 한눈에 내려다보는 경관이 아주 좋다.

민머루해수욕장은 석모도에 있는 유일한 해수욕장이다. 해수욕보다 갯벌로 더 유명한데 물이 빠지면 수만 평의 광활한 갯벌이 펼쳐진다. 감촉이 부드러운 개흙 위로 게, 소라 같은 바다 생물들이 어지럽게 오간다. 호미나 꽃삽을 준비하면 조개, 소라, 낙지 등을 잡을 수 있다.

:: 밴댕이 냄새 쏠쏠한 선수포구

강화도에는 크고 작은 포구가 여럿 있다. 그중 석모도에서 나오는 배가 닿는 선수포구는 밴댕이잡이 어선이 정박하는 곳으로, 낡은 갯배가 사이좋게 늘어서 있고 뱃머리의 갈매기는 평화롭기 그지없다. 그러다가 배가 들어오면 사람들이 모여들고 포구에 내려지는 싱싱한 해산물들을 거래하는 소리로 갑작스레 부산해진다. 밴댕이를 비롯하여 꽃게, 대하, 삼식이, 망둥이, 농어, 숭어, 주꾸미, 젓새우…… 아직도 싱싱한 놈들은 펄떡이며 함지박 밖으로 탈출을 시도해 물탕을 튀긴다.

강화도에는 사찰도 많은데 마니산 자락에 자리 잡은 전등사는 고구려 소수림왕 11년(381년)에 고승 아도화상이 창건했다고 전해진다. 충렬왕의 비(妃) 정화궁주가 이 절에 옥등(玉燈)을 시주한 데서 절 이름이 비롯됐다. 대웅전은 정면 3칸, 측면 3칸으로 소박하고 아담하며 네 귀퉁이의 나녀상(裸女像)이 시선을 끈다. 수령 600년의 은행나무 옆 '죽림다원'은 과거 승병들의 초소였는데 목탁 소리를 들으며 차를 마시는 분위기가 아주 좋다.

강화도를 빠져나가는 초지대교 입구에 있는 초지진, 덕진진, 광성보 등은 모두 바다로 쳐들어오는 적군을 막기 위해 만든 요새다. 강화도 동쪽의 해안도로에는 국방 유적이 많은데 섬 전체에는 톱니바퀴처럼 12진보 54돈대가 있다. 그중에 초지진은 효종 7년(1656년)에 구축하여 9개의 포대가 설치됐던 곳으로, 지금도 초지진에는 대포가 전시되어 있다. 개화기 병인양요와 신미양요, 일본 군함 운요호 침공 등 외침 때마다 줄기차게 싸워 물리친 격전지의 위상은 포탄 맞은 소나무와 성벽을 통해 살펴볼 수 있다. 염하(鹽河)가 한눈에 들어올 만큼 높은 곳에 자리하고 있어 시원한 바닷바람과 탁 트인 전경이 볼만하다.

강화도 동쪽의 염하를 바라보는 초지진

- 강화 읍내의 주요 볼거리로 고려궁지, 용흥궁, 성공회 강화성당을 들 수 있는데 이 세 곳의 중심에 용흥궁 공원이 생겼다. 이곳에 주차하면 세 곳 모두 둘러보기 좋다.

- 외포리 선착장에서 석모도의 석포리 선착장까지는 5분 남짓, 섬 여행을 만끽하기에는 아쉽다. 이를 달래기 위해 석모도에서 나올 때는 보문선착장에서 선수포구행 여객선을 타자. 15~20분 정도 소요되므로 제법 섬 여행 기분이 난다. 배표는 왕복표라 추가 비용이 없다. 다만 외포리 선착장에 비해 배편 수와 운행 간격이 다소 적다(문의 삼보해운 032-932-6619, www.kangwha-sambo.co.kr).

- 석모도 보문사의 백미는 대웅전 옆 계단을 올라가 만나는 마애석불이다. 하지만 굽이굽이 올라야 하는 400여 계단은 무릎 관절이 약한 사람에게 다소 무리일 수 있으니 조심하는 편이 좋다.

- 선수포구에서는 밴댕이를 횟감 외에도 구이, 무침, 튀김, 완자탕 등으로 요리한다. 특히 밴댕이완자탕은 밴댕이를 갈아 동그랗게 만들어 매운탕으로 끓이는 요리로 선수포구에서만 맛볼 수 있는 별미다.

- 전등사에는 주차장이 두 곳 있다. 동문 주차장에 차를 세우면 오르막길을 한참 걸어 들어가는 대신 고즈넉한 숲길과 아치형 동문이 인상적이다. 반면 남문 주차장에서는 걷는 길이 짧고 매표소로 쓰이는 남문이 크고 화려하다. 다리가 불편할 경우에는 남문 주차장에 주차하도록 한다.

용흥궁 공원 / 보문사 눈썹바위와 마애석불 / 미락횟집의 밴댕이완자탕 / 전등사의 대웅전

여행정보(지역번호 032)

 숙박

일마레(937-6242)는 거실에서도 바다 너머로 떨어지는 아름다운 낙조를 감상할 수 있는 곳이고, 강화도 토박이가 2년간 지은 갑비고차(934-3614)는 강화의 옛 지명을 딴, 편안하고 아늑한 통나무집이다. 석모도로 넘어가면 「GOD의 육아 일기」를 촬영했던 까사미아선셋(933-9677)이 있다.

 맛집

고려궁지 옆 왕자정(933-7807)은 도토리묵으로 요리한 묵밥이 별미다. 도토리묵에 육수와 공기밥을 넣어 말아 먹으면 야들야들하면서도 탱탱한 식감이 좋다. 외포리 가는 길에 있는 서산집(933-8403)은 단호박 넣은 꽃게탕으로 유명하고, 강화 해안도로 변의 더리미에는 장어요리집들이 모여 있다. 석모도에서는 민머루해수욕장이 한눈에 보이는 유천회토랑(932-9410)이 괜찮고, 토담마을(932-1020)은 정갈하고 깔끔하다. 근처 통나무집(일명 은혜네집 932-3261)도 추천할 만하다.

왕자정의 묵밥

 쇼핑

- **화문석** : 고드레 돌을 이용하여 순백색 왕골을 한 올씩 손으로 엮어낸 화문석은 멋과 우아함이 서려 있는 강화의 민예품이다. 강화 토산품 판매장이나 강화완초공예 농업협동조합(932-2538)에서 구입할 수 있다.
- **강화 인삼** : 중국 진시황제가 찾던 뛰어난 고려 인삼의 혈통을 그대로 이어받아 고려 고종 때(1232년)부터 재배하기 시작한 것이 강화 인삼이다. 강화인삼센터(933-3883), 고려인삼영농조합(934-2442) 등에서 살 수 있다.
- **강화 순무와 순무김치** : 오로지 강화도에서만 자라는 순무는 민간요법과 한약의 재료로 쓰이고 있다. 생으로 먹어도 좋지만 강화도 밴댕이젓, 새우젓을 넣어 담근 순무김치는 그 맛이 일품이다. 풍물시장을 비롯한 길거리 곳곳에서 순무와 순무김치를 쉽게 구입할 수 있다.
- **강화섬쌀** : 강화도의 논은 대부분 갯벌을 메운 간척지라 미생물과 토양 양분이 적당히 균형을 이룬다. 특히 밥맛 나게 만드는 마그네슘이 많이 포함되어 있다. 강화섬쌀은 강화농업협동조합(934-0541)이나 강화쌀닷컴(www.ganghwassal.com)에서 구입할 수 있다. 석모도에서 생산하는 해풍쌀(www.haepoong.co.kr)도 권할 만하다.

성씨의 고향, 대전뿌리공원

{ 자신의 뿌리를 찾아가는 여행지
대전 大殿 _정보상

대전은 선사시대부터 문화가 시작됐을뿐더러
충절과 학문의 고장, 충청 지방의 중심에 있던 터라
'전통과 문화의 도시'라는 인식이 강하다.
더욱이 대전의 전통문화를 기반으로 만들어진 뿌리공원이 있어 눈길을 끈다.
성씨의 원류를 한자리에서 확인할 수 있는 독특한 곳.
뿌리공원은 '효(孝)'를 주제로 현장감 있는 교육을 할 수 있는
다양한 조형물을 전시하여 자녀 교육의 장(場)으로도 모자람이 없다.
근처에는 가족 나들이 장소로 좋은 대전동물원도 조성되어 있다.

추천일정

Day 1

12:00 대전남부순환고속도로 안영IC 통과→고가도로 아래에서 대전 시내 방향으로 우회전→안영교 방향으로 150m 직진(635번 지방도)→안영교 건너자마자 우회전→유등천변 도로를 따라 350m 직진→장수마을 입구 도착

12:10~13:00 점심식사(장수두부촌, 두부전골)→점심식사 후 뿌리공원 입구 천변주차장으로 이동하여 주차(100m, 주차료 무료)

13:30~14:30 만성교를 건너 뿌리공원의 성씨 조형물 감상

14:30~15:30 유등천 보트장에서 오리 보트 타기

15:30~16:00 뿌리공원 전망대에서 주변 경관 감상, 삼남기념탑 돌아보기

16:00~17:00 뿌리공원 전망대 주변 생태공원 산책

17:00~17:30 도보로 장수마을 이동→저녁식사(장수마을 내 장수식당)→장수마을(042-589-2215) 투숙

Day 2

07:00 기상 후 유등천변길과 뿌리공원 수변길 산책

08:30~09:30 세면 후 아침식사(장수식당)→안영교로 나와 대전 시내 방향으로 우회전→대전 방향으로 1.2km 직진(635번 지방도)→웰빙사우나 앞 사거리에서 사정공원 방향으로 우회전하여 대전동물원까지 1.9km 직진→대전동물원 앞 수차장에 주차(주차료 무료)

10:00~15:00 대전동물원(042-580-4820) 아프리카 사파리, 마운틴 사파리 등 관람, 점심식사(대전동물원 내 식당) 후 아기동물원과 놀이공원에서의 즐거운 한때→대전동물원 관람 후 되돌아 나와 대전남부순환고속도로 안영IC 진입

:: 자기 뿌리를 확인하는 곳, 뿌리공원

대전 뿌리공원에 가면 쿤타 킨테가 자기 뿌리를 찾아가는 과정을 그린 미국 작가 알렉스 헤일리의 소설『뿌리』가 항상 생각난다. 단지 이름이 같아서가 아니라 자신의 조상으로부터 이어져 내려오는 보이지 않는 '힘'을 느낄 수 있기 때문이다. 다른 나라에서는 찾아보기 어려운 '성씨의 고향' 대전 뿌리공원과 자기 근본을 찾아가는 소설『뿌리』의 힘든 여정이 보이지 않는 동질성의 끈으로 묶여 있는 것만 같다. 그리고 누군가 자신을 돌아보며 그동안의 삶을 돌이켜볼 수 있는 여행지를 추천해 달라고 하면 어김없이 뿌리공원에 꼭 한 번 가보길 권한다.

대전 중구 뿌리공원길 51호에 있는 대전 뿌리공원에는 자기 뿌리를 확인해 볼 수 있는 성씨별 조형물이 있어 삼대(三代)가 함께 찾을 만한 독특한 공간이다. 세계 유일의 '성(姓)'을 주제로 한 테마 공원인 뿌리공원은 만성교를 건너면서 시작된다. 유등천 맑은 물을 가로지르는 만성교는 모든 성씨가 한곳에 모인 곳이라는 의미가 담겨 있다. 작은 현수교인 만성교를 건너면 힘차게 서 있는 자연석에 '뿌리공원'을 새겨 넣은 표석과 공원조성비(碑)를 만나게 되는데, 여기서부터 뿌리공원이 시작된다.

성씨별 조형물은 성씨의 유래나 상징을 조각으로 나타낸 전문 조각가의 작품인데, 대부분 각 성씨의

가족 나들이에도 좋은 뿌리공원

문중에서 경비를 들여 제작한 뒤 기증했다. 지금까지 뿌리공원 안에 만들어진 성씨별 조형물은 모두 72점이다. 최근 호주제 폐지로 성(姓)의 정체성에 변화가 생기자 자기 뿌리를 되돌아보려는 심리가 강해졌고, 자연히 뿌리공원을 찾는 사람도 늘어나 성씨별 조형물을 세우려는 문중도 점점 많아지고 있다.

뿌리공원은 가족 나들이 장소로도 훌륭한 곳이다. 손자들과 손잡고 가볍게 산책할 수 있는 산책로뿐 아니라 유등천의 물을 막아 오리 보트를 탈 수 있는 유원지 시설도 갖추고 있다. 또한 유등천 물가에 만들어진 수변 무대에서는 자주 야외 공연이 펼쳐지고 각종 문화 행사도 열려서 모처럼 집을 나선 가족 나들이를 더욱 즐겁게 만든다.

전망대와 삼남기념탑에 오르는 숲길

뿌리공원이 한눈에 내려다보이는 전망대로 올라가면 영남, 호남, 충청도의 화합과 상부상조를 기원하는 의미를 담은 삼남기념탑을 만나게 된다. 뿌리공원에서 가장 경치가 좋은 이곳에는 최근 12간지상도 만들어져 아이들에게 띠의 유래를 생생하게 알려준다. 전망대 주변에는 야생초 화원, 생태 숲, 관찰데크, 산책로 등과 육각 정자, 장승 등이 잘 어우러진 생태공원도 조성되어 이곳을 찾는 아이들에게 교육적으로 큰 도움을 주고 있다.

:: 노인이면 누구나 쉬어 갈 수 있는 장수마을

자기 뿌리를 찾아가는

여행길에 들르게 되는 장수마을은 조금 피곤한 여정에서 잠시 쉬어 갈 수 있고, 마음에 들면 여러 날, 여러 달 머무를 수도 있는 열린 집이다. 유등천과 뿌리공원이 내려다보이는 언덕에 있는 장수마을은 대전 중구청이 직접 운영하는 노인종합휴양복지시설로 만 60세 이상 되는 어르신들을 대상으로 가족, 친지와 함께 노후 생활을 건강하고 즐겁게 보내실 수 있도록 마련된 곳이다.

장수마을의 가장 큰 장점은 누구나 이용할 수 있다는 점이다. 어르신을 모시고 온 가족들도 빈방이 있으면 사용할 수 있다(전체 객실의 30% 이내). 정기 휴양의 경우에는 1개월 단위로 예약하면 하루 1만 6,800원 정도에 숙박과 식사가 가능하며, 하룻밤 묵어갈 경우에는 2인 1실 기준으로 2만 5,000원만 부담하면 된다. 저렴한 가격으로 이용할 수 있는 식당과 매주 목요일만 운영하는 대중목욕탕, 주중에 운영되는 이용실과 미용실 등도 장수마을의 자랑이다.

어르신들이 장수마을에 가면 지루할 틈이 없다. 서예 교실, 건강 요가, 가요 교실, 일본어 교실, 민요 교실, 장구 교실, 스포츠 댄스(초·중급), 건강 체조, 실버 체조, 게이트볼, 생활 체조, 실버 레크리에이션, 국악 공연, 차밍 댄스, 사군자 교실 등 다양한 프로그램과 취미 교실도 운영하기 때문이다. 간혹 가족 노래자랑이나 문화 공연 등 이벤트도 열려 좋은 반응을 얻고 있다.

:: 3대가 함께 즐기는 테마파크, 대전동물원

손자들과 함께 가족 나들이를 나섰다면 대전동물원은 빼놓을 수 없는 중요한 코스다. '주랜드(ZOOLAND)'라는 별칭을 지닌 이 동물원은 2002년 개장한 이래 대전 시민들의 사랑을 한 몸에 받고 있다. 대전동물원의 자랑은 단연 사파리 여행이다. 아프리카에 서식하는 동물들을 가까이에서 구경할 수 있는 아프리카 사파리와, 산 위 암벽에 사는 동물들을 모아놓은 마운틴 사파리가 있다.

흥겨운 유원지 분위기에 누구나 즐거운 대전동물원

　버스를 타고 사자, 호랑이, 코끼리 등의 맹수에서부터 기린, 얼룩말, 타조 등 초식동물이 있는 공간까지 돌아볼 수 있는 아프리카 사파리는 최고의 인기다. 동물들에게 가까이 다가가 안내자의 재미있는 설명을 들으면서 구경하는 일은 여간 즐겁지 않아 사파리 버스가 출발하는 곳은 항상 북적인다. 15m 높이의 인공 암벽을 설치하여 산양, 엘크 등 초식동물들을 풀어놓은 곳을 걸어 다니며 구경할 수 있는 마운틴 사파리도 대전동물원의 자랑이다. 사파리 여행은 주말에 나이트 사파리로 운영되고 있다.
　대전동물원은 아기 동물들을 볼 수 있는 아기 동물원과 놀이공원도 갖추고 있어 아이들이 즐거운 시간을 보내기에 충분하다. 다양한 놀이 기구, 기념사진을 찍기에 좋은 각종 조형물이나 시설물은 아이들에게 소중한 추억을 선물해 준다. 대전동물원에 가면 멸종 위기에 처한 천연기념물 종 보존번식센터도 덤으로 구경할 수 있다.

- 뿌리공원은 대전 남부에 위치하여 전국 어디에서나 첫날 오전 9시 이전에만 출발한다면 점심 무렵에 도착할 수 있다. 당일 여행 코스로도 별 무리가 없지만, 1박2일 일정으로 다녀오면 걷기 힘든 노약자나 장애인도 여유롭게 여행할 수 있다.

- 뿌리공원 주차장은 무료이지만 천변 주차장이기 때문에 거동이 불편한 사람은 천변 주차장으로 들어서기 전에 먼저 내리는 것이 좋다. 뿌리공원으로 들어가는 다리는 사람만 걸어서 건널 수 있는 다리이지만, 걷지 못하는 사람도 휠체어로 건널 수 있으므로 얼마든지 뿌리공원을 구경할 수 있다.

- 장수마을에서는 일주일에 단 한 번 목요일에 공중목욕탕을 운영한다. 그렇지만 각 방마다 샤워 시설과 화장실이 딸려 있으니 다른 날에는 이곳을 이용하면 된다. 장수마을은 거동이 불편한 노인들을 위한 계단, 엘리베이터 등이 준비되어 있어 큰 불편 없이 이용할 수 있다.

- 대전동물원에서는 정문과 가까운 곳에 있는 장애인 전용 주차장에 주차하면 된다. 처음 입장할 때 장애인등록증을 제시하면 모든 장애인과 3급 이상 장애인의 동반 1인에 한하여 입장료 무료의 혜택을 받을 수 있으며 어린이 요금으로 사파리 여행에 참가할 수 있다. 휠체어가 필요하면 관리사무소 내의 유모차대여소에서 무료로 빌릴 수 있다.

60세이상 노인이라면 누구나 쉬어갈 수 있는 장수마을

대전동물원 입구

여행정보(지역번호 042)

숙박

뿌리공원 입구에 있는 장수마을(589-2215)에서 저렴한 가격으로 하룻밤 머물 수 있다. 원칙적으로 60세 이상만 이용할 수 있지만 객실 사정만 허락한다면 일반인들도 함께 투숙할 수 있다. 뿌리공원과 대전동물원에서 가장 가까운 호텔인 럭키관광호텔(583-9481), 서대전역 부근에 있는 샤또그레이스호텔(639-0111)도 비교적 깨끗하여 이용할 만하다. 좀더 한적하고 운치 있는 곳에서 머물고 싶다면 대전에서 불과 35분 거리에 있는 대둔산온천관광호텔(063-263-1260~3)도 숙박지로 고려할 만하다.

맛집

뿌리공원 입구의 버스 종점에 있는 장수두부촌(586-5989)은 국산 콩을 사용하여 직접 만든 두부를 재료로 다양한 두부 요리를 내놓고 있다(장수두부촌 앞 공영주차장 무료 주차 가능). 이곳이 자랑하는 음식은 다양한 두부가 들어간 두부버섯전골, 생흑두부, 순두부, 장어구이이며 어린이와 여성을 위한 두부돈가스도 특별 메뉴로 제공한다. 대전동물원으로 들어가는 길 초입에 있는 한우 암소 전문점인 우미관(587-1515)과 안영IC 인근에 위치한 안영한우마을(583-8992)에서는 질 좋은 한우를 맛볼 수 있다. 갈비, 등심, 차돌박이, 안창살, 낙엽살, 치맛살 등 다양한 부위가 나오는 한우특수부위와 한우한마리는 안영한우마을에서 가장 인기 있는 메뉴다. 중구 문창동 동사무소 바로 앞에 있는 논두렁추이칼국수(272-7589)도 대전에서 소문난 맛집인데, 국내산 토종 미꾸라지만 사용하는 이곳 추어탕은 맑은 국물에 매운탕처럼 매콤하면서도 개운한 맛이 일품이다.

장수두부촌의 두부버섯전골

쇼핑

- **유성 5일장** : 전통 5일장인 유성 5일장은 1916년 이래 끝수 4일, 9일 성시를 이루는 전통 풍물장으로, 지금은 농산물 직거래 장터로 각광받고 있다. 유성 5일장뿐 아니라 대전월드컵경기장 부근에 있는 노은동 농수산시장에서도 싱싱한 해산물과 농산물을 구입할 수 있다.
- **대전중앙인삼센터** : 중구 부사동에 있는 중앙인삼센터(256-4767)는 인삼의 주산지인 금산에서 직송해 오는 인삼을 판매하는 전문시장이다. 홍삼에서 수삼까지 품질 좋고 다양한 금산 인삼을 금산까지 가지 않고도 손쉽게 구입할 수 있어 많은 사람들이 즐겨 찾는다.

남사당전수관의 남사당놀이 상설 공연

{ 남사당놀이가 흥겨운
안성맞춤의 도시
안성 安城 _유연태

경기도 서부 평야 지대와 내륙 산지를 연결하는 교통의 요지인 안성에서는
해마다 4월부터 10월 말까지 매주 토요일에 태평무 공연과 남사당놀이가
상설 공연으로 펼쳐지는데 별도의 입장료가 없다.
실버여행객들에게는 추억의 향기를,
자라나는 어린이들에게는 전통의 소중함을 선사하는 값진 문화행사다.
외국인 관광객들에게도 한국을 알리는 데 훌륭한 공연으로 자리 잡았다.
칠장사, 석남사, 청룡사는 명찰 답사지로 근사하며
미리내성지 인근의 미리내마을이나 칠장사 근처 구메농사마을은 체험여행지로 적당하다.

추천일정

Day 1

10:30 경부고속도로 안성IC 통과→안성 시내 방면 38번 국도를 10분쯤 달려 중앙대 안성 캠퍼스 입구에 위치한 안성맞춤박물관(031-676-4352) 도착

10:40~12:00 안성맞춤박물관 관람

12:10~13:50 안성 시내로 이동하여 점심식사(설렁탕, 곰탕, 갈비탕 등)

13:50~14:00 안성 시내 안성교를 건너서 충북 진천군 백곡면 방면 325번 지방도를 타고 대한민국술박물관(031-671-3903)으로 이동

14:00~15:00 대한민국술박물관 관람

15:00~15:30 대한민국술박물관에서 나와 안성버스터미널 쪽으로 간 다음 안성시 외곽도로 아래를 통과하여 사곡동 태평무전수관(031-676-0141) 마당에 도착

16:00~17:00 태평무 상설 공연 감상

17:00~17:20 보개면 복평리 남사당전수관(031-678-2518)으로 이동

18:30~20:00 남사당놀이 감상

20:30 안성 시내로 돌아가 저녁식사(숯불갈비 등)

Day 2

09:10~09:30 아침식사 후 안성 시내 출발, 57번 지방도를 타고 서운면 청룡리 청룡사에 도착

09:30~10:20 청룡사 답사

10:20~11:00 안성 시내를 거쳐 38번 국도를 타고 죽산면 방면으로 가다가 장원리에서 17번 국도로 갈아타고 죽산면 칠장리 칠장사에 도착

11:00~12:00 칠장사 답사

12:00~12:20 중부고속도로 아래를 통과하여 일죽면 화봉리 서일농원으로 이동

12:20~13:20 서일농원(031-673-3171) 내 전통음식점 솔리에서 점심식사(된장한정식, 청국장한정식 등) 후 서일농원 산책

13:30 중부고속도로 일죽IC를 이용하여 귀가

:: 안성의 향토 문화를 소개하는 안성맞춤박물관

시립박물관인 안성맞춤박물관은 안성시 대덕면 내리, 중앙대 안성 캠퍼스 입구에 자리 잡고 있다. 3대가 함께 떠나는 나들이라면 반드시 들러봐야 할 테마 박물관이다. 1층은 유기전시실, 2층은 농업역사실과 향토사료실로 구성되어 있다. 유기전시실은 유기(鍮器)의 역사, 제작 방법별 분류, 용도별 분류 등으로 나누어 유기의 이모저모를 알려준다. 향토사료실에서는 안성의 옛 모습이 담긴 사진, 안성장시 재현, 안성 남사당, 불교 문화재 등 안성의 문화와 역사를 한눈에 살펴볼 수 있다.

:: 술에 관한 모든 것을 만나는 대한민국술박물관

안성 시내에서 석남사로 가는 길에 올라 남쪽으로 내려가다 보면 마둔저수지 조금 못 미친 곳에 대한민국술박물관이 보인다. 2004년에 개관한 이 술박물관은 술항아리, 술병, 술 관련 고서 등 술에 관한 자료들을 4만여 점 보유하고 있다. 식자재 도매업을 했던 박영국 관장이 20년 넘는 세월 동안 수집한 것들이다.

제1전시실은 우리술 전시관, 민속품 전시관, 문서자료관 등으로 구성되어 있고 제2전시실은 소주, 맥주, 와인, 양주, 전통 민속주 등 다양한 술과 광고 홍보물이 전시되어 술의 종류와 변천사를 살펴보기에 좋다. 야외 전시관에는 전통주를 빚을 수 있는 부뚜막 시설과 술방(발효·숙성실)이 마련되어 있어 우리 술 빚기 시연과 체험이 가능하다.

:: 검무, 장고춤 등 다양한 춤을 감상하는 태평무전수관

중요무형문화재 제92호인 태평무는 국가의 태평성대와 풍년을 기원하는 춤이다. 태평무전수관은 태평무 기능보유자인 강선영 선생이 운영하는 전통무용 상설 공연장이다. 이곳에서는 매주 토요일 오후 4시부터 1시간 동안 태평무, 검무, 장고춤, 북춤, 무당춤, 한량무 등을 공연한다. 오늘날 궁중무용으로 통칭되는 태평무의 특징은 춤의 주제가 개인의 감정이나 정서를 표현하는 데 있지 않고, 조종의 공덕을 칭송하거나 군왕의 장수를 기원하는 데 있다. 화려한 당의, 다채로운 장단, 그 장단에 맞춘 발짓춤 등이 관람객의 시선과 마음을 사로잡는다. 관람료는 무료다.

:: 줄타기 공연에 뒤풀이까지 마냥 흥겨운 남사당놀이

무형문화재 제21호로 지정된 남사당놀이 상설 공연은 2002년에 처음 시작됐다. 지금은 제법 유명해져 매주 토요일 저녁이면 남사당전수관으로 많은 관람객들이 모여든다. 가족 단위 여행객들은 물론 외국인 관광객들도 쉽게 눈에 띈다.

남사당놀이의 압권, 줄타기

풍물 장단이 공연장 분위기를 후끈 달아오르게 하면 오후 6시 30분에 드디어 공연이 시작된다. 가장 먼저 선보이는 공연은 줄타기다. 줄타기 재주꾼 권원태 씨는 영화 「왕의 남자」, 「황진이」, 드라마 「왕과 나」, 「장길산」 등에 출연하여 극중 인물 대신에 줄타기를 하거나 자문을 해준 유명 인사이기도 하다. 이어서 풍물놀이, 살판(땅재주놀이), 버나놀이(가죽접시 돌리기), 상모놀이, 무동놀이 등이 줄기차게 이어지고 마지막에는 남사당 단원들과 관람객들이 한데 어울리는 뒤풀이 마당이 벌어진다. 모두가 하나로 얽혀 풍물 장단에 맞춰 흥겹게 춤추다 보면 밤은 점점 깊어만 간다. 안성시에서는 매년 가을 남사당놀이를 주제로 한 바우덕이축제가 열린다.

:: 남사당패의 본거지, 청룡사

서운면 청룡리 마을회관 앞에 큰 고목이 서 있는데 여기서 좌회전하면 청룡사가 나온다. 청룡사는 1265년 명본대사가 창건했으며 당시 명칭은 대장암이었다. 1364년 나옹화상이 '대장암'을 중창(重創)할 때 청룡이 구름을 타고 내려오는 모습을 보고 '청룡사'로 바꾸었다.

청룡사(보물 제824호)를 둘러보면서 기억해 둘 일은 이곳이 남사당패의 본거지였다는 점이다. 그 시기는 1920년대로 거슬러 올라간다. 겨울철이면 남사당패는 절에서 기거하며 잡일을 도왔다. 청룡사의 스님 한 분은 "중수기를 보면 이들의 이름이 기부인으로 많이 등장하는데, 그것이 이 사실을 뒷받침한다"고 알려준다.

:: 임꺽정과 스승 갓바치가 머물던 칠장사

죽산면 칠장리에 위치한 칠장사는 7세기 중엽 자장율사가 신라 선덕여왕, 또는 진덕여왕 때 창건했다는 설과 고려시대로 넘어와 현종 때 혜소국사가 크게 중수했다는 설이 전해진다. 칠장사에는 재미난 설화가 깃들어 있다.

첫번째 설화는 임꺽정과 관련된 이야기다. 조선시대의 대표적인 의적이었던 임꺽정은 백정의 신분이었지만 수탈과 억압에 신음하는 민초들을 규합하여 경기도, 황해도 일대에서 의적 활동을 전개한다. 그의 스승 갓바치 스님이 머물던 곳이 바로 칠장사였기에 임꺽정은 자주 이곳에 등장한다. 갓바치 스님은 주민들에게 가죽신 만드는 법을 가르쳤고 열반에 든 후 병해대사로 추앙받았다.

두 번째는 칠장사를 크게 중수한 고려시대 혜소국사가 7인의 도적을 감화시킨 이야기다. 일곱 도적이 혜소국사를 찾아갔을 때 우물가에 있는 금 바가지에 눈이 멀어 도둑질을 했는데 방에 들어와 보니 평범한 바가지로 변해 있었다는 것이다. 이 사건으로 포악하기 짝이 없던 도적들은 교화되어 현인이 됐다고 한다.

:: 된장이 익어가는 장독대가 정겨운 서일농원

일죽면 화봉리에 자리한 서일농원은 정선 가목리 된장마을, 평창 노동리 운두령마을, 괴산 운곡리 호산죽염된장 등과 마찬가지로 항아리로 가득한 장독대도 구경하고, 식사도 하고, 된장을 비롯한 각종 장류와 장아찌를 구입할 수 있는 곳이다. 서일농원을 운영하는 서분례 씨는 잊혀가는 우리 맛을 지켜야겠다는 생각으로 10여 년 전부터 본격적으로 된장 만들기에 정성을 쏟고 있다.

서일농원의 장독대

- 경기도 안성 여행은 경부고속도로 안성IC, 중부고속도로 일죽IC, 또는 평택-음성 고속도로 서안성IC나 남안성IC를 이용할 수 있어 교통이 매우 편리한 곳이다.

- 안성맞춤박물관은 장애인 전용 구역을 포함하여 주차장 시설이 잘되어 있다. 주차장에서 매표소까지 이동할 때도 폭이 넓은 계단 옆으로 휠체어를 밀고 오르내릴 수 있도록 경사가 완만한 비탈길이 마련되어 있다. 박물관 안에서 1층과 2층 사이를 이동할 때는 엘리베이터를 이용한다.

- 대한민국술박물관은 주차장에 내려서 입구까지 가려면 시멘트 포장길을 조금 걸어간 다음 계단 5개를 올라야 한다. 박물관 내부에서는 통행로가 넓지 않은 탓에 휠체어를 밀고 다니기가 어렵다.

- 태평무전수관은 주차장이 그리 넓지 않다. 주차장에서 몇 걸음만 옮기면 전수관 안으로 들어가게 된다.

- 남사당놀이 공연은 여행객들에게 인기가 많다. 토요일 오후 6시 30분부터 시작하는 공연을 보려면 미리 오후 5시 30분~6시까지는 공연장에 도착하여 일찌감치 자리를 잡는 것이 좋다. 승용차 주차장에서 놀이마당까지는 도보로 80m 정도 떨어져 있다. 대형버스 주차장에서는 공연장까지 평지를 따라 도보로 8분쯤 걸린다.

- 청룡사에 들어가려면 주차장에서 내려 계단 20여 개를 올라야 하고, 칠장사도 주차장에서 경내까지는 일주문을 지나 비탈길을 100m 정도 걸어야 한다.

대한민국술박물관 야외 전시장

청룡이 구름을 타고 내려온 청룡사

태평무전수관의 부채춤 공연

여행정보 (지역번호 031)

🛏 숙박

한국관광공사에서 지정한 안성시의 굿스테이 업소로는 금광면 오흥리 안성비치호텔(671-0147)과 보개면 상삼리 IMT모텔(672-0460)이 있다. 삼죽면 내강리 안성허브마을(678-6700)에는 허브농장, 허브체험장, 찜질방, 레스토랑, 산책로, 연회장 외에 펜션도 들어서 있다. 금광면 금광리 세렌디피티펜션(677-8874)은 금강 호숫가에 있어 솔숲을 산책하고 호숫가에서 조용히 낚시를 하면서 평화로운 휴식과 명상에 잠기기 좋은 숙박시설이다. 안성 시내의 모텔로는 올인모텔(671-0026), 그랜드파크모텔(671-1232), 샤넬파크(677-7373) 등이 있다.

🍴 맛집

안성 시내 행복한동물병원 뒤편 골목에 자리한 담소원(677-7766)의 대표 메뉴는 골프채갈비탕인데, 골프채처럼 생긴 큼지막한 갈빗대가 그릇 안에 담겨 나온다. 점심 특선으로는 뚝배기불고기와 불고기정식이 준비된다. 국민은행 뒤편에 있는 안일옥(675-2486)은 3대에 걸친 80년 전통의 우탕 전문 명가다. 식당 입구로 가면 설렁탕 냄새가 슬슬 코를 자극한다. 커다란 무쇠 솥에서 하루 종일 사골, 양지머리, 소머리가 진한 맛을 고아낸다. 대표 메뉴는 해장국, 설렁탕, 곰탕, 갈비탕, 족탕, 도가니탕, 모듬수육, 소머리수육 등이다. 죽산면의 38번 국도에서 용인시의 한택식물원으로 넘어가는 지방도 입구에 있는 쇠고개식당(675-3082)은 작은 식당이지만 닭칼국수, 생선칼국수, 황태칼국수와 닭볶음을 잘하기로 소문났다. 여름철에는 콩국수도 내놓는다.

🎁 쇼핑

■ 한우 : 안성은 옛날부터 특산물이 많기로 소문난 곳이다. 안성 쌀과 안성 포도, 안성 유기 외에 배, 한우, 인삼 등이 안성의 6대 특산물이다. 안성 한우를 구입하려면 안성맞춤갤러리 본점(658-3966)을 찾아간다. 안성맞춤농협이 운영하고 안성시가 지원하는 한우 식당 겸 판매점인데 꽃등심, 등심, 치맛살, 부채살, 차돌박이, 사태 등은 300g 단위로, 사골, 고리반골, 우족, 잡뼈는 1kg 단위로 판매한다.

■ 유기 : 안성의 주물유기는 제작 기교가 매우 발달되어 있고, 기형이 아름답고 정교하며, 합금이 우수하여 '안성맞춤'이란 속담까지 나오게 됐다. 안성시 낙원동 유기공방(671-1788)으로 가면 제기 세트, 칠첩반상기, 주전자 세트, 신선로, 찬기 세트 등을 구입할 수 있다.

유기공방

오목대 전망대에서 바라본 한옥마을

{ 한옥마을의 '멋과 맛'으로
푸짐한 진수성찬
전주 全州 _유철상

소중한 부모님이나 가족에게 추억 여행을 선물하고 싶다면 어디가 먼저 떠오를까.
단연코 북적거리지 않고 호젓한 여행지로 안성맞춤인 '전주 한옥마을'을 손꼽아 추천한다.
전주는 판소리를 비롯한 전통문화와 상다리가 부러지도록 차려지는 밥상에
마음까지 훈훈해지는 푸짐한 여행지다.
더불어 '맛과 멋'의 고장으로 사랑받는 전주는 가장 한국적인 것이
가장 세계적인 것이라는 사실을 확인시켜 준다.

추천일정

Day 1

07:30~10:00 호남고속도로 전주IC에서 좌회전→26번 국도를 타고 남원 방향으로 계속 직진→전주역→기린로 직진→전주시청을 지나 오른편에 자리한 리베라호텔을 보고 좌회전하면 전주 한옥마을 도착(한옥생활체험관 옆에 주차)
10:00~11:00 전주 한옥마을(063-282-1330) 산책
11:00~11:30 전통술박물관(063-287-6305) 관람
12:00~13:30 점심식사(전주비빔밥)
13:30~14:30 오목대 전망대
14:30~15:30 경기전 관람
16:00~16:50 전동성당 관람
17:00~18:00 풍남문 기념 촬영
18:00~19:00 저녁식사(삼천동 막걸리골목, 063-222-7821)
19:00~20:30 전주 한옥마을 전통놀이 체험(063-280-7000)
21:00 한옥생활체험관 숙박

Day 2

08:00 전주 한옥마을 기상
08:30~09:30 남문시장에서 아침식사(콩나물국밥)
09:30~10:00 남원 방향 17번 국도를 타고 자동차로 15분쯤 직진하면 왼쪽에 죽림온천 입구
10:30~11:30 죽림온천 온천욕(063-232-8832)
11:30~12:00 17번 국도를 타고 기린로 진입→금남 오거리→덕진동 원광대한방병원 앞 삼거리에서 우회전
12:30~13:30 점심식사(고궁 비빔밥)
13:30~15:00 덕진공원 산책 및 휴식
15:30~16:00 전주동물원(063-254-1426) 관람
16:30 26번 국도(전주 우회도로)를 타고 호남고속도로 전주IC 진입

:: 시간이 멈춰 있는 한옥마을 여행

전주에 도착하자마자 곧바로 목적지인 한옥마을로 향한다. 전주 한옥마을의 중심지 '태조로'의 거북이 여행의 시작을 알린다. 타임머신을 타고 간 듯 시간이 멈춰 있는 한옥마을은 입구부터 '문화의 도시'라는 수식어가 낯설지 않다.

한옥마을 주변은 반나절 또는 하루 정도 일정을 잡고 느긋하게 걸어 다녀야 제맛을 느낄 수 있다. 전주시 풍남동, 교동에 걸쳐 있는 한옥마을은 사방 500여m밖에 안 된다. 한옥마을을 중심으로 주변 여행지도 꼭 찾아보자. 특히 해 질 무렵 연인과 데이트를 즐기듯 문화재의 야경을 감상하는 운치도 멋지다. 총 면적 6만 6,000여 평 900여 채의 전통 한옥으로 구성된 한옥마을의 대부분은 1930년대에 만들어졌다. 일제강점기에 일본이 성곽을 헐고 도로를 뚫은 뒤 일본 상인들이 성 안으로 들어오자 이에 대한 반발로 자연스럽게 형성됐다고 한다. 당당하고 고귀한 기품이 흐르는 것은 어쩌면 당연한 일일 것이다.

한옥마을에 자리한 전동성당

한옥마을을 한눈에 내려다볼 수 있는 오목대도 꼭 들러야 할 명소다. 오목대에서 숲속 나무 산책로를 따라가면 한옥마을로 연결되는데 산책로 전망대에서 바라보는 한옥마을의 풍경도 일품이다.

경기전 바로 맞은편에 한국 천주교 역사의 성지인 전동성당이 있다. 한옥들 사이에 비잔틴 문화가 자리하고 있어 전동성당은 더욱 독특하다. 이곳은 한옥마을 내에서 가장 색다른 공간인데 잘 지어진 천주교 성당이 한옥마을 입구에 자리 잡고 있기 때문이다. 천주교 신자가 처형된 자리에 성당을 세운 터라 천주교 순교 1번지로 불리는 곳이기도 하다. 곡선미가 돋보이는 로마네스크 양식과 화려한 비잔틴 양식이 아름답게 조화를 이루었다. 전동성당은 영화 촬영지로 알려지면서 연인들의 여행 코스로 인기가 많다.

:: 곱고 아기자기한 전주의 명소를 돌아보는 반나절 산책

한옥마을 옆에 있는 경기전은 조선 왕조의 발상지다. 경기전은 본래 옛 전주성 내 동남쪽의 광대한 면적을 차지했다. 주변 경관이 수려하여 드라마와 영화 촬영지로 유명한데 수많은 관광객들과 수학여행을 온 학생들로 붐비는 인기 여행지다. 태종 10년 (1410년) 태조 이성계의 영정을 봉인하기 위해 창건한 곳이다. 대숲을 이룬 기다란 대나무가 경쾌한 바람 소리를 낸다. '경기전'이라는 명칭은 새 왕조가 일어난 '경사스러운 터'라는 뜻을 담고 있다.

우선 입구의 하마비가 눈에 띈다. 두 마리의 사자 조각을 받침돌로 삼아 판석과 비를 올렸다. 하마비에서 홍살문, 외삼문, 내삼문을 거쳐 태조의 영정이 있는 어신선으로 연결된다. 태조의 어진전은 태종 때 전국 6곳에 지어졌는데, 전주의 경기전을 제외하고 다른 곳의 어진은 건물과 함께 임진왜란 때 모두 불타버렸다. 이후 호남 지역이 집중적으로 공격을 받은 정유재란 때 이곳 경기전마저 불에 타서 광해군이 건물을 다시 지었다. 수백 년 동안 태조의 어진이 낡아 여러 번 모사 과정을 거치긴 했지만 임금의 영정이 상상화가 아닌 당대의 초상화로 여전히 보존되고 있다는 점이 인상 깊다.

:: 웰빙 한옥마을에서 묵고 물 좋은 온천까지

한옥마을 안, 곱게 단장

한 꽃담 너머로 시골집처럼 정겨운 한옥의 곡선이 한껏 멋을 풍긴다. 방문을 열면 툇마루 너머로 마당이 펼쳐진다. 작지만 마음을 넉넉하게 해주는 공간이다. 탁 트인 마당은 전통 놀이의 장이다. 투호를 하거나 윷을 놀아도 흥겹고 공중 높이 널을 뛰어도 신난다. 만사가 귀찮을 때는 툇마루에 걸터앉아 처마 끝에 걸린 하얀 구름을 바라보면서 한가로운 시간을 보내도 좋다. 밤이 내리면 마당 구석에 모기를 쫓는 화톳불이 피워진다. 널찍한 명석에 앉아 옥수수나 감자를 구워 먹으며 웃음꽃을 피운다. 사람 냄새가 짙게 밴 한옥의 모습이 외갓집처럼 솔직해서 좋다. 직접 아궁이에 불을 때고 따뜻한 온돌방에서 담소를 나누는 가족들도 옛 시절을 추억하면서 이야기꽃을 피운다.

한옥마을에서 단잠을 자고 일어난 뒤 전주 콩나물해장국으로 해장하고 물 좋은 온천욕을 즐긴다면 그야말로 금상첨화다. 한옥마을에서 자동차로 10분 거리에 있는 죽림온천은 일본의 벳푸 온천보다 수질이 뛰어나다는 평가를 받는 알칼리성 유황 온천이다. 온천물을 마실 수도 있는데 위장병에 좋고 피부 미용, 류머티즘, 고혈압 등에 효과가 뛰어나다고 한다. 황토방 사우나, 솔잎·쑥 사우나, 한방이슬 사우나 등 비교적 시설을 잘 갖추고 있다. 최근에는 황옥으로 꾸민 대쿠어방과 보석방 등으로 구성된 찜질방도 마련했다.

:: 아름다운 호수와 쉼터가 가득한 덕진공원

전주 시민들이 가장 사랑하는 공원이자 야경 명소인 덕진공원에도 꼭 들르자. 고려시대에 조성된 덕진호를 배경으로 만든 전주의 대표적인 도시공원이다. 이곳은 호수 주변에 창포꽃이 피어 단오에는 창포물에 목욕을 하고 머리를 감는 풍습이 전해온다. 연꽃 자생지로 유명한 덕진공원은 무엇보다 덕진호를 양분하는 현수교와 현수교 중간 부분에 있는 연화정이 멋진 풍경을 만들어내는데, 저녁에는 호반을 가로지르는 연

호반을 따라 산책로와 아름드리나무가 늘어선 덕진공원

화교와 철다리에 아름다운 오색 조명이 수를 놓는다.

  덕진호 서쪽에 있는 취향정과 3만여 평의 호반을 둘러싼 산책로도 걸어보자. 호수를 한 바퀴 도는 데는 40여 분이 소요된다. 음악에 맞춰 신나게 춤을 추는 음악분수대와 후문 주차장에 있는 야외극장도 빼놓을 수 없다. 신기하게 다가오는 화려한 분수 쇼의 낭만은 하루에 네 번 만끽할 수 있다.

  덕진공원 지척에는 전주시에 하나밖에 없는 전주동물원이 있다. 이곳 동물원의 규모는 그리 크지 않지만 어린이 놀이터(드림랜드)를 비롯해 각종 시설이 가득하여 가족 나들이 장소로 적합하다. 특히 봄이면 벚꽃으로 장관을 이루는 정문 오른쪽 동물원 일대가 사람들로 가장 북적거린다. 구릉이 거의 없는 평야 지대라 여러 동물들을 구경하면서 걷기에 좋다. 대부분 한적해서 산책하듯 전주 여행을 마무리하기에 더없이 좋은 코스다.

Silver Travel Tip

- 첫날 오전 9시 이전에만 출발하면 여유롭게 즐길 수 있는 1박2일 주말여행 코스다. 전주 한옥마을은 평지이고 차가 없는 도로가 많아 다리가 불편한 노약자나 장애인도 자동차를 이용하면 쉽게 찾아갈 수 있다.

- 전주 한옥마을은 반나절 또는 하루 정도 일정을 잡고 느긋하게 걸어 다녀야 제 맛을 느낄 수 있다. 전주의 명소인 오목대, 경기전, 풍남문, 전동성당 등이 500m 반경에 있어 차를 두고 걷는 편이 훨씬 편안하다. 차 없는 거리로 지정된 곳도 많으니 산책하듯 이동하면 좋다.

- 한옥생활체험관에서 자전거를 빌려 한옥마을을 돌아도 좋다. 대여료는 반나절에 2,000원이며 투숙객에게는 무료로 빌려준다.

- 한옥생활체험관 옆에 있는 전통술박물관은 막걸리(탁주)와 청주가 같은 술독 안에서 얻어지는 과정, 청주가 불을 만나 소주가 되는 절차 등을 자세히 살펴볼 수 있다. 매월 첫째, 셋째 주 토요일 오후 3시에 술밥 비비기, 소주 내리기 등 술 만드는 과정을 시연한다.

- 전주 한옥마을의 운치를 더하는 것은 마을 골목에 숨어 있는 전통찻집들이다. 전주공예품전시관 뒤편에 전통찻집이 즐비한데, 이곳의 찻집은 한옥을 그대로 사용하여 호젓하게 차향에 빠져들 수 있다.

- 덕진공원은 연꽃이 피는 8월 초가 가장 아름답지만 이 기간이 아니어도 그늘과 벤치가 많아 휴식을 취하기 좋고, 저녁 무렵에 호수를 수놓는 야경도 아름답다. 입장료가 없고 개방돼 있어 부담 없이 갈 수 있다.

해질 무렵의 한옥마을 지붕 · 풍남문 · 덕진공원의 야경

여행정보(지역번호 063)

 숙박

한옥마을 내에 위치한 한옥생활체험관(287-6300)에서는 전통 생활양식을 직접 체험할 수 있는데 온돌방에서 전통 숙박도 가능하다. 숙박료는 2인 기준 5만~10만 원으로 아침식사가 포함된다. 또한 아중리 숙박촌은 전주에서 가장 규모가 큰 숙박촌으로 대부분 호텔급 신축 모텔이다. 피아노모텔(242-7333)은 호텔에 버금가는 아늑함을 자랑하며, 오페라모텔(243-9294)은 규모가 크고 시설이 좋으며 실내도 고급스럽다. 숙박료는 3만~5만 원이다.

맛집

전주비빔밥, 콩나물밥, 한정식은 전주의 3대 음식이다. 그중에 전주 맛 기행의 백미는 한정식이다. 군침 도는 갖가지 반찬으로 상다리가 휘어지는 전주 한정식은 반찬만 27가지에 이를 정도다. 생합과 죽순, 육회, 홍어찜 등 맛깔스러운 반찬이 혀를 현혹한다. 특히 전주의 향토색을 짙게 담고 있는 콩나물겨자잡채와 대합구이, 육회, 들깨즙탕, 탕평채, 토하젓은 꼭 맛보길 권한다. 4인 한 상이 기본이며, 대부분 8만~12만 원대다. 백번집(286-0100)과 전라회관(228-3033)이 한정식 명가이고, 중앙동 도청 근처에 1인당 4,000~4,500원 하는 백반집들이 즐비하다. 콩나물국밥은 왱이해장국집(287-6979)이 유명하고, 비빔밥은 가족회관(284-2884)이 맛있다. 한옥마을 안 풍남정(285-7782), 중앙동 성미당(284-6595), 덕진공원 앞 고궁(251-3211)노 비빔밥 하나보 소분난 맛집들이다. 삼천동 막걸리골목은 양은 주전자에 막걸리를 담아 주는데 20여 가지가 넘는 반찬과 안주가 푸짐하다.

전주 한정식

쇼핑

- **이강주** : 전통 소주에 배와 생강을 가미한 이강주(梨薑酒)는 깔끔한 맛과 알싸한 향기를 품은 술이다. 미황색의 고급 이강주는 맛과 향도 일품이지만 숙취가 전혀 없는 깨끗한 술이라 더욱 인기가 많다. 전통술박물관(287-6305)에서 판매한다.
- **전주공예품전시관·명품관** : 전주 사람 특유의 야무진 손끝으로 하나하나 공들여 만든 수제품을 전시, 판매하는 곳이다(285-0002). 한지나 부채 등 창의성이 돋보이는 다양한 생활공예품을 구입할 수 있다. 오전 10시부터 오후 7시까지 개관하며 매주 월요일은 휴관한다.

실상사의 3층석탑과 석등

{ 명산 지리산과 청류 섬진강을 품은
맛과 멋의 고장

남원 南原 _양영훈

아버지처럼 듬직한 지리산에 등을 기대고 어머니처럼 넉넉한 섬진강을 젖줄 삼은 남원은
오랜 역사와 전통을 자랑하는 멋과 맛의 고장이다.
우리나라의 대표적 고전문학인 『춘향전』과 『흥부전』의 무대이며,
동편제 판소리와 추어탕의 본고장으로도 유명하다.
그래서 남원 땅의 어디를 가나 정겨운 우리 가락이 들려오고,
발길 닿는 곳마다 세월의 더께가 두텁게 쌓인 역사 유적이 산재해 있다.
더욱이 교통이 편리하고 맛있는 별미와 편안한 숙소도 많아서
언제 누구와 함께 찾아가도 기분 좋은 여행을 즐길 수 있다.

추천일정

Day 1
- 09:30 88올림픽고속도로 지리산IC 통과
- 09:30~10:30 지리산IC(37번 국지도)→인월 소재지(60번 국지도)→백장암 입구→대정 삼거리 등을 거쳐 실상사(063-636-3031) 매표소 도착
- 10:30~12:00 실상사 답사
- 12:00~13:30 산내면 소재지에서 점심식사(흑돼지구이)
- 13:30~15:30 산내면 소재지(861번 지방도)→지리산국립공원(북부사무소/063-625-8910) 뱀사골 입구→달궁삼거리(737번 지방도)→정령치→고기삼거리→(60번 국지도)→구룡계곡→주천면 소재지(730번 지방도)→남원대교 입구 삼거리(좌회전) 등을 거쳐 남원관광단지 도착
- 15:30~18:00 남원관광단지 내 향토박물관(063-620-6792), 춘향테마파크(063-620-6836), 국립민속국악원(063-620-2306)의 국악 공연 관람 및 신관사또 부임행차(남원관광발전협의회 063-633-5353) 구경
- 18:00~19:30 저녁식사(한정식)

Day 2
- 06:30~07:30 기상 후 유천 강변길과 남원 관광지 산책
- 07:30~09:30 세면 후 아침식사(추어탕)
- 09:30~11:00 광한루원(063-625-4861) 답사
- 11:00~13:00 만복사지 답사 후 점심식사(찌개백반이나 두부요리)
- 13:00~14:30 남원 시내(17번 국도, 전주 방면)→월평교차로(745번 지방도)→서도리를 경유, 혼불문학관(063-620-6788) 관람
- 14:30~15:30 혼불문학관→월평교차로(17번 국도)→전주역 앞→차량등록소 앞 삼거리(우회전, 봉동 방면)→제2소양교를 경유해 익산-포항고속도로 완주IC 진입

:: 노천 박물관 같은 천년 고찰, 실상사

'춘향골' 남원에서 가장 역사가 깊고 규모도 큰 사찰은 실상사다. 지리산 천왕봉이 빤히 보이는 산내면 입석리에 위치한 실상사는 절집 자체가 거대한 박물관이다. 단일 사찰로는 우리나라에서 가장 많은 국가 지정 문화재를 보유한 곳이라고 한다. 백장암 3층석탑(국보 제10호)과 증각대사 응료탑(보물 제38호)을 비롯해 국보 1점, 보물 11점의 국가 지정 문화재가 실상사와 그 부속 암자에 전해온다.

실상사는 통일신라 흥덕왕 3년(828년) 선종의 구산선문(九山禪門) 가운데 맨 처음 문을 열었다. 지리산 천왕봉이 바라보이는 산중 들녘에 자리 잡은 평지 사찰인데도 마을과 떨어져 있어서 산사 같은 고즈넉함이 느껴진다. 절 입구에는 조선 영조 1년(1725년)에 세워졌다는 돌장승(중요민속자료 제17호) 3기가 눈을 부라리며 서 있다. 사천왕상이나 인왕상처럼 잡귀의 범접을 막는 절의 수호신이다. 하지만 벙거지를 쓴 머리에 왕방울 같은 눈을 부라리고, 꾹 다문 입술 사이로 어금니와 송곳니가 드러난 형용은 보는 사람들로 하여금 절로 웃음 짓게 만든다.

실상사 동구의 돌장승

실상사는 배일(排日) 사상이 짙은 고찰이다. 옛날부터 '실상사가 흥하면 일본이 망하고, 일본이 흥하면 실상사가 망한다'는 이야기가 전해올 정도다. 풍수지리상 이곳에 절을 세우지 않으면 우리나라의 정기가 일본으로 빠져나간다고 하여 이 절이 세워졌다고 한다. 또한 지리산 천왕봉이 정면으로

신관사또 부임행차

바라보이는 실상사 약사전에 철제여래좌상(보물 제41호)을 봉안한 것도 우리나라의 정기를 일본으로 흘려보내지 않기 위함이라고 한다.

:: 전통문화의 종합선물세트, 남원관광단지

남원시 어현동의 남원관광단지에서는 3월에서 10월까지 매주 토·일요일 오후 3시가 되면 신관사또 부임행차가 재현된다. 문화관광부에 의해 2008년 상설 문화관광상품으로도 선정된 이 행차는 남원관광단지와 광한루원 간의 거리 퍼레이드로 진행된다. 신관사또 부임행차에 앞서 선보이는 기생들의 흥겨운 춤과 광한루원 광장에서 펼쳐지는 기생점고 마당극, 그리고 춘향 수청 강요, 춘향이 주리 틀기 등의 퍼포먼스 등이 볼만하다.

남원관광단지의 아름다운 밤 풍경

　남성적이고 웅장한 동편제 판소리의 발상지인 남원에는 우리나라에 모두 4곳뿐인 국립국악원이 있다. 동편제의 창시자이자 '가왕(歌王)'이라 불렸던 송흥록부터 현재 최고의 명창이자 '가야금 산조 및 병창 보유자(중요무형문화재 제23호)'인 안숙선에 이르기까지 밤하늘의 별처럼 명인들이 많다. 남원관광단지 내에 위치한 국립민속국악원에서는 창극, 판소리, 가야금 병창 등 다양한 국악 공연이 수시로 열린다. 공연 수준이 대단히 높은데도 입장료가 무료여서 주말이나 휴일에 남원을 찾으면 꼭 한 번 들러봐야 할 곳이다.
　남원관광단지 내의 춘향테마파크에는 임권택 감독의 영화「춘향뎐」세트로 쓰였던 초가가 여러 채 남아 있다. 또한 만남의 장, 맹약의 장, 축제의 장 등『춘향전』의 내용을 테마로 나누어 실물 크기의 인형으로 재구성해 놓은 공간도 마련되어 있어 한 바퀴 둘러보기만 해도『춘향전』을 완독한 듯한 느낌을 받는다.

:: 성춘향과 이몽룡의 사랑 놀이터, 광한루원

춘향전의 무대, 광한루원

남원의 대표적인 명소는 역시 광한루원(사적 제303호)이다. 요천 변에 자리 잡은 광한루원은 '광한루(보물 제281호)'라는 누각과 연못, 그리고 연못 한가운데 세 섬과 오작교 등으로 이루어진 조선시대의 대표적인 누원(樓園)이다. 여기서 『춘향전』의 주인공 이몽룡과 성춘향이 처음 만나 사랑을 속삭였다.

광한루원은 『춘향전』의 무대라는 의미보다, 우리나라 조경사에서 차지하는 위치가 더 높고 값진 곳이다. 자연을 존중하는 조선의 성리학적 세계관이 곳곳에 녹아 있을 뿐 아니라, 누원 전체에 천체와 우주를 상징하는 요소들이 군데군데 흩어져 있다. 예컨대 연못은 은하수를 상징하고, 그 연못 가운데 있는 세 섬은 신선들이 산다는 전설 속의 이상향 삼신산(三神山)을 본떠 만든 것이다. 그런 상징들을 되새기며 광한루원을 찬찬히 소요하노라면 "남문 밖 나가오면 광한루 좋사온데, 오작교 영주각은 삼남 제일의 승지로소이다"라는 『춘향전』의 한 대목을 실감할 수 있을 것이다.

:: 진한 여운으로 남는 만복사지와 혼불문학관

광한루에서 그리 멀지 않은 만복사지(사적 제349호)도 오래도록 기억에 남을 역사 유적이다. 고려시대에 창건됐다는 만복사는 한때 남원 최대의 사찰로 번창했으나 1597년 정유재란 때 남원성을 함락한 왜군에 의해 불타버렸다. 지금은 5층석탑(보물 제30호), 불상좌대(보물 제31호), 당간지주(보물 제32호), 석불입상(보물 제43호) 등의 석물들만 남아서 옛 시절의 영화를 짐작케 한다. 현재 만복사지에서 가장 마음을 사로잡고 눈길을 붙드는 것은 절터 밖 도로변의 석인상이다. 온몸이 땅에 묻힌 이 석인상은 목만 간신히 드러낸 채 자동차와 행인들을 응시하고 있다.

귀로에 시간 여유가 있다면 남원시 사매면 서도리 노봉마을에 있는 혼불문학관도 한번 찾아볼 만하다. 2004년에 개관한 혼불문학관에는 최명희 작가의 육필 원고와 유품, 그리고 효원의 혼례식, 강모와 강실의 소꿉놀이, 액막이 연날리기, 청암부인 장례식 등 소설 속 열 가지 장면들을 사실적으로 재현한 디오라마(축소 모형)가 전시되어 있다. 노봉마을 초입의 서도역도 『혼불』의 주요 무대 중 하나다. 전라선 철도의 복선화 공사로 인해 사라질 뻔했던 옛 서도역사는 1930년대 모습으로 복원됐다.

대하소설 『혼불』의 무대, 노봉마을에 들어선 혼불문학관

- 첫날 오전 9시 이전에만 출발한다면 수도권에서도 비교적 여유롭게 즐길 수 있는 1박2일 주말여행 코스다. 대부분의 경유지는 다리가 불편한 노약자나 장애인도 자동차를 이용하여 비교적 수월하게 찾아갈 수 있다.

- 실상사는 주차장이 절 동구에 있지만, 노약자와 장애인 차량은 정문 앞까지 진입을 허용한다.

- 남원관광단지의 춘향테마파크 입구에는 에스컬레이터가 설치되어 있으나, 그 종점인 향토박물관부터는 비탈길이 많아 휠체어를 이용하는 노약자나 장애인은 오르내리기가 불편하다. 그럴 경우 관리소에 부탁하면 차량 출입을 허용해 주기도 한다.

- 광한루원이나 만복사지는 주차장이 가까운 데다가 거의 경사가 없는 평지여서 휠체어를 타고 둘러보기가 비교적 수월하다. 그리고 혼불문학관도 장애인이나 노약자 차량은 위쪽의 문학관 바로 앞까지 차량 통행이 허용된다.

- 실상사에서 남원 시내로 이동할 때는 조금 에돌더라도 지리산산악관광도로를 이용하길 권한다. 지리산 서부 지역을 종횡으로 가로지르는 이 길에서는 단풍 곱고 계곡미가 빼어난 뱀사골, 옛날 마한의 궁터였다는 달궁, 구름도 쉬어 넘는 정령치, 소리꾼들의 득음 수도처인 선유폭포와 구룡계곡 등 여러 명소와 절경들을 한꺼번에 돌아볼 수 있다. 하지만 급커브와 급경사 구간이 복병처럼 곳곳에 도사리고 있으므로 눈비가 내리거나 안개 자욱한 날에는 아예 들어서지 않는 편이 좋다.

남원관광단지

만복사 옛터를 놀이터 삼은 아이들

여행정보(지역번호 063)

 숙박

남원관광단지에는 한국콘도(632-7400), 트윈스파크모텔(620-5000) 등 숙박업소가 여럿 있지만 시설이 노후한 편이다. 남원 시내에는 고속버스터미널 근처의 윈저호텔(625-1801), 옛 남원역 앞의 퀸파크텔(625-2030)이 깔끔하다. 남원 시내에서 구룡계곡 가는 길에 지나는 주천면 용담리의 그린피아모텔(636-7200)은 한국관광공사가 선정한 굿스테이 업소다. 실상사에서 자동차로 5분 이내의 거리에는 일성지리산콘도(636-7000), 지리산토비스콘도(636-3532) 등이 있다.

 맛집

실상사 부근의 산내면 소재지에 위치한 산내식당(636-3734), 유성식당(636-3046) 등에서는 비계가 얇아 담백하고 쫄깃한 지리산 흑돼지를 맛볼 수 있다. 지리산산악관광도로가 지나는 주천면 고기리 내기마을의 에덴식당(626-1633)은 산채비빔밥이 기막히게 맛있는 집이다. 전국적으로 유명한 남원의 추어탕과 추어숙회는 광한루 근처에 있는 새집(625-2443), 부산집(632-7823), 현식당(626-5163) 등에서 진미를 맛볼 수 있다. 남원관광단지 내의 민속두부마을(626-8854)은 국산콩으로 직접 만든 두부와 청국장 맛이 일품이다. 향교동 삼성병원 건너편 골목의 우소보소(633-7484)는 찌개백반, 운봉 읍내의 황산정육식당(634-7293)은 지리산 토종 흑돼지구이, 인월장터 안 시장식당(634-2353)은 전라도식 전통 피순대가 맛있는 집이다.

현식당의 추어탕

 쇼핑

- **목기** : 모양이 정교하고 아름다워 조선 제일의 목기로 대접받아온 남원 목기는 크게 제기와 소반으로 나뉜다. 광한루원이나 뱀사골 주변의 기념품 가게에서 다양한 목기를 저렴하게 구입할 수 있다. 하지만 전통 옻칠로 마감한 목기를 구입하려면 실상사 직전의 큰길가에서 무형문화재(옻칠장)인 김을생 씨가 운영하는 금호공예사(636-3766)를 찾아보길 권한다.
- **식칼** : 일제시대부터 유명해진 남원 식도는 6회 이상 두드리고 식히기를 반복하는 담금질로 제작되어 날이 쉽게 무뎌지지 않는다. 부흥식도(625-2610), 은성식도(626-4308) 등을 포함한 식도 제조업체들은 '남원 춘향골에서 생산되는 뛰어난 칼'이라는 뜻의 '남향일도(南香逸刀)'라는 브랜드로 질 좋은 식칼을 생산, 판매한다. 광한루 주변의 기념품 가게에서 쉽게 구입할 수 있다.

두 번째 테마

건강한 삶을 위한 웰빙여행

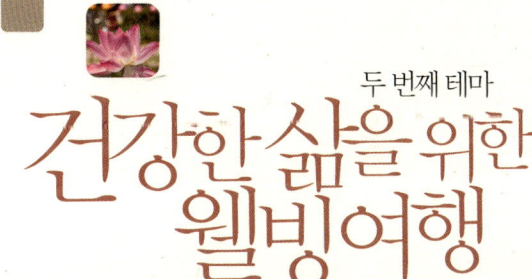

금산_백남천   담양_채지형   무주_백남천
천안·아산_이시목   함양_박동식   여주_이신화

'생명의 뿌리'를 캐내는 인삼 캐기 체험

{ 생명의 뿌리로 대한민국의 건강을
챙겨주는 고장
금산 錦山 _백남천

'건강이 보배'라는 사람들의 생각은 언제나 변함없다.
앞만 바라보고 땀 흘려 일한 세대일수록 건강 챙기기는 더욱 중요한 일일 터……
그런 건강을 위한 웰빙 여행지로 인삼 향내 그윽한 금산보다 더 좋은 곳은 없을 것이다.
'생명의 뿌리'로 원기를 북돋운 다음에 이어지는 금수강산 퍼레이드는 마음까지 편안하게 해준다.
그 길에서는 보석사의 호젓한 운치와 진산자연휴양림의 산림욕이 기다리고 있다.
금산으로 떠나는 웰빙 여정 끝에서 케이블카를 타고 쉽게 오를 수 있는
'호남의 금강' 대둔산의 절경을 조망하는 일은 이 여정의 또 다른 선물이다.

추천일정

Day 1
09:30 통영대전고속도로 금산IC 통과
09:30~10:00 69번 지방도를 타고 금산 방향으로 우회전→중도사거리 좌회전(부리 방향 37번 국도)
10:00~11:00 금산인삼전시관(041-750-2621) 관람
11:00~13:00 (중도사거리 방향으로 바로 좌회전) 금산수삼센터(041-753-7612)와 약초시장에서 인삼 쇼핑
13:00~14:00 점심식사(금산인삼삼계탕과 인삼튀김)
14:00~14:30 13번 국도 용담댐 방향으로 직진 후 우회전
14:30~16:30 보석사(041-753-1523) 답사
16:30~17:30 (68번 국가지원지방도 대둔산 방향) 진산자연휴양림(041-753-4242) 도착
17:30~18:30 저녁식사(표고버섯요리) 후 진산자연휴양림 통나무집에서 숙박

Day 2
06:30~07:30 기상 후 진산자연휴양림 산림욕
07:30~09:30 세면 후 아침식사(육개장)
09:30~10:00 대둔산 케이블카 탑승(063-263-6661)
10:00~12:00 대둔산 조망(심장 질환이나 고소공포증이 없다면 금강다리 경유)
12:00~12:30 케이블카로 하산
12:30~13:00 17번 국도를 타고 대전 방향으로 직진→복수삼거리에서 추부 방향 37번 국도로 우회전
13:00~14:30 점심식사(추어탕과 추어튀김)
14:30 통영대전고속도로 추부IC 진입

:: 원기를 되찾아주는 천연 비아그라, 금산인삼

금산 여행길은 통영대전고속도로 하행선 휴게소인 '인삼랜드'부터 설레기 시작한다. 대한민국의 대표적인 특산물인 '금산인삼'을 휴게소의 이름으로 내건 이곳에는 금산인삼을 테마로 한 먹을거리와 즐길 거리가 잘 준비되어 있다. 독특한 건축미가 눈길을 끄는 인삼하우스에서 금산인삼에 대한 예비 지식을 쌓은 후에, 인삼랜드 뒤란에 흐르는 계류에서 탁족을 즐긴다. 물속에는 곳곳에 금산인삼이 잠겨 있다.

금산 시내에 자리한 금산인삼종합관은 2,000년 넘는 역사를 지닌 '금산인삼'의 효능을 비롯하여 인삼의 변천사, 인삼 산업의 미래 등을 다양한 볼거리와 체험으로 살펴볼 수 있는 곳이다. 바로 옆 길모퉁이를 돌아들면 금산수삼센터, 금산인삼국제시장 등 대형 인삼약초시장들이 이어져 있다.

국내에는 드물게 인삼 5일장(끝수 2, 7일)도 열리는 이곳에서는 다른 지역에 비

인삼랜드에서 탁족을 즐기는 어르신들의 여유로움

해 20~50% 정도 저렴하게 인삼을 구입할 수 있어 경제적이다. 사방에 진동하는 인삼 향내를 맡으면서 인삼 쇼핑을 즐기다 보면 어느새 노년의 삶에 활력이 되돌아오는 듯하다. 천연 비아그라가 따로 없다. 금산인삼은 나이 들수록 무서운 고혈압, 저혈압의 정상화 작용은 물론 항암 효과까지 지닌 영약이다. 약초시장에 들어서면 거대한 한약방에 들어온 것 같은 착각이 든다. 특히 장날에는 인근 무주나 진안 등지의 산마을 사람들이 캐 온 토종 약초가 약초 난전에 가득히 쌓이는 진풍경을 볼 수 있다.

:: 전나무 숲길로 접어드는 호젓한 절집, 보석사

금산의 진산(鎭山)으로 우러르는 진악산 남쪽에는 아주 호젓해서 더욱 좋은 절집, 보석사가 기다리고 있다. 단청을 입히지 않아 더 자연스러운 일주문을 지나면 이어지는 전나무 가로수 길은 참으로 멋져서 오래오래 걷고 싶은 숲길이다. 10여 분 정도 걸을 수 있는 이 전나무 숲길에서는 이동통신사의 CF가 촬영되기도 했다. 바로 배우 한석규가 하얀 소복을 입은 친구의 미망인을 위로하던 그 길이다. 깊은 숨을 들이키면 폐부 깊숙이 맑은 숲 향기를 느낄 수 있다.

전나무 숲길 끝에는 1,100여 년이나 된 높이 400m에 이르는 은행나무가 서 있다. 천연기념물 제365호로 지정된, 거대한 은행나무의 위상은 마치 보석사의 사천대왕 역할을 하는 것만 같다. 은행나무 밑둥치는 여섯 그루의 나무가 꽈배기처럼 꼬여 있다. 이 절집을 창건한 조구선사가 보살이 수행하는 여섯 가지 바라밀법을 바라면서 은행나무 여섯 그루를 심었는데, 오랜 세월이 흐르면서 가까이 서 있던 그 여섯 그루가 서로 뒤엉켜 지금의 신비로운 모습을 이루게 된 것이다.

통일신라시대에 지어진 보석사는 앞산에서 캐낸 금으로 불상을 주조했다고 하여 '보석사'라는 절 이름을 지니게 되었다. 그 이름만큼 번쩍번쩍 호화롭지는 않

보석사로 들어서는 전나무 숲길

전나무 숲길 끝, 거대한 은행나무

지만, 절집을 포근하게 감싸는 울창한 숲과 맑은 계류 덕분에 보석사 경내를 거니는 여행객들은 지극한 편안함에 감싸인다. 보석사 옆으로 흘러내리는 계곡을 조금만 따라 오르다 보면 작은 폭포가 쏟아져 내린다. 이름조차 없는 폭포이지만 제법 그럴듯한 정취를 자아내는 이끼폭포다. 계속 이어지는 완만한 산책길을 따라가면 이르게 되는 영천암. 암반 위로 넘쳐흐르는 영천은 물맛 좋기로 알음알음 입소문이 났다.

:: 진산자연휴양림과 케이블카로 오르는 대둔산의 절경

충남 금산군과 전북 완주군이 나뉘는 대둔산 남쪽의 해발 340m 정상은 배티재로, 예전에 배나무가 많아 '배꽃티', '이치'라고 불려온 고갯마루다. 또한 이곳은 임진왜란 때 권율 장군이 호남평야로 가는 2만 왜군을 대파한, 임진왜란 최초의 승리를 장식한 '이치대첩지'이기도 하다.

지금의 길은 대둔산 허리를 붙잡고 굽이굽이 넘어가지만, 예전에는 산속 고개를 지나 호남 땅으로 접어들었다. 그 옛길의 너른 산자락에는 지금 진산자연휴양림이 들어서 있다. 이곳 휴양림에서는 우리나라에서 자라는 모든 종류의 나무들을 볼 수 있다. 이 값진 결실에는 13대째 임업을 가업으로 이어온 유숭열 씨의 열정이 숨겨져 있다.

산책로 입구에 있는, 사방이 탁 트인 잔디광장에서는 대둔산을 비롯한 주변의 산세들이 한눈에 들어온다. 휴양림이 조성된 산 아래로 13km나 완만하게 이어지는 산책로를 따라 느긋하게 걷다 보면, 저절로 아주 훌륭한 산림욕을 하게 된다. 멀리 눈길을 돌리면 장엄한 대둔산의 암릉과 산세가 펼쳐진다. 30여 년 동안 성장한 낙엽송으로 지어진 한국관, 핀란드산 통나무로 지어진 핀란드관에서 하룻밤 머물기는 웰빙 여행의 극치를 누리게 해준다. 이곳에서 머무는 여행자들에게는 숲속의 약초 성분이 녹아 있는 생수도 선물로 안겨준다.

대둔산 산행은 케이블카를 이용하면 쉽게 오를 수 있다. 그러나 노약자들에게 산 정상까지의 산행은 무리한 일. 케이블카에서 내려 20여 분이면 구름다리에 이르는데, 여기까지만 올라도 '남한의 소금강' 같은 대둔산의 진면목을 충분히 즐길 수 있다. 임금바위와 입석대를 잇는 81m 높이의 구름다리는 웬만큼 담력을 지닌 사람이 아니라면 건너기 쉽지 않은 철다리다. 발아래로는 아찔아찔한 풍광이 펼쳐진다. 눈을 들어 하늘을 바라보노라면 기암괴석 병풍을 에두른 마천대. 이곳은 대둔산을 완벽하게 조망할 수 있는 명소다.

- 금산IC로 접어들기 전에 잠시 들러보는 통영대전고속도로 하행선 휴게소 인삼랜드는 본격적인 금산 여정을 위해 가볍게 몸 풀기를 해볼 수 있는 곳이다.

- 보석사에서는 노약자나 장애인이 동승한 경우, 절 바로 부근까지 차량으로 접근할 수 있다. 부속 암자인 영천암으로 가는 오솔길은 막바지에 경사가 급한 곳도 있으니 안전 운전을 해야 한다.

- 진산자연휴양림에서는 잔디광장에서도 대둔산을 조망할 수 있으므로 노약자나 장애인도 충분히 즐길 수 있다.

- 노약자나 장애인과 함께 대둔산 산행을 나서려면 케이블카 탑승장 바로 옆에 있는 대둔산관광호텔 주차장을 이용하면 된다.

- 휠체어를 이용해야 한다면 케이블카로 오른 후, 그 건물의 전망대에서 눈앞에 장대하게 펼쳐진 대둔산 풍광을 즐겨도 충분하다.

보석사 영천암

천년 고찰 보석사

보석사 부근의 이끼폭포

여행정보(지역번호 041)

 숙박

진산자연휴양림(753-4242), 남이자연휴양림(753-5706), 인삼호텔(751-6200), 인삼탕으로 유명한 금산웰빙24시불가마사우나(754-0020), 적벽 강가에 자리한 리버빌펜션(753-7067), 대둔산장(063-263-1602) 등이 권할 만하다. 대둔산관광호텔(063-263-1260)에서는 온천까지 즐길 수 있다.

 맛집

금강 상류에서 잡은 모래무지, 빠가사리 등을 주재료로 쌀, 수제비 등을 인삼과 함께 넣고 걸쭉하게 끓인 '인삼어죽'은 아주 훌륭한 보양식이다. 민물고기를 졸여 둥글게 둘러놓은 '도리뱅뱅이'는 고칼슘과 고단백질 음식으로 소주 안주로도 좋다. 천내강 가에 자리한 용강식당(752-7693), 시탕뿌리(751-1456), 원골식당(752-2638)은 그런 '인삼어죽'과 '도리뱅뱅이'가 맛있는 토속 별미집들이다. 원조삼계탕(752-2678)은 인삼·약초의 거리에서 사계절 내내 고집스럽게 '인삼종주지 전통삼계탕'만을 내놓는 삼계탕의 종가집이다. 금산수삼센터 앞 서울식당, 전주식당, 대지식당은 1970년대식 백반집인데 청국장, 꽁치조림, 시래기국 등 15가지 푸짐한 반찬의 백반을 값싸게 즐길 수 있다. 대둔산 시설지구 내에 자리한 전주식당(063-263-3473)의 산채정식과 버섯전골, 전주향토식당(063-263-9874)의 산채정식도 대둔산 산행 전후로 빼놓을 수 없는 별미들이다.

금산수삼튀김

쇼핑

- **금산인삼** : 금산에는 전국 유통량의 80%에 이르는 국내 최대의 인삼 시장이 형성된다. 금산인삼국제시장(752-1815)에서는 백삼이, 금산수삼센터(753-7616)에서는 국내 최대의 수삼이 유통되고 있다. 이곳의 인삼 가격은 다른 지역에 비해 20~50%가량 싸다. 사랑하는 이들의 건강을 실속 있게 챙길 수 있는 금산인삼 선물 보따리는 인삼진액, 인삼팩, 인삼젤리 등으로 다양하다.
- **금산인삼주** : 금산인삼 중에서도 최고의 품질을 원료로 하여 금산 지방에서 빚어지는 전통주다. 무형문화재 제19호로 지정된 명인이 장인 정신과 전통 방법으로 빚은 금산인삼주는 세계 정상들이 함께한 아셈 건배주로 그 진가가 더욱 널리 알려졌다.

대나무 등이 걸려 있는 죽녹원 산책길

{ 대나무의 향과 고즈넉함이
바람을 타고 와 마음을 붙잡는 곳

담양 潭陽_채지형 }

담양 여행은 느리다. 사람보다 빠른 것은 대숲을 스쳐 가는 바람뿐이다.
쉴 새 없이 돌아가는 바쁜 일상 속에서 담양 여행이 주는 미덕은
느리게 걷고 느리게 생각하는 것이다.
그곳에는 언제 가도 만날 수 있는 아름다운 숲길이 있고 향이 좋은 차가 있으며,
정원이 있고, 옛 선인들의 정취와 시가 있다.
가끔 담양에서 그 느림의 미덕을 실천하는 것,
소쇄원 광풍각에 앉아 인생의 반려자와 함께 자연 속에서 자신을 돌아보는 것.
그것이야말로 진정한 인생을 즐기는 가장 쉬운 방법이 아닐까.

추천일정

Day 1

- 11:30 호남고속도로 담양IC 통과
- 11:30~13:30 담양 백동사거리에서 좌회전하여 송숙정에서 점심식사(대통밥)를 한 후 한국 대나무박물관(061-380-3479) 관람
- 13:30~15:00 담양읍사무소 지나 담양천 변에 주차 후 죽녹원(061-380-3244) 산책 및 관람
- 15:00~16:00 죽녹원 건너편 관방제림 산책
- 16:00~17:00 학동교차로에서 금월교에 이르는 옛날 24번 국도에 있는 메타세쿼이아 가로수 길 산책 및 드라이브
- 17:00~18:00 담양읍에서 봉산면사무소 방향 면앙정 관람
- 18:00~19:30 담양읍 삼거리에서 담양 재래시장 방향으로 가면 신식당 도착, 저녁식사(떡갈비)
- 19:30~20:00 13번 국도에서 좌회전하여 순창 방면으로 가다가 금월교차로에서 담양온천 표지판을 따라가면 담양리조트 도착, 숙박 및 휴식

Day 2

- 07:30~10:30 기상 및 담양리조트에서 온천욕 또는 금성산성 등반 후 아침식사(한정식)
- 10:30~11:30 24번 국도를 타고 가다가 원율삼거리에서 우회전, 다시 금월교차로에서 우회전한 후 887번 지방도를 타고 고서 방면으로 가다가 고서교차로에서 60번 지방도를 타면 명옥헌 원림 도착
- 11:30~12:30 60번 지방도를 타다가 887번 지방도를 갈아타고 광주 방향으로 내려가면 식영정 도착, 식영정과 주변 관람
- 12:30~13:30 점심식사
- 13:30~14:30 광주호 방면으로 조금만 내려가 소쇄원 산책
- 14:30~15:30 한국가사문학관(061-380-3240) 관람
- 15:30~16:30 887번 지방도를 따라 3.5km 정도 가서 광주호 산책
- 16:50 고서교차로에서 호남고속도로 방면으로 우회전, 창평IC 진입

:: 한국대나무박물관, 담양에서 죽부인을 만나다

사악사악, 대나무 잎끼리 부대끼는 소리에 한낮의 더위는 사라지고 청량감이 온몸을 감싼다. 쭉쭉 뻗은 대나무 그늘 아래에 서서 하늘을 올려다보면, 태양 빛은 갈라지고 갈라진 빛 때문에 뾰족한 대나무 잎은 밝은 연두색으로 빛난다.

담양은 대나무의 고향이다. 어느 곳을 가든 온통 대숲이다. 그래선지 조선시대부터 내려온 죽세공예품은 담양을 대표하는 특산품으로 자리 잡았다. 특히 이곳에서 만든 제품들은 강하고 탄력이 좋기로 유명하다.

담양읍에 있는 한국대나무박물관은 대나무의 역사와 대나무로 만든 다양한 제품들을 볼 수 있는 곳이다. 조선시대 제품부터 현대적인 제품과 외국 제품까지 3,000여 점을 전시하고 있으며, 편하게 쉴 수 있는 공간도 마련되어 있다.

대나무 하면 생각나는 제품은 여름철 잠자리를 시원하게 해주는 죽부인이다. 죽부인은 주로 자식들이 부모에게 선물하여 효도의 상징으로 인식됐던 공예품인데, 재미있게도 부모가 쓰던 죽부인은 자식들이 사용하지 않는다고 한다. 부모가 사랑스럽게 안고 자던 '죽부인'이기 때문이란다. 죽부인은 선인들의 유머와 생활의 지혜가 만들어낸 공예품이다.

:: 죽녹원, 시원한 죽림욕에 빠지다

담양 읍내의 담양천에 자리 잡은 향교 옆에는 대나무와 바람을 함께 느낄 수 있는 죽녹원이 있다. 죽녹원은 담양군에서 조성한 죽림욕장으로, 입구부터 하늘을 향해 솟아오른 대나무들이 빼곡하게 심어져 있다. 죽녹원에는 대나무 이슬을 받아먹고 자란다는 죽로차도 자생한다. 숲은 많은 음이온이 발생하여 혈액을 맑게 해주며 자율신경계를 잘 조절해주는 효과를 가지고 있는데, 특히 물과 대나무가 만나면 보통 숲보다 음이온이 열 배는 더 강하다고 한다.

또한 대숲은 산소 발생률이 높아 바깥보다 4~7도 정도 낮은 온도를 유지한다. 더위로 찌는 여름에도 대숲에만 들어가면 시원해지는 이유가 바로 그 때문이다. 죽림욕을 즐길 수 있는 죽녹원은 몸을 편안하게 하는 쉼터이자 웰빙 공간이다. 1시간 정도면 죽녹원을 충분히 돌아볼 수 있지만, 책 한 권을 들고 가서 향기 좋은 차를 마시며 한없는 여유를 만끽해 보는 것도 좋겠다.

:: 관방제림, 아름다운 숲길을 거닐다

죽녹원에서 나와 담양천 안으로 들어가면 관방제림이 나온다. 관방제림에는 420여 그루의 나무들이 있는데 푸조나무, 팽나무, 벚나무 등 다양한 나무가 담양천 제방 위에 심어져 있다. 그중에

호젓한 산책길, 관방제림 입구

오래된 185그루는 천연기념물로 지정되어 보호받고 있다.
　관방제림을 따라 걷는 길은 2004년 산림청이 주최한 '제5회 아름다운 숲 전국대회'에서 대상을 받았을 정도로 아름다운 숲길이다. 관방제림과 같은 인공림은 담양뿐 아니라 함양(상림)에도 있는데 자연물로 자연재해를 막는 선조들의 놀라운 안목을 엿볼 수 있다.

:: 영화의 한 장면 속으로, 메타세쿼이아 가로수 길

짙푸른 녹음의 터널에서 이국의 모습을 떠올리기도 전에 가슴속 깊은 곳까지 시원함이 밀려들어온다. 도열한 의장대처럼 위풍도 당당한 메타세쿼이아 가로수 길에서 나뭇가지가 바람에 부대끼는 소리를 듣다 보면 여유로움과 한가로움이 절로 스며든다.

누구나 낭만 속에 빠져드는 메타세쿼이아 가로수 길

이 길을 즐기는 방법은 여러가지다. 산책뿐 아니라 이 길을 따라 드라이브, 자전거 하이킹도 할 수 있는데 사시사철 다른 풍경의 매력에 흠뻑 빠져들 수 있다. 메타세쿼이아 길은 영화 「화려한 휴가」, 「와니와 준하」, 「가을여행」 등에서 배경으로 등장하기도 했다.

:: 원림과 정원을 탐하는 길, 명옥헌부터 소쇄원까지

대나무 하면 '대쪽' 같은 선비들의 정신이 먼저 떠오른다. 담양에는 그런 선비들이 글을 읽고 자연에 심취했던 장소가 많다. 그중 명옥헌 원림과 소쇄원, 식영정은 우리나라 정원의 아름다움을 대표하는 곳으로, 그 안에 있으면 자연과 함께 숨 쉬는 행복을 느낄 수 있다.

담양 후산리 마을 안쪽에 있는 명옥헌은 조선 중엽의 대표적인 정원으로, 정자에 올라서 굽어본 연못 풍경과 그 주변에 핀 백일홍이 일품이다. 그래서 백일홍이 절정인 여름에 특히 많은 여행자들이 찾는다.

명옥헌에서 광주호 방향으로 가면 식영정이 나온다. 식영정은 서하당 김성원이 장인 임억령을 위해 지은 정자로, 우리나라 가사문학의 대가인 송강 정철의 흔적이 남아 있는 곳이다. 정철은 이곳에 머물러 당대 선비들과 교분을 나누며 공부했고 「성산별곡」을 지었다. 식영정에 오르면 널찍한 툇마루에 앉아 바람을 맞으며 시원한 풍광을 즐길 수 있다.

식영정에서 가사문학관을 지나면 우리나라 최고의 정원으로 알려진 소쇄원이 나온다. 건축적인 안목이 없는 사람이라도 소쇄원의 사랑채에 해당하는 광풍각에 앉으면 세월의 시름이 어디론가 사라지는 느낌을 받는다. 소쇄원의 진가를 알려면 정원을 돌아봐야 한다. 소쇄원을 둘러싼 담장은 높지도 낮지도 않다. 가리는 것과 보는 것의 조화를 생각하여 쌓은 담장은 옛 선인들의 지혜에 감탄하

소쇄원 광풍각의 호젓한 풍경

게 한다. 어두운 대숲을 지나면 햇빛에 반짝이는 광풍각이 사람들을 맞이하는 선계처럼 보이기도 한다.

소쇄원 곳곳에는 작은 볼거리들도 가득하다. 조용한 지적 공간인 제월당 현판의 편액 글씨는 단아하지만, 손님을 위한 공간인 광풍각의 편액 글씨는 바람에 흘린 듯하다. 담장에 써 있는 '소쇄처사양공지려(瀟灑處士梁公之廬, 소쇄처사 양공의 조촐한 집)'는 우암 송시열의 글씨이며, 광풍각에 걸린 많은 편액들은 양산보와 교우했던 송강 정철, 환벽당의 주인이었던 김윤제 등이 남긴 시들이다.

식영정과 소쇄원 사이에 있는 가사문학관은 가사문학의 보존과 연구를 위해 지은 건물이다. 가사문학관에는 대쪽 같은 선비들의 문학작품이 가지런하게 잘 전시되어 있다. 송강 정철의「성산별곡」,「사미인곡」,「속미인곡」, 유도관의「경술가」, 송순의「면앙정가」등 가사 자료 18편을 볼 수 있으며『면앙집』,『송강집』등 귀중한 유물들을 만날 수 있다.

소쇄원의 지적 공간이자 주인의 공간인 제월당

- 관방제림에서는 걸어서 이동하기 때문에 다소 힘들지도 모르나, 곳곳에 벤치가 놓여 쉬어 갈 수 있으며 휠체어도 다닐 수 있다.

- 죽녹원 입구가 다소 가파르게 경사진 길이다. 그러나 휠체어로 이동할 수 있는 길이 별도로 나 있어 보호자와 동행하면 올라가는 데 그다지 어렵지 않다. 내부도 대부분 흙길을 따라 오르락내리락할 뿐이고, 가끔 숲길이 좁아져 다소 불편함을 느낄 수 있지만, 휠체어로 이동하는 것이 불가능하지는 않다.

- 메타세쿼이아 가로수 길에서는 드라이브, 자전거 하이킹, 산책 등을 모두 즐길 수 있다. 차가 많이 다니지 않으므로 우선 걷는 데 지장이 없다. 초입의 매점에서 자전거를 빌려 주므로 자전거를 타고 다녀올 수 있으며, 자동차를 이용할 경우에는 관방제림과 만나는 지점의 휴게소에 잠깐 차를 대고 걷다가 다시 차를 타고 드라이브하는 방법이 있다.

- 원림과 정원들은 비교적 쉽게 드나들 수 있지만, 식영정과 환벽당의 경우에는 계단을 따라 올라가야 한다.

- 담양리조트의 담양온천은 비교적 시설이 깨끗해 부담 없이 쉴 수 있다. 숙박시설뿐 아니라 온천도 사시사철 인기 있는데, 특히 겨울에는 노천 온천을 즐길 수 있다. 평지에다 곳곳에 나무가 심어져 있고 벤치가 마련되어 있어 산책하기에도 좋다.

- 가사문학관은 모든 층에 노약자와 장애인을 위한 편의시설이 마련되어 있다.

여행정보(지역번호 061)

 ### 숙박

담양읍 한국전력 앞에 있는 골드리버모텔(383-8960)은 깨끗한 편이며, 담양읍 백동사거리 경찰서 뒤편에 있는 담양대나무건강랜드(383-0001)는 규모가 크고 깔끔하다. 담양읍에서 순창 방면으로 가다가 석현교를 지나 좌회전하여 담양호 방면으로 가면 담양리조트(380-5000)가 있는데, 담양에서 가장 좋은 숙박시설이다. 가마골생태공원에 있는 가마골관광농원펜션(381-9999)에 숙박하면 시원한 계곡에서 야외 바비큐를 즐길 수 있다.

 ### 맛집

진우네국수집(381-5344)은 진한 멸치육수가 담백한 국수와 그 육수에 삶은 달걀이 맛있는 곳이다. 담양교차로를 지나 담양읍사무소 방향으로 가면 담양 제일의 먹을거리 떡갈비를 맛볼 수 있는 신식당(382-9901)이 나온다. 갈비살을 다진 후 갈비뼈에 도톰하게 붙여 석쇠에 구워낸 떡갈비는 이가 약한 사람도 부담 없이 먹을 수 있을 만큼 연하면서 맛있다. 한국대나무박물관 앞에 있는 송숙정(383-4921)은 대나무에 쌀과 밤, 은행, 죽순을 넣어 쪄내는 대통밥이 유명하다. 대숲에 둘러싸인 죽림원(383-1292)도 대통밥과 대통찜닭으로 널리 알려져 있다. 담양아시아자동차학원 입구에 있는 만나가든(381-1418)은 닭백숙과 오리 요리를 전문으로 한다. 무공해 채소들과 닭, 오리, 각종 약재들이 어우러진 요리들은 담백하다.

 ### 쇼핑

- **죽세공예품** : 담양은 예로부터 뛰어난 완성도와 품질로 죽세공예품 특산지로 잘 알려져 있다. 참빗, 소쿠리, 부채, 광주리, 대자리, 죽부인 등 전통적인 생활용품부터 최근에 개발된 대나무 베개와 침구까지 다양한 제품들이 판매된다. 죽세공예단지 직매장(383-4390)에서 구입할 수 있다.
- **대나무 숯** : 대나무 숯은 탈취와 제습 외에 목욕제, 음이온 방출, 항균 작용, 전자파 차단, 새집증후군 등에 효과를 보이는 것으로 알려져 있다. 대나무바이오텍(383-9100, www.daesoot.co.kr)에서 구입할 수 있다.
- **죽로차** : 대숲에서 대나무의 이슬만 먹고 자란 차나무 잎으로 만든 전통차다. 녹차보다 구수한 편이며 노화 방지, 항암 효과, 당뇨 억제, 고혈압 조절에 효과 있는 것으로 알려져 있다. 자세한 문의는 대숲향 죽로차 작목회(383-6015)로 하자.

알프스 산간 마을을 빼닮은 무주리조트

{ '계곡의 대명사' 무주구천동과
덕유산을 안고 있는 청정한 고장

무주 茂朱_백남천

청정 지표를 상징하는 반딧불이를 축제화한 무주는
대한민국 최고의 청정 자연을 자랑한다.
그곳 덕유산 자락에 둥지를 튼 울울창창한 덕유산자연휴양림과 멋진 무주리조트는
실버여행객들도 큰 힘을 들이지 않고 즐겨 찾을 수 있는 여행지.
'관광 곤도라'는 사계절 내내 큰 수고를 들이지 않고도
해발 1,500m가 넘는 산정에 쉽게 오를 수 있도록 도와주고,
가벼운 산행을 마친 후 무주리조트 노천탕에서 즐기는 온천욕은 일상의 피로감까지 확 풀어준다.
무주 여행보다 더 훌륭한 웰빙 여행은 없을 것이다.

추천일정

Day 1
09:30 통영대전고속도로 무주IC 통과
09:30~12:00 무주반딧불이축제장(063-320-2542) 관람
12:00~13:00 무주 군청 인근 금강식당으로 이동 후 점심식사(어죽)
13:00~15:00 (37번 국도 설천면 방향) 반디랜드(063-324-1155) 관람
15:00~16:30 무주구천동 제1경 나제통문 산책
16:30~17:30 (37번 국도 무풍면) 삼거리식당에서 저녁식사(더덕정식)
17:30~18:00 (삼거리에서 37번 국도 거창 방면으로 직진 후 좌회전) 덕유산자연휴양림
(063-322-1097) 통나무집에서 숙박(예약 필수)

Day 2
06:30~08:30 기상 후 덕유산자연휴양림 삼림욕장 산책
08:30~09:30 아침식사(덕유산국립공원 내 상가 지역 전주식당의 산채정식)
09:30~10:00 (37번 국도 무주리조트 입구 좌회전) 무주리조트(063-322-9000)
10:00~10:30 관광 곤도라 탑승
10:30~13:00 설천봉 전망대 레스토랑에서 점심식사(해물파전, 도토리묵무침, 동동주)
13:00~13:30 관광 곤도라로 하산
13:30~16:00 무주리조트 세솔동 노천유황온천욕(063-320-7894)
16:00~16:30 무주IC 방향(방배삼거리에서 우회전 49번 국가지원지방도, 사산삼거리에서
19번 국도 우회전)→통영대전고속도로 무주IC 진입

:: 어릴 적 추억을 밝히는 무주반딧불이축제와 반디랜드

남대천이 덕유산 자락에 정겹게 들어앉은 마을들을 고샅고샅 적시면서 흐르는 풍광은 '청정 무주'를 그대로 보여준다. 이처럼 청정한 무주의 속살은 다른 지방에서는 보기 드문 반딧불이의 생태지(천연기념물 제322호)를 이루고 있다.

이곳 사람들은 해마다 6월 중순경이면 '무주반딧불축제'(063-320-2546)를 펼쳐오고 있다. 축제의 주요 무대는 '호남 3한'으로 꼽는 한풍루 일원과 무주 읍내를 가로질러 흐르는 남대천 하류 일원. 반딧불축제퍼레이드를 시작으로 그 서막을 연다. 반딧불이체험관에서는 세계 반딧불이를 볼 수 있을 뿐 아니라 형설지공(螢雪之功)과 방사 같은 반딧불이 체험도 즐길 수 있다. 반디문화예술무대에서 펼쳐지는 반디사랑 설치미술 작업, 반딧불이 인형극, 나무 곤충 만들기와 장승 깎기

무주 33경이 시작되는 나제통문

등은 구경하는 것만으로도 재미있다. 어릴 적 시골 고향에서 반딧불이를 쫓던 추억을 자랑하던 실버여행객들은 말한다. "그려, 자연은 보호하는 것이 아니라 그냥 두는 것이여."

설천면에 들어선 반디랜드는 언제 찾아도 반딧불이의 생태를 온전히 만날 수 있는 곳이다. 곤충박물관을 비롯하여 반딧불이자연학교, 생태온실이 잘 단장되어 있는 생태체험 공간으로, 65세 이상(신분증 지참)이면 실버 우대로 무료 관람

할 수 있다.

 이곳 전시장들을 순례하면 반딧불이의 생태는 물론 웬만한 희귀 곤충들까지 전부 접할 수 있다. 국내 최대의 곤충 박물관답다. 사랑의 짝짓기를 위해 수컷 반딧불이들이 불빛 구애를 하는 정경도 아름답다. 돔상영관에 들면, 누워서 신비로운 우주를 감상할 수 있다.

 무주구천동 초입에서는 무주구천동 33경 중 제1경으로 꼽는 나제통문을 지난다. 삼국시대에 신라와 백제 사람들이 오가던 경계 지역이다. 초록빛 벚나무 터널을 이룬 37번 국도변, 남으로 따라붙는 계곡은 '대한민국 계곡의 대명사' 인 무주구천동이다. 장대한 70리 물길은 '산이 높으면 골이 깊다' 는 표현을 실감 나게 한다. 무주구천동 상류 끝에는 천년 고찰 백련사가 기다리고 있다.

:: 독일가문비나무 숲이 장대한 덕유산자연휴양림

 덕유산자연휴양림은 무주구천동 계곡 들목으로부터 4km 동남쪽 귀목령골에 둥지를 틀고 있다. 산림욕장으로 들어설수록 울창한 숲 사이로 계곡 물이 넉넉히 흘러내린다. 반딧불이가 서식하는 곳인 만큼 깨끗하고 맑은 자연이 아주 매력적이다.

 산책로 곳곳에 세워진 반딧불이 목각 조형물은 반딧불이 서식지의 분위기를 더한다. 숲속의 반디애집에서는 반딧불이를 사계절 배양하는데, 애반딧불이가 왕성하게 활동하는 6월과 늦반딧불이가 활동하는 8~9월 초에는 '반딧불이 추억 만들기' 프로그램을 특별히 운영하고 있다. 어르신들은 옛이야기들 중 반딧불이와 관련된 '형설(螢雪)의 공' 에 대해 손자들에게 들려주는 기쁨과 보람을 느낄 수 있다. 숲속 공간에 자리한 체험장에서는 손자들과 함께 꽃잎으로 '꽃누름 체험' 도 즐길 수 있다.

 숲속으로 난 산책로를 따라가면 여느 휴양림에서는 만날 수 없는 독일가문비

덕유산자연휴양림의 독일가문비나무 군락지

나무 군락지로 들어서게 된다. 임도 변에서 산사면으로 난 오솔길로 30m 정도 들어가면 눈앞에 갑자기 펼쳐지는 거대한 숲이 독일가문비나무 군락이다. 이 희귀한 수종들 중에는 두 아름이 넘는 나무도 있다. 숲속에 군데군데 놓여 있는 평상에 누워 하늘을 바라보노라면 독일가문비나무들의 도원경이 하늘을 찌른다. 순간순간 온몸에 배어드는 천연방향제 피톤치드는 상큼하고 청량하기 그지없다.

:: 관광 곤도라 타고 덕유산 운해 속에서 신선이 되다

덕유산 기슭에 자리한 무주리조트는 이국적인 풍광으로, 아주 이채로운 매력을 뽐내는 웰빙 여행지다. 특히 이곳의 곤도라(오전 9시~오후 4시까지 운행)를 이용하면 노약자나 장애인도 무난하게 해발 1,522m 덕유산 정상의 턱밑, 설천봉까지 오를 수 있다.

운무를 헤치고 설천봉까지 15분 만에 오르는 관광 곤도라에서 덕유산을 바라보는 순간순간은 천상의 시간이다. 발아래 펼쳐지는 초록빛 숲은 부드러운 융단을 깔아놓은 듯하고, 신비로운 운무 속에서는 선녀들이 나타날 것만 같다. 드디어, 설천봉! 발을 내딛는 순간, 산정은 온통 구름바다! 그러다가 일순간 코발트빛 하늘이 드러나는 천상의 세계! 하늘과 맞닿은 고산(高山)에서만 누릴 수 있는 절경이다.

설천봉에 올라앉은 고풍스러운 팔각정은 신비감을 더한다. '살아서 천 년, 죽어서 천 년 간다'는 주목들도 눈길을 끈다. 아주 오래전부터 덕유산 산정을 지켜온 이곳의 주인들이다. 천상의 전망대 레스토랑에는 실버여행객들이 즐길 만한 만찬도 잘 차려져 있다. 산정에서 생맥주를 기울이면서 연신 "브라보!"를 외치는 노익장들의 패기 넘치는 열정을 바라보는 일은 행복하기만 하다.

무릎이 아주 튼튼한 노익장이라면 이곳 설천봉에서 덕유산 정상인 향적봉까지 트래킹도 가능할 것이다. 나무 데크가 잘 놓인, 경사 완만한 오솔길로의 왕복 산행은 두어 시간이면 충분하다. 향적봉은 해발 1,522m로 남한 제4위의 고봉을 자랑한다. 정상에 서면 사방으로 일망무제의 첩첩 산릉이 펼쳐지는 풍광이 압권이다.

가벼운 산행을 마친 다음에는 무주리조트의 가족 호텔을 찾는다. 세솔동에는 소나무 숲속에 자리한 노천탕이 뽀얀 수증기를 피워 올리고 있다. 온천수로 가벼운 물놀이를 즐기다 보면 유황온천 효과까지 저절로 얻을 수 있다. 솔향기 그윽한 야외 풍경을 감상하면서 무주에서 채취한 구절초 사우나를 이용한 후 노천 광천탕에 온몸을 푸욱 담그면 1박2일 여독은 완벽하게 풀린다. 무주리조트에는 드라마「여름 향기」촬영지도 있다. 카니발 스트리트가 바로 그곳이다. 알프스 산간 휴양지 마을에 들어선 듯한 기분이 절로 든다.

- 첫날 오전 9시 이전에만 수도권에서 출발한다면 '무주반딧불이축제'도 여유롭게 즐길 수 있는 1박2일 웰빙 여정이다.

- 다리가 불편한 노약자일 경우, 덕유산자연휴양림의 산림욕장에서 독일가문비나무 숲으로 오르는 산책로 진입은 약간 무리한 일이다. 통나무집 주변 산책로나 그 골짜기에서 탁족을 즐겨도 충분히 삼림욕의 기쁨을 누릴 수 있다.

- 설천봉으로 오르내리는 무주리조트 관광 곤도라는 기상 상태에 따라 운행이 중단되기도 하므로 사전에 전화(063-322-9000)로 확인해야 한다.

- 덕유산 설천봉에서 최정상 향적봉까지의 트래킹은 나무 데크가 잘 놓인 산행 길이지만, 체력은 물론 시간적 여유를 모두 가져야 한다. 따라서 노약자일 경우 무리하여 산행하는 일은 삼가야 한다. 특히 높은 산이라 날씨가 수시로 변덕을 부려 비가 내리거나 비구름을 자욱이 몰고 오는 경우가 많다. 이런 날은 절대로 설천봉 위쪽으로 산행하는 일을 삼가자.

덕유산 설천봉으로 오르내리는 관광 곤도라

덕유산 설천봉 산장에 가서 '브라보!'를 외치는 노약자들의 부러운 열정

설천봉 전망대 레스토랑의 해물파전

반디랜드 '환상의빛' 터널

여행정보(지역번호 063)

숙박

덕유산자연휴양림 내에서는 숲속의집(322-1097)을 비롯하여 야영장을 이용할 수 있다. 숲속의집 예약이 여의치 않으면, 부근의 별장휴게소(323-1136) 같은 민박집에서 훈훈한 인정을 누려보는 것도 좋다. 무주리조트(320-7200) 내의 호텔티롤, 국민호텔, 가족호텔과 일성무주콘도(324-3939)는 더없이 안락한 곳이다. 무주구천동 진입로 근처 푸른 산중에 자리한 빨간 목조 건물 나오스펜션(322-7009)은 동화 속 풍경처럼 아름다운 쉼터다. 무주스키텔(322-8900), 무주이리스모텔(324-3400)은 한국관광공사가 인증한 굿스테이 업소다.

맛집

금강의 지류인 남대천이 흐르는 무주의 토속 별미는 민물고기를 푹 고아 죽을 쑨 '어죽'이다. 이곳 토박이들은 무주 군청 옆에 자리한 금강식당(322-0979)의 어죽 및 매운탕을 즐겨 찾는다. 무주 읍내의 북쪽 고개 너머 물돌이동 강변에 자리한 큰손식당(322-3605), 섬마을(322-2799)의 어죽과 빙어튀김도 별미다. 덕유산자연휴양림 가는 길목인 무풍면 삼거리에서 거창 방면에 자리한 삼거리식당(322-3490)은 더덕구이와 함께 내놓는 더덕정식이 맛있는 집이다. 무주리조트 내 식당인 카니발 스트리트에서 별미집은 명동갈비(320-6928)다. 덕유산 버섯을 재료로 한 버섯전골은 곁들여지는 전라도식 상차림과 함께 맛있다고 입소문이 자자하다. 호텔티롤 야가스투벤(320-7570)의 소안심 요리와 칠봉(320-7570)의 한정식 요리도 고급 별미다.

무주 토박이들이 즐겨찾는 '어죽'은 실버들의 보양식으로도 훌륭한 별미나.

쇼핑

- **무주 천마** : 반디랜드 농특산물판매장(322-4433)에서는 무주 천마, 무주 머루와인, 무주 머루즙, 무주 오미자 등을 구할 수 있다. 이런 무주의 농특산물들은 자연 식품으로 청정 무주의 향기가 풀풀 나는 쇼핑 거리다. 특히 무주 천마는 나이 드신 어르신들에게 오기 쉬운 혈관 계통 질환을 예방할 수 있는 건강식품으로 적극 권할 만하다. 손자들을 위한 선물로는 곤충을 테마로 한 악세사리도 훌륭하다.

겨레의 집과 아름다운 태극기의 행렬

{ 하늘 아래 사람이 가장
편안한 곳

천안·아산 天安·牙山 _이시목

KTX와 수도권 전철 개통으로 더욱 가까워진 천안은
도시와 시골 풍경을 동시에 간직하고 있는 곳이다.
3.1독립만세운동의 진원지인 아우내장터와
민족의 아픈 역사를 되돌아보게 하는
독립기념관이 있는 국내의 대표적인 항일 유적지이기도 하고,
호두과자와 병천순대로 유명한 맛의 고장이기도 하다.
천안과 이웃한 아산도 여행지로서 매력이 각별한 곳이다.
온양온천, 도고온천, 아산온천을 중심으로 외암민속마을 등 볼거리가 가득하여
여유롭게 휴식을 취하면서 역사 유적을 관람할 수 있다.

추천일정

Day 1
- 09:30 경부고속도로 천안IC 통과
- 09:30~09:45 천안IC(성거 방향)→천호저수지(우회전)→호서대 앞(좌회전)→각원사 도착
- 09:45~10:40 각원사(041-561-3545) 답사
- 10:40~10:50 호서대(좌회전)→정보통신부 공무원교육원 도착
- 10:50~12:00 우정박물관(041-560-5900) 관람
- 12:00~13:00 점심식사(석갈비)
- 13:00~13:30 1번 국도(조치원 방향)→천안삼거리공원 앞 사거리(진천 방향 21번 국도)→독립기념관 도착
- 13:30~16:00 독립기념관(041-560-0114) 관람
- 16:00~18:00 병천(21번 국도)으로 이동 후 유관순 열사 사적지(041-564-1223) 답사
- 18:00~19:00 저녁식사(병천순대)
- 19:00~19:40 온양온천(21번 국도)으로 이동 후 취침

Day 2
- 06:30~10:00 기상 후 온천욕을 한 뒤 아침식사(한정식)
- 10:00~11:30 온양민속박물관(041-542-6001~3)으로 이동 후 관람
- 11:30~12:00 온양민속박물관→39번 국도(공주 방향)→외암민속마을 도착
- 12:00~13:00 점심식사(수수부꾸미)
- 13:00~14:30 외암민속마을(041-544-8290) 산책
- 14:30~16:00 맹씨행단(623번 지방도)으로 이동 후 관람
- 16:00~16:30 맹씨행단→남동삼거리(아산 방면 21번 국도)→온양온천역→금산사거리 등 경유, 세계꽃식물원 도착
- 16:30~17:30 세계꽃식물원(041-544-0746~8) 관람
- 17:30~19:00 세계꽃식물원→도고온천역→선장사거리(623번 지방도)→선인교 건너 삼거리(좌회전)→문방리장어촌 도착, 저녁식사(장어구이)
- 19:00 인주공단교차로(34번 국도)→삽교호유원지 앞 삼거리(당진 방향 38번 국도)→서해안고속도로 송악IC 진입

::동양 최대 규모의 청동대좌불로 유명한 각원사

각원사의 거대한 청동대좌불

천안의 진산인 태조산 기슭에는 각원사를 비롯한 태조산조각공원, 우정박물관 등 볼거리가 밀집해 있다. 천안 시내에서 15분 거리밖에 되지 않지만 푸른 산그늘이 드리워 있는 이곳은 바로 곁에 도시가 있다는 느낌이 들지 않을 만큼 전원의 풍취를 물씬 풍긴다.

특히 태조산의 북쪽 기슭에 자리한 각원사의 정취가 남다르다. 천안을 대표하는 고찰인 광덕사에 비하면, 그 역사가 30여 년으로 짧지만 큰 규모에 걸맞게 건물들이 웅장하다. 경내에는 현재 대웅전, 관음전 등과 함께 높이 12m, 둘레 30m, 무게 60t 규모의 청동대좌불과 높이 4m 크기의 범종이 있다. 그중 청동대좌불이 전국적인 명성을 얻고 있다. '아미타여래청동대좌불'이 정식 명칭인 청동대좌불은 몸체뿐 아니라 귀와 손톱의 길이까지 어마어마해 놀라움을 안겨 준다.

태조산을 기준으로 각원사의 반대쪽에 있는 우정박물관(정보통신부 공무원교육원 본관 1층)은 우리나라 우정(郵政)의 발자취와 사료를 전시해 놓은 곳이다. 우표와 우체통의 변천사, 우리나라 집배원의 역사 등이 제1·2전시실로 나뉘어 전시되고 있는데, 전시 우표 중에는 36억짜리도 있다고 하니 눈여겨볼 만하다.

:: 민족의 아픈 역사 현장, 독립기념관과 유관순열사기념관

독립기념관은 우정박물관에서 차로 20분 정도 거리에 있다. 120만 평이 넘는 방대한 부지 위에 일제강점기의 항일투쟁사가 고스란히 녹아 있어, 보고 감상하는 것 이상으로 특별한 마음의 울림을 준다. 먼저 초입에 있는 높이 51m인 '겨레의 탑'이 시선을 끈다. 수덕사 대웅전을 본떠 만들었다는 '겨레의 집'과 그 안에 있는 '불굴의 한국인상'도 힘차기 이를 데 없고, 겨레의 집 앞에 있는 수많은 태극기의 행렬은 가슴 벅찬 감동을 선물한다. 하지만 이곳의 하이라이트는 역시 겨레의시련관, 나라지키기관, 3·1운동관 등 8개에 달하는 실내 전시관이다. 각종 자료, 모형, 사진 등이 가득한 이 전시관들은 세계에서도 손꼽을 만큼 규모가 큰 데다 전시 구성까지 알차서 주마간산으로 훑어보는 데만도 2~3시간 이상 걸린다.

유관순 열사가 태어나고 자란 병천에는 열사의 흔적이 곳곳에 남아 있다. 3·1독립만세운동의 기개가 살아 있는 아우내장터, 유관순 열사가 태어나고 자란 생가, 그녀가 어릴 적에 다녔던 매봉교회, 그리고 아우내장터에서 300m 떨어진 곳에 유관순열사기념관이 있다. 유관순 열사의 삶을 그린 다큐멘터리와 아우내 만세운동을 묘사한 부조물(浮彫物) 등을 볼 수 있는 유관순열사기념관에서는 고문 도구의 하나였던 벽관을 체험할 수 있고, 유관순

'겨레의 집' 대형 태극기 앞 벤치에서 쉬는 노부부

열사와 3·1운동에 관한 영상도 관람할 수 있다. 유관순열사기념관 뒤편에 있는 추모각에서는 최근 20년 만에 교체된 유관순 열사의 영정이 눈길을 끈다. 옥고에 시달려 퉁퉁 부었던 얼굴의 영정 대신 꽃다운 열여덟 소녀의 형상이 단아하게 그려져 있다.

:: 온천의 뛰어난 효과가 1,300년 장수의 비결, 온양온천

아산은 예로부터 온천으로 유명한 곳이다. 한때 국내 최고의 신혼여행지로 떠올랐던 온양온천을 비롯하여 유황온천으로 이름난 도고온천, 스파비스를 중심으로 한 아산온천까지 3곳이나 된다. 그중에 역사적으로는 온양온천이 제일로 손꼽힌다. 1,300년 역사를 지닌 국내 최고(最古)의 온천으로, 조선시대에는 세조를 비롯한 역대 왕들이 질병을 치료하기 위해 자주 찾았다는 기록도 보인다.

이곳에서 용출되는 온천수는 50도 내외로 상당히 높은 편이다. 중탄산나트륨, 탄산칼슘 등 인체에 유익한 20여 가지 성분이 포함되어 있어 신경통, 피부병, 근육통 등에 효과가 있는 것으로 알려져 있으며, 무색·무취·무미해 겉으로는 별다른 특색이 없지만 알칼리 성분 덕분에 온천욕을 즐기고 나면 피부가 눈에 띄게 매끄러워진다. 온양온천에서 차로 5분 정도 거리에 있는 온양민속박물관도 기억에 오래 남을 공간이다. 몸이 아니라 눈으로 1,300년 세월의 흔적을 더듬어볼 수 있는 곳으로, 가볍게 산책하며 돌아볼 수 있는 야외정원이 매력적이다.

:: 늙은 돌담에 속삭이는 발랄한 햇발같이, 외암민속마을

외암민속마을은 설화산 남서쪽 아래에 운치 있게 펼쳐진 전통 민속마을이다. 조선 중엽 이정 일가가 낙향하여 이룬 예안 이씨 집성촌으로, 500년은 족히 넘었을 기와집과 초가집 50여 채가 다듬어놓은 듯 정갈한 모습으로 어우러져 있다. 특히 세월의 흐름을 보여주듯 이끼가 잔뜩 낀 돌담이 정겹게 이어져 있는 모습은 오래되어 아름다운 것의 진수를 보여준다. 집집이 심어놓은 감나무, 살구나무, 밤나무 등 유실수들의 유혹은 또 어떤가. 봄부터 가을까지 노란 살구며 빨간 홍시가 떨어져 내리는 소리로 돌담 밑이 소요하다.

설화산 뒤쪽 배방면 중리에는 조선 초기의 명재상이자 청백리로 유명한 맹사성의 옛집이 있다. 마당 한쪽에 수령 600여 년의 은행나무 두 그루가 있어 '맹씨행단'이라 불리는 이 집은 우리나라에서 가장 오래된 살림집으로 손꼽힌다. 원래는 고려 말기 충신인 최영 장군의 집이었으나, 이웃에 살던 맹사성의 사람됨을 알아보고 손녀사위로 삼은 뒤 이 집을 물려준 것이라고 한다.

아산에서 가장 화사한 세계꽃식물원은 귀로에 잠시 들러볼 만하다. 8,000여 평의 유리 온실에 1,000여 종류의 꽃 1,000만 송이가 한데 어우러져 사시사철 피고 지는데, 365일 꽃구경을 하지 못할 날이 없을 정도로 꽃이 자주 핀다.

돌담을 따라 철마다 야생화들이 피는 외암민속마을

Silver Travel Tip

- 수도권 전철로 1시간 20분이면 갈 수 있는 천안은 시티투어버스 이용도 권할 만하다. 매주 화·목·토·일요일 4차례 운영되며, 문화관광해설사의 친절한 설명을 들으면서 천안을 대표하는 관광 명소들을 둘러볼 수 있다. 오전 10시에 천안역을 출발하며, 버스 탑승료는 2,000원(65세 이상)이다. 다만 입장료, 식비 등은 본인이 부담해야 한다. 천안시 인터넷 홈페이지(www.cheonansi.net)를 참조하거나 천안관광안내소(041-521-2038)로 문의하면 된다.

- 유관순열사기념관 내 추모각, 각원사 청동대좌불, 온양민속박물관 2층 전시관을 제외하면 대부분의 경유지가 완만하거나 경사 없는 평지여서 걷거나 휠체어를 이용하여 둘러보기가 비교적 수월하다.

- 맹씨행단의 경우 중리의용소방소 내에 주차장이 마련되어 있으나, 장애인이나 노약자가 있다면 행단 바로 앞까지 차량으로 진입하는 것이 좋다.

- 독립기념관에는 겨레의 탑에서 출발하여 겨레의 집과 전시관들을 돌아 원점으로 회귀하는 한얼이열차(편도로 65세 이상 500원, 장애인 무료)가 운행 중이고, 다리가 불편한 노약자나 장애인을 위한 전동 휠체어를 입구의 고객지원센터에서 무료로 대여해 준다.

- 세계꽃식물원, 외암민속마을, 온양민속박물관, 유관순열사기념관 등의 매표소에서도 휠체어를 무료로 대여해 준다.

온양민속박물관의 야외정원

세계꽃식물원에서 양귀비꽃의 향기를 맡는 어린이

온양관광호텔의 노천 온천탕

여행정보(지역번호 041)

 숙박

천안보다는 숙박시설이 많은 아산에서 묵는 것이 낫다. 온양온천단지 내에 온양관광호텔(545-2141), 온양그랜드호텔(543-9711) 등 호텔급 숙박시설이 즐비하다. 30~40년 역사를 자랑하는 청주탕(546-2151), 용문탕(545-8161) 등 여관급 숙박업소도 옛 시설을 약간만 보수한 채 운영하고 있어 오래전 신혼여행의 추억을 떠올리기에 좋다. 외암민속마을(541-0848)과 영인산자연휴양림(540-2479)에서 하룻밤 묵는 것도 색다른 경험이다.

 맛집

천안시 유량동 천성중학교 옆에 있는 배밭촌석갈비(622-3392)에서는 천연 과일 소스로 맛을 낸 석갈비의 쫄깃함을 느껴볼 수 있다. 온양온천역 인근에 있는 여명한정식(534-7777)의 별미는 사골육수에 찹쌀과 흑미, 호박씨, 은행 등 20여 가지 곡물을 넣어 고슬고슬하게 지어낸 영양돌솥밥이다. 외암민속마을 전통음식점인 솔뫼장터(544-7554)는 수수에 동부콩을 넣어 고소하게 지져내는 수수부꾸미가 특히 맛있다. 천안을 대표하는 별미는 역시 병천순대다. 병천면 아우내장터에 병천순대 거리가 형성되어 있는데 원조청화집(564-1558), 충남집(564-1079), 명가현모(564-2580), 아우내먹거리순대(564-2544) 등이 성시를 이룬다. 아산시 인주면 문방리는 내포 지방 제일의 장어구이촌이다. 꽃동네원조장어(533-2561), 옛날돌집(533-6700) 등 장어구이 전문점들이 몰려 있다.

병천순대와 순대국밥

 쇼핑

- **호두과자** : 천안에 가면 원조 호두과자를 맛볼 수 있다. 천안역 광장에서 아산 방향으로 100m 정도 가면 학화호두과자점(551-3370)이 있는데 그곳이 원조다. 고속도로 휴게소에서 먹던 맛과는 천양지차다. 흰팥을 삶아 가라앉힌 앙금을 물엿처럼 녹인 설탕에 버무린 뒤 한 번 더 쪄서 만든 앙꼬는 붉지 않고 희며, 호두과자 속에 든 호두 알도 다른 곳보다 크다. 30개입 1박스에 5,000원이며, 직접 방문하면 소량 구입도 가능하다.
- **아우내 5일장** : 천안시 병천면 옛 아우내장터에는 5일(끝수 1, 6일)마다 장이 선다. 유관순 열사가 독립 만세를 외쳤던 곳으로, 장이 열리면 수많은 관광객들과 병천읍 주민들로 인산인해를 이룬다. 옛 재래시장의 모습을 그대로 갖추고 있어 시골의 소박함과 정겨움을 만끽하기 좋다. 오후에는 장이 시들하니 오전에 찾는 것이 좋다.

나무들이 울창한 최고의 삼림욕장, 상림

{ 천년의 숲과 약초의 고장
함양 咸陽_박동식

함양은 우리나라 최초의 인공조림 숲인 상림과,
고풍스러운 정자들이 줄을 잇는 화림동계곡으로 유명한 곳이다.
지리산 원시림 사이를 흐르는 칠선계곡과
함양8경 중 하나인 용추계곡 역시 어디에 견줘도 손색없는 계곡들이다.
그뿐 아니라 전국 최고의 게르마늄 토양 덕분에 함양에서 채취되는
산삼과 각종 산약초들은 최고의 품질을 자랑한다.
안의면의 '안의갈비찜'과 '순대국', 마천면의 '흑돼지숯불구이'와 '흑염소 요리'도
미식가들의 사랑을 받는 먹을거리다.
실버여행객들에게 함양은 최고의 선택이 될 것이다.

추천일정

Day 1

- 10:30 88올림픽고속도로 함양IC 통과
- 10:30~10:45 함양 읍내로 이동(1084번 지방도)
- 10:45~12:30 상림(055-960-5756) 산책
- 12:30~13:30 상림 인근에서 점심식사(오곡정식, 연잎수제비, 어탕국수)
- 13:30~15:00 오도재 거쳐 금대암으로 이동(24번 국도 남원, 마천 방향 5.3km→1023번 지방도 지리산, 마천 방향 좌회전 후 12.2km→60번 국가지원지방도 남원 방향 1km)
- 15:00~15:30 금대암(055-962-5500) 답사
- 15:30~16:30 마천마애여래입상(60번 국가지원지방도 산청 방향 1km→1023번 지방도 백무동, 벽소령 방향 우회전 후 다리 건너 좌회전 1.2km→시멘트 포장 산길로 600m) 감상
- 16:30~18:00 서암정사(1023번 지방도와 60번 지방도를 이용 후 칠선계곡으로 진입 2.6km) 답사(055-962-5662)
- 18:00~19:30 저녁식사(흑돼지숯불구이, 흑염소불고기)

Day 2

- 07:30~09:00 세면 후 아침식사(산채비빔밥)
- 09:00~10:00 드라이브 겸 남계서원으로 이동(60번 국가지원지방도 산청 방향, 유림면에서 1034번 지방도 전체 약 22.7km)→본통삼거리(3번 국도 좌회전 5.9km)
- 10:00~10:30 남계서원(055-962-1438) 관람
- 10:30~11:30 함양일두고택(3번 국도 1.7km→지곡면 방향 좌회전 1.4km) 관람
- 11:30~11:50 안의면으로 이동(24번 국도 10km)
- 11:50~13:00 점심식사(안의갈비찜, 순대국)
- 13:00~14:00 함양토종약초시장 및 장터 구경
- 14:00~16:00 화림동계곡 경유(26번 국도)→중부고속도로 서상IC 진입

:: 천년의 신비를 간직한 숲, 상림

상림은 1,100여 년 전인 통일신라시대에 최치원 선생이 함양읍의 홍수 피해를 막기 위해 만들었다고 전해진다. 천 년이 넘도록 옛날 모습을 유지하고 있는 상림은 사람의 힘으로 조성한 숲으로는 우리나라에서 가장 오래된 숲(천연기념물 제154호)이다. 숲에는 갈참나무, 졸참나무 같은 참나무류와 개서어나무류가 주로 서식하여 계절에 따라 치장을 달리한다. 현재 상림에 자생하는 나무는 2만여 그루쯤 된다.

상림은 제법 넓은 숲이다. 주차장에서 시작되는 산책로도 여러 갈래라 굳이 산책길의 시작점을 정하기는 어렵다. 그러나 숲이 길게 분포되어 있기 때문에 처음에 한쪽 길을 선택한 후 되돌아올 때는 반대편 길을 이용하면 된다. 도중에 만나는 많은 샛길들은 산책의 즐거움을 더하고 숲 사이사이로 흐르는 맑은 시내는 경관을 더욱 아름답게 한다. 언덕이 없어서 노약자는 물론 아이들을 동반한 가족에게도 상림을 돌아보는 일은 전혀 무리가 없다. 상림 옆에는 대규모 연지(蓮池)가 조성되어 있으며 7~9월에 만개한 연꽃이 장관을 이룬다.

:: 오도재 넘어 마천면으로

함양읍에서 마천면으로 가기 위해서는 오도재를 넘어야 한다. 멀리 함양을 병풍처럼 감싼 백두대간의 모습을 감상할 수 있으며 전망대 아래 장승공원에는 마천면의 각 마을들을 상징하는 장승과 솟대, 남근상들이 화려하게 들어차 또 다른 볼거리를 제공한다. 하지만 오도재를 넘기 전에 지안재라는 언덕을 먼저 넘어야 하는데, 가파른 언덕을 지그재그로 오르도록 설계된 이 길은 '한국의 아름다운 길 100선'에 선정됐다.

오도재를 넘어 1.3km 정도 내려가면 이번에는 지리산조망공원휴게소가 나타난다. 이곳에서는 장중한 지리산 능선들이 한눈에 들어온다. 팔각정에 올라 잠

아름다운 지안재 야경

시 지리산을 감상하노라면 오도재 정상에서 바라봤던 반대편 백두대간의 능선과는 또 다른 정취를 느끼게 된다.

오도재를 완전히 넘으면 이제 마천면에 도착한다. 마천면에는 금대암, 서암정사, 마천마애여래입상 등의 볼거리가 있다. 금대암은 함양 8경의 제2경인 '금대지리'라 불리는 곳으로 절간 마당에서 바라보는 지리산의 풍경이 웅장하고 화려하다. 주차장이 절간 마당 바로 옆에 마련되어 있어 동선이 매우 짧은 것이 장점이지만, 금대암으로 오르는 산길이 시멘트로 포장된 가파른 길이라 운전에 각별히 신경 써야 한다. 금대암을 오르다 보면 도중에 건너편 산중에 옹기종기 펼쳐진 마천면 다랭이논(계단식 논)도 놓쳐서는 안 될 볼거리다.

마천마애여래입상(보물 제375호)은 커다란 화강암 바위를 다듬어 조성한 마애불이다. 불상의 높이만 5.8m에 이를 정도로 큰 규모인데 은은한 눈빛과 꼭 다문 입술은 강건하면서도 온화한 느낌을 준다.

칠선계곡에 자리 잡은 서암정사는 천연 암석과 조화를 이루는 아름다운 사찰이다. 사찰 입구에 조성된 사천왕상부터 경내 곳곳에 새겨진 불상들의 모습도 시선을 압도하지만, 극락을 형상화한 석굴법당에 들어서면 그야말로 무아지경에 빠져들게 된다. 10년에 걸쳐 자연 암반에 굴을 파고 조각을 한 작품이다.

:: 남계서원과 함양일두고택

함양군 수동면 원평리의 남계서원은 조선 명종 7년(1552년)에 개암 강익이 문헌공 일두 정여창 선생을 기리기 위해 창건한 서원으로, 명종 21년(1566년)에 사액서원이 되었다. 소수서원에 이어 우리나라에서 두 번째로 사액을 받은 유서 깊은 서원으로 고종 5년(1868년)에 공포된 대원군의 서원철폐령 때도 화를 입지 않았다.

입구의 홍살문과 하마비를 지나면 팔작지붕의 풍영루를 만나게 된다. 풍영루를 지나 안으로 들어서면 왼쪽에 사각 연못이 파여 있고, 맞은편에 동재와 서재

우리나라에서 두 번째로 사액을 받은 남계서원

가 마주 보고 있으며, '명성당'이라는 현판이 붙은 강당이 중앙에 자리하고 있다.

　남계서원에서 3km 정도 떨어진 지곡면 개평리에는 정여창 선생이 태어난 생가(중요민속자료 제186호)가 옛 모습 그대로 남아 있다. 정여창 선생이 타계한 지 1세기 후에 후손들에 의해 중건된 고택으로 남도 지방의 대표적 양반 가옥이다.

　솟을대문을 들어서면 동북 방향에 'ㄱ' 자 모양의 사랑채가 들어서 있고, 정면에 안채로 들어가는 일각문이 보인다. 남향을 한 'ㅡ' 자형의 큼직한 안채는 개방적인 분할 구조이며 전체적으로 양반가의 정갈한 기품이 흐른다. 고택의 정식 명칭은 유적 지정 당시의 건물주 이름을 따서 '정병호 가옥'으로 되어 있지만 이정표나 관광 지도에 따라 '정여창 생가', '함양일두고택' 등으로 다르게 표시되어 있으니 주의하자.

:: 고색창연한 정자와 계곡의 어울림, 화림동계곡

　　　　　　　　　　　　　　　　　　　화림동계곡은 남덕유산에서 발원한 금천이 흘러내리면서 기암과 어우러져 절경을 연출하는 곳이다. '화림풍류'라는 이름으로 함양 8경 중 하나로 손꼽히며, 여름이면 많은 피서객들이 모여든다. 특히 농월정, 동호정, 군자정, 거연정 등 계곡을 따라 이어지는 정자들은 옛 선비들의 풍류 문화를 엿볼 수 있는 곳들이다.

　농월정 근처에는 넓은 주차장과 함께 음식점들이 몰려 있으며, 상류로 3.2km 가량 올라가면 조선 선조 때 학자인 동호 장만리를 기리기 위해 1895년에 건립한 동호정을 만날 수 있다. 다시 상류로 1km쯤 거슬러 올라가면 군자정과 거연정이 자리하고 있다.

　여행을 떠날 때 가방 속에 넣어 간 시집이 있다면 마음에 드는 정자에 올라 호젓하게 책장을 넘겨보는 것도 좋은 추억이 될 것이다. 기이한 바위 사이로 흐르는 계곡 물의 울음이 여행자의 정신을 맑게 하여 시상이 절로 떠오를 것이다.

Silver Travel Tip

- 추천 일정이 그리 무리한 편은 아니지만, 첫째 날 일정이 조금 부담스럽다면 금대암 코스는 제외해도 무방하다. 오도재 지리산조망공원휴게소에서도 지리산을 감상할 수 있기 때문이다. 하지만 마천면 다랭이논을 조망할 수 있는 중간 지점까지 오르는 것은 고려해 볼 만하다.

- 추천 일정에 포함된 모든 장소는 주차장에서 매우 인접해 있지만, 대부분 도로의 포장 상태가 좋지 않다. 매끄럽지 않은 노면 때문에 휠체어 이동이 불편할 수 있으며, 남계서원이나 함양일두고택의 경우도 문턱에 휠체어 진입 편의시설을 갖추고 있지 않다.

- 이동하기 불편한 여행객에게 가장 문제가 되는 곳은 마천마애여래입상과 서암정사다. 마천마애여래입상이 있는 곳은 주차장에서 10m 정도 거리이지만 휠체어를 타고 스스로 오르기 힘들 만큼 가파른 언덕이다. 서암정사도 주차장에 주차할 경우 300m가량 걸어 올라가야 한다. 포장길이긴 하지만 노약자에게는 이동하기 부담스러운 거리와 경사도다. 입구에 차량이 진입할 수 없도록 쇠줄을 쳐놓았지만, 신도들이나 노약자 차량이 드나들 수 있도록 오른편으로 공간이 확보되어 있다. 이곳을 통과하면 주차 공간이 넓지 않아도 서암정사 마당까지 진입할 수 있다.

- 남계서원으로 향하는 길은 엄천강을 끼고 달리는 길이다. 드라이브 코스로는 오도재와 견줄 수 있을 만큼 아름답다. 하지만 남계서원을 놓치기 십상이다. 진입로가 도로에 너무 인접해 있고 나무에 가려져 눈에 잘 띄지 않기 때문이다. 남계서원을 놓쳤다면 청계서원에 주차한 후 걸어가도 된다.

상림 옆 연지에 피어난 연꽃들
마천면 다랭이논
서암정사의 석굴법당
함양토종약초시장

여행정보(지역번호 055)

🛏 숙박

칠선계곡에 펜션과 민박이 여럿 모여 있다. 예그리나펜션(962-2258), 청기와산장(962-5696), 은행나무집민박(962-5504), 칠선가든(962-5630), 두레박흙집(962-5507) 등이 있는데 외관과 시설은 예그리나펜션이 가장 깨끗하다. 마천마애여래입상 입구 건너편에는 일률적인 디자인의 산뜻한 초록마을 펜션단지가 있다. 태산민박(010-6227-7269), 산나물산장(962-5774), 초록마을펜션(011-800-9740), 늘푸른펜션민박(010-4430-0300), 산과들펜션(962-5088) 등이 있다.

🍴 맛집

상림 인근의 늘봄가든(963-7722)은 오곡정식으로 유명하다. 여러 종류의 오곡밥에 맛깔스러운 나물과 반찬, 된장찌개가 곁들여진다. 하늘바람(962-8700)은 전통찻집이지만 연잎수제비로 잘 알려져 있다. 옥연가(963-0107)는 흑미와 찹쌀, 은행, 땅콩, 대추 등 12가지 잡곡을 연잎에 싸서 쪄낸 옥연잎밥으로 맛자랑대회에서 대상을 수상했다. 함양 군청 건너편 골목에 있는 조샌집(963-9860)은 허름하지만 오랜 전통의 어탕국수로 유명하다. 마천면에는 흑돼지가 유명하다. 칠선가든(962-5630)이 추천할 만하며 두레박흙집(962-5507)은 흑염소불고기로 미식가들의 발길을 끌고 있다. 두 곳 모두 아침식사(산채정식이나 백반정식)를 할 수 있지만 반드시 사전에 예약해야 한다. 안의면에는 안의갈비찜이 최고의 먹을거리다. 안의원조갈비집(962-0666)과 삼일식당(962-4492)이 맛으로 인정받는 곳이다. 안의면의 또 다른 먹을거리는 순대국이다. 원조 음식점은 약초시장 2층의 장터식당(962-0231)이며, 약초시장 뒤편 옛날할매순대(962-4306)도 깔끔한 실내로 주목받는다.

하늘바람의 연잎수제비

🎁 쇼핑

- **약초** : 함양은 전국 최고의 게르마늄 토양을 자랑하는데, 함양 산양삼은 전국에서도 최고로 인정받는다. 안의면 함양토종약초시장(안의면사무소 960-5471)은 아직 활성화되지 못했지만 최고 품질의 약초들을 저렴하게 구입할 수 있다. 매주 월요일은 휴장하지만 안의면 장날(끝수 5, 10일, 31일까지 있는 달은 31일)과 겹치면 개장한다.
- **주류** : 함양에는 산머루를 이용한 즙과 와인을 비롯하여 국화주와 솔송주 등 새롭게 개발된 주류들이 다양하게 생산되고 있다. 상림주차장의 함양농특산물판매장(962-4334)에서 구입할 수 있으며, 함양 읍내 대형 마트에서도 일부 구입이 가능하다.

사계절 웰빙 여행지, 여주의 전경

{ 아기자기하고 소박한
웰빙 여행지의 진수
여주 驪州_이신화

경기도의 최동부 지역인 여주는 서울에서 당일 코스 여행지로 충분한 곳이다.
봄이 되면 인근 야산에 취나물, 고사리 등 산나물이 지천이다.
봄철에 산나물을 뜯으면 재미도 있고 자동으로 걷는 운동이 되어 건강해진다.
여름으로 넘어갈 즈음에는 뽕나무 열매인 오디와 산딸기가 주렁주렁 달린다.
오디는 젊음을 유지해 주는 안토시안 성분이 많아 요즘 뜨는 웰빙 식품이다.
가을에는 여주 곳곳의 임자 없는 산에 알밤이 주렁주렁 달리고
능이버섯, 싸리버섯, 자주방망이버섯 등 식용버섯도 많이 채취할 수 있다.
겨울이면 온천욕이나 숯가마 체험을 즐기면 된다.
어느 계절이든 여행지를 돌아다니다 그저 눈길을 옆으로 돌려보면 될 일이다.

추천일정

Day 1

10:00 서울 출발(경부선이나 중부선 탄 후 영동고속도로 이용)
11:30 영동고속도로 여주IC로 나와 우회전→첫번째 사거리에 팻말 따라 우회전(37번 국도)
11:40~12:10 명성황후 생가 탐방(031-887-3576, 문화해설사 이용)→여주 시내 쪽으로 이동
12:30~13:30 여주 시내나 영릉 주변에서 점심식사(보리밥, 오리구이 등)
13:30~14:30 영릉(031-885-3123, 42번 국도) 산책→여주 시내 쪽으로 나와 직진하여 여주대교 건너 우회전
15:00~16:00 신륵사(031-880-1592, 885-2505) 답사→원주 방면으로 이동(42번 국도)
16:20~17:00 목아박물관(031-885-9952) 관람→원주 방면으로 이동(42번 국도)→대순진리회 삼거리에서 청소년수련원 방면으로 좌회전하여 이호리 숯가마체험장 도착
17:20~20:00 여주 참숯가마 체험(031-886-1119)

Day 2

06:00~07:00 기상 후 여주 방면으로 이동(42번 국도)→신륵사 강월헌 정자 앞에서 일출과 물안개 감상(계절에 따라 시간은 약간 달라짐)
07:20~08:20 강변 산책로 걷기
08:40~09:30 아침식사(해장국 등)→삿갓봉으로 이동(42번 국도)
10:00~12:00 삿갓봉 여주 온천욕(031-885-4800) 체험
12:30~13:30 점심식사(여주쌀밥 정식)→여주 시내 방면(42번 국도)→여주대교 건너 영월루 사거리에서 좌회전→금모래은모래 유원지 도착
14:00~15:30 황포돛배(031-887-2861) 타기→영동고속도로 여주IC 진입

:: 여주의 관문에서 만나는 명성황후 생가

여주읍 능현리에 있는 명성황후 생가는 여주IC와 가장 가까운 곳에 위치하고 있다. 조선의 마지막 왕비로 아픈 역사 속에 더 아픈 삶을 살다가 스러진 명성황후. 여주 민씨여서 '민비'로 오랫동안 기억되는 그녀가 태어난 생가는 원래 초라할 정도였지만 후세에 번듯하게 변하여 관광객들이 많이 찾아드는 관광지가 되었다.

황후의 기념관과 문예관, 복원한 생가 터로 되어 있는데, 그것만 돌아보고서는 명성황후의 파란만장한 삶을 충분히 읽을 수 없다. 조선의 마지막 황제 고종과 마지막 황후 명성황후의 역사를 조금이나마 알고 간다면 더욱 생생하게 느낄 수 있을 것이다. 문화 해설을 예약하면 흥미로운 이야기들을 들을 수 있다. 그리고 해마다 음력 9월 25일 명성황후 탄신일에는 명성황후숭모제전을 연다. 그때를 기억해서 찾아도 좋을 것이다.

:: 세종대왕릉과 효종릉 잇는 송림 숲 걷기

여주에 와서 영릉(英陵)을 그냥 지나치기는 아쉬운 일이다. 영릉은 조선 4대 임금 세종대왕과 왕비 소헌왕후의 무덤을 일컫는다. 그의 업적을 고스란히 살펴볼 수 있는 기념관을 관람하는 것은 기본으로, 그곳에서 능까지 가는 길목의 연못에 금붕어가 가득 뛰노는 모습을 구경하는 일도 즐겁다. 더 안쪽으로 들어가면 봉분을 만나게 되고, 푸른 잔디밭과 오래된 소나무가 에워싼 모습에 매료된다.

이것뿐이 아니다. 이곳에서 발품을 팔아 조선 17대 임금 효종과 왕비 인선왕후의 무덤인 영릉(寧陵)까지 걸어보자. 찻길이 따로 마련되어 있지만 능과 능을 연결하는 샛길로 일부러 걷는 것이다. 울창한 송림 사이로 난 그 샛길은 한적하여 데이트하기에 좋은 곳이다.

신륵사를 노랗게 물들인 은행나무

:: 천년의 종소리가 여강을 따라 흘러가는 신륵사

신륵사는 신라 원효대사가 건립한 천년 고찰이다. 조선시대에는 세종대왕의 왕사(王寺)였고 나옹선사 부도비, 무학대사 등 고승과의 연관도 깊은 곳이다. 시원하게 트인 여강(여주강)과 신륵사의 강월헌, 그리고 서쪽 언덕 위의 영월루 정자, 뱃사공까지 어울려 한 폭의 수묵화를 빚어내는 아름다운 풍치를 자랑한다. 국보급 문화재가 즐비하며, 그중에서 강변에 세워져 있는 다층전탑은 묘한 운치를 풍긴다.

신륵사 나옹선사 부도비를 지나 야트막한 야산을 한 바퀴 돌아보는 것도 당연히 여행객들이 빼놓지 말아야 할 일이다. 초로의 노부부가 함께 살아온 인생을 되돌아보면서, 긴긴 세월 같이한 회한을 물길 따라 흘려보내는 '용서'라는 단어로 이해한다면 이곳은 더욱 의미 깊은 여행지가 될 것이다.

:: 불교의 모든 것, 목아박물관

여주의 크고 작은 박물관들 중 독보적인 곳이 목아박물관이다. 중요무형문화재(제108호)인 박찬수 선생이 설립한 곳으로 불교 전문 박물관이다. 어찌 보면 그저 불교인들을 위한 종교색이 짙을 것이라 지레짐작할지 모르지만, 이곳은 일반 여행객들도 흡족하게 눈요기할 수 있는 여행지다. 아기자기하게 잘 꾸며놓아 누구나 좋아하는 곳이다. 현대와 전통이 어우러진 건물의 전체적인 양식이 웅장하고 근엄한 느낌을 준다.

:: 온몸의 피로를 날리는 여주 참숯가마

2005년에 개장한 여주 참숯가마는 여느 곳과 달리 시설이 빼어나다. 샤워도 가능하고, 터가 넓어서 평상에 앉아 책 읽기에도 좋으며, 셀프 식당에서 맛볼 수 있는 돼지고기 바비큐도 맛있

여주 참숯가마의 웰빙 숯가마 체험

다. 몸이 찌뿌듯한 날, 이글이글 타오르는 숯불에 몸을 지지고 나면 평생토록 쌓인 스트레스를 금세 날려 보낼 수 있다. 그저 '단방 요법'의 웰빙 치료라 할지라도 그 순간만은 행복하다. 희로애락의 긴 세월을 하염없이 높이 떠서 반짝반짝 빛나는 별자리에 살짝 끼워두고 시름을 잠시 잊어보자.

:: 여강의 일출 아래 강변 산책로 걷기

신륵사에서 일출을 보는 일은 쉬운 일이 아니다. 이른 아침에 일어나는 부지런을 떨어야 함은 물론이고 일출 자체도 정작 동해안처럼 바닷가에 불끈 떠오르는 해가 아니기 때문이다. 계절에 상관없이 새벽잠 없는 초로의 여행객이라면 별 기대 없이 강변으로 나서보는 것도 좋을 듯하다. 동해안 바닷가의 일출처럼 불쑥 떠오르는 해가 아니면 어떠리?

아침 해를 맞이하고 멀지 않은 강변길을 따라 가벼운 산책을 나서는 것으로 아침 운동을 대신해도 좋다. 순전히 여주 군민을 위해 조성된 강변 산책로이지만, 아침 운동으로 하루를 시작하는 것은 삶의 엔도르핀을 송송 샘솟게 하는 일이다. 익숙하지 않은 곳에서, 오랫동안 친구처럼 지내는 동반자와 함께 걷는 길, 그곳에 어떤 상념이 필요하겠는가?

:: 여주온천에서 온천욕 즐기기

어차피 나이 든 사람들은 인위적인 건강 요법이 필요하다. 전날 참숯가마로 온몸의 체지방을 다 빼냈다고는 하지만, 노년의 몸은 늘 가볍지 않다. 이럴 때는 삿갓봉이라는 산봉우리 꼭대기에 있는 여주온천을 찾아가 온천욕을 하자. 수질 좋은 온천수로 목욕하면 피부가 매끄러워지고, 노천탕에서 시원한 바람을 맞으며 피로를 풀어내면 조금은 온몸의 긴장을 완화할 수 있을 듯하다. 그곳 온천 단지 바로 앞에 수도꼭지가 있는데, 음용 가능한 온천수가 나오니 물통을 준비해 가자. 몇 날 며칠 이끼가 끼지 않은 것이 특징이다.

:: 금모래은모래 유원지에서 황포돛배 타보기

이제 모처럼 여유로운 시간을 되돌려 분주한 일상이 기다리는 집으로 돌아가야 할 시간이 되었다. 그래도 아쉬움은 진하게 남을 것이다. 이럴 때는 신륵사를 한눈에 볼 수 있는 금모래은모래 유원지를 찾아보자. 입장료도 없는 데다가 신륵사를 조망할 수 있다는 점이 큰 강점이다. 금모래은모래 유원지를 끼고 강변으로 내려가면 황포돛배가 기다린다. 겨울 1, 2월을 제외한 3월부터 12월까지만 출항하며, 승선 정원은 50명이다(월요일 휴무).

여강과 강월헌을 감싸며 피어나는 물안개 속 황포돛배

- 굳이 자가용으로 이동하지 않아도 괜찮다. 여주의 최동단이라 경기도 쪽에서는 다소 멀게 느껴질 수 있지만, 고속터미널에서 버스를 타면 1시간 조금 넘게 걸릴 뿐이다. 부담 없이 버스를 이용하여 1박2일이 아닌 당일 여행을 즐길 수 있다.

- 신륵사에 들르면 으레 절집 주변만 맴돌고 돌아오기 마련인데, 그러면 별 의미가 없는 여행이 될 수 있다. 무학대사 사당 뒤로 나 있는 계단을 따라 천천히 산책을 나서자. 무릎 관절이 아주 나쁜 사람이 아니라면 누구든지 무리 없을 정도의 야산 길이다.

- 여주는 도자기의 고장이다. 도자기 같은 생활용품을 사고 싶다면 관광단지 앞보다는 오학리 도자기 단지를 찾는 것이 좋다. 물건을 사면 택배로 배송해 주어 일부러 무거운 짐을 들고 다닐 필요도 없다.

세종대왕릉 입구의 여름

명성황후 생가 터에 조성된 연못과 정자

신륵사 다층전탑으로 올라가는 계단 위의 설경

여행정보(지역번호 031)

숙박

일성콘도(883-1199)를 비롯하여 강변에 새로 잘 지은 모텔들이 여럿 들어서 있다. 그 외에 여주 참숯가마(886-1119)와 여주온천(885-4800)에서도 숙박이 가능하다. 건강을 생각한다면 아까운 시간을 쪼개어 온 것을 감안하여 하룻밤 머무는 것이 좋을 듯하다.

맛집

(구)보배네집(884-4243)은 만두나 보리밥 등 토속 음식으로 소문난 맛집이다. 여주 읍내에 있는 마을해장국집(885-2450)은 큰 가마솥에 끓이는 해장국 전문점으로 진한 국물은 물론 겉절이 김치 맛이 좋다. 강천면에 있는 조선옥(883-3939)은 한정식으로 소문난 맛집이다. 온천욕 후에 여주쌀밥정식으로 배를 채우면 좋을 듯하다. 신륵사 앞 상가의 인기 메뉴는 매운탕이고, 천서리에는 막국수집이 수십 곳 있다. 또한 목아박물관 내 걸구쟁이네(885-9875)는 사찰 음식 같은 웰빙 찬이 있는 산채정식집인데, 맛있고 가볍게 먹을 수 있는 곤드레나물밥이 괜찮다. 또 동네 사람들이 주로 찾아가는 허수사집(884-5622)의 알탕과 회정식은 본전 생각이 안 날 정도로 맛있다.

보배네만두집의 만두보리밥

쇼핑

- **도자기** : 오학리 근처에 도자기 판매장이 많이 있다. 질 좋은 옹기를 구입하려면 이포 근처에 있는 오부자옹기(882-9334, 금사토기)를 찾자. 여러 대가 장작불 가마를 고집하며 대물림해 오는 독특한 곳이다. 약간 찌그러진 비품의 옹기는 싸게 구입할 수 있다.
- **여주 5일장** : 끝수 5, 10일에 열리는 여주 5일장은 아주 오래전부터 명맥을 이어오고 있는 장터로 요즘 들어 사라져가는 옛 추억을 느끼기에 충분하다. 홍문사거리에서 중앙통 길을 따라 난전들이 줄지어 이어지고 여주 특산물들이 즐비한 장터에는 활기가 넘친다.
- **고구마, 땅콩, 참외 등 특산물** : 여주의 특산물로는 고구마와 땅콩을 꼽을 수 있다. 그 외에 여주 이포 지역은 금싸라기참외 원조촌이다. 여름철이면 참외 원두막이 즐비하니 참외 맛도 보고 지인들에게도 선물하면 더욱 즐거운 여행이 될 듯하다.
- **여주프리미엄아울렛** : 최근에는 여주프리미엄아울렛을 찾는 사람들도 늘어나고 있다. 명품에 관심이 없어도, 자신이 원하는 브랜드 제품을 할인하고 있다면 굳이 구입을 망설일 필요는 없을 듯하다.

일상의 재충전을 위한 휴식여행

세 번째 테마

부안_채지형   서귀포 마라도_김수남
신안 증도_박수연   춘천_이종원   태안_구동관

모항에서 갯벌체험을 마친 가족들

{ 바다와 갯벌을 가로질러
변산을 에도는 바람이 있는 곳

부안 扶安 _채지형

변산반도 부안은 맛과 멋이 어우러진 여행지다.
안으로는 능가산의 수려함이,
밖으로는 생태 환경의 보고이자 아름다운 갯벌이 숨 쉬고 있다.
특히 외변산에 펼쳐진 갯벌은 생태적인 가치가 높을 뿐 아니라
풍부한 먹을거리를 맛볼 수 있는 보물창고다.
게다가 갯벌에서는 직접 조개를 캐는 체험까지 즐길 수 있다.
아름다운 숲과 계곡, 바다가 어우러진 부안 여행은
재충전이 필요한 이들에게 최고의 여행지가 될 것이다.
천혜의 환경을 날것 그대로 느낄 수 있는 부안으로 휴식 여행을 떠나보자.

추천일정

Day 1

11:30 서해안고속도로 부안IC 통과
11:30~12:00 부안IC→부안읍→고마제삼거리에서 좌회전, 행안삼거리에서 우회전해서 계화회관 도착
12:00~13:00 점심식사(백합죽)
13:00~15:00 하서면 소재지→바람모퉁이 낙조관망대→새만금방조제를 거쳐 변산해수욕장 도착
15:00~16:00 30번 국도 타고 격포 방향으로 가다가 격포교차로 진입 전 좌회전해서 부안영상테마파크 도착(063-583-0975)
16:00~17:30 격포교차로에서 궁항삼거리 지나 격포터미널 방향으로 진입, 격포해수욕장 채석강 산책
18:30~20:00 격포항 방파제 해넘이 감상, 저녁식사(해산물)

Day 2

06:30~08:30 기상 및 변산온천장에서 해수욕을 하고 아침식사(바지락죽)
08:30~10:30 30번 국도 타고 곰소 방향으로 가다가 석포삼거리에서 좌회전 후 직진, 내소사 전나무 숲길, 내소사(063-583-7281) 산책
10:30~11:30 석포삼거리에서 우회전 후 석포교를 지나 곰소항 도착, 곰소항 젓갈 쇼핑 및 곰소항 주변 둘러보기
11:30~13:00 곰소항에서 연동삼거리 방향으로 직진하다가 곰소쉼터가든 부근에 주차, 곰소염전, 곰소쉼터 돌아본 후 점심식사(젓갈정식)
13:30~15:30 곰소에서 30번 국도를 따라가다 모항해수욕장 방향으로 좌회전해서 모항마을(063-584-0648) 갯벌체험장 도착, 모항해수욕장 둘러보기
16:00~16:30 30번 국도 타고 부안읍 진입→부안버스터미널에서 김제 방향으로 1km 직진 후 SK주유소 옆 동문안 당산 둘러보기
17:00 서해안고속도로 부안IC 진입

:: 바람모퉁이 낙조관망대와 변산해수욕장

부안IC에서 30번 국도를 따라가다 보면 작은 해안 관망대가 있다. 이름도 아기자기한 바람모퉁이 낙조관망대다. 이곳은 갯벌 속으로 사라지는 해넘이가 일품이다. 바람모퉁이 낙조관망대는 부안의 소금을 키우고 수려한 풍경을 만들어온 바람이 바다와 변산을 에도는 시작점이며, 갯벌이 슬금슬금 살쪄가는 모습을 볼 수 있는 곳이다. 날이 좋으면 멀리 갈매기가 나는 듯한 비안도, 신선들의 섬 선유도, 고슴도치가 누워 있는 듯한 위도 등이 파노라마처럼 한눈에 들어온다.

바람모퉁이에서 충분한 시간을 보냈다면 낙조관망대를 나와 격포 방향으로 달린다. 10분쯤 달리고 나면 시원한 변산해수욕장이 나타난다. 부안에서 가장 유명한 변산해수욕장은 완만한 경사와 고운 모래사장, 울창한 송림이 있는 여름철 대표 휴양지다. 굳이 해수욕을 할 필요도 없다. 송림 그늘 아래에서 시원한 수박을 한 입 베어 먹는 것으로도 청량감이 온몸으로 퍼지는 곳이다.

변산해수욕장은 길이 2km로 서해의 대천해수욕장, 만리포해수욕장과 더불어 서해안 3대 해수욕장으로 불린다. 또한 수심이 낮고 파도가 심하지 않은 데다 백사장까지 길어 가족뿐 아니라 어르신들과 아이들도 편하게 물놀이를 즐길 수 있다.

:: 바다와 바람이 만든 조각품, 채석강

격포해수욕장 오른쪽부터 격포항까지 이어진 채석강은 바다와 바람이 오랜 세월 동안 이루어낸 자연의 조각품이다. 부안 외변산의 대표 명소로 절벽에 드리우는 붉은 해넘이는 가장 유명한 장면이다. '채석강'은 당나라 시인 이태백이 강물에 비친 달을 잡으려다 빠졌다는 중국의 채석강과 닮았다고 해서 붙여진 이름이다.

높이 200m의 닭이봉 아래로 층층이 펼쳐진 절벽은 격포항에서 해수욕장까지 이어져 있어, 썰물 때면 유유자적 절벽을 따라 걷는 재미를 만끽할 수 있다. 걷다 보면 구멍 뚫린 해식동굴이 나타나는데, 이 해식동굴 안에서 바다 속으로 사라지는 해넘이를 보는 것은 채석강이 아니면 만나기 어려운 풍광이다.

격포해수욕장에서 채석강으로 가다 보면 '수상레저'라는 표지판과 바다로 나 있는 보트 승선장이 있는데, 여기서 모터보트를 타고 채석강 일대를 돌아보는 것

채석강 해넘이

도 특별한 즐거움을 안겨준다. 승선 인원은 6명 내외로 코스마다 요금이 다른데, 2만 원에서 12만 원까지 다양하게 구성되어 있다.

채석강에서 머물다가 격포항으로 가다 보면 바다로 난 방파제가 나오고 그 끝에는 등대가 서 있다. 등대 가는 길에는 작은 포장마차들이 줄지어 신선한 해산물을 팔고 있는데, 노을이 곱게 지는 바닷가에서 신선한 해산물 한 점에 소주 한 잔을 넘기는 기분은 다른 어느 것과도 비교할 수 없다.

:: 숲의 향기가 가득한 길, 능가산 내소사와 전나무 숲길

내소사의 운치를 느끼려면 아침 일찍 찾는 것이 좋다. 일주문을 통과하자마자 터널처럼 뻗어 있는 전나무 숲길은 많은 이들에게 영감과 명상의 시간을 만들어준다. 코를 찌르는 숲의 짙은 향기에 기분이 좋아지다가, 아침 햇살이 나무와 나무 사이

내소사 전나무 숲길

로 쏟아져 내려오는 모습을 보면 몸도 마음도 한층 정갈해진다. 이 질서 정연한 숲길을 통과하고 나면 단풍나무 숲길이 반긴다.

　천왕문을 지나 경내에 들어서면 고색창연한 내소사의 전경이 눈에 들어온다. 백제 무왕 34년에 혜구 두타 스님이 창건한 내소사는 원래 '소래사'라 칭했는데, 창건 당시에는 대소래사와 소소래사가 있었지만 지금은 소소래사만 남아 있다.

　내소사 안쪽으로 들어가면 못을 사용하지 않고 짜 맞추어 세운 우아한 대웅전이 자리 잡고 있다. '내소사가 아름답다'는 것은 대웅전의 창살만 보더라도 알 수 있다. 보물로 지정된 창살은 국화꽃과 연꽃이 네 가지 다른 문양으로 조각되어 있다.

　대웅전에서 경내를 바라보면 수령 천 년이 넘는 당산나무가 우뚝 서 있다. 내소사 입구에 있는 것은 할머니 당산나무라 하고, 경내에 있는 것은 할아버지 당산나무라 부른다. 내소사와 전나무 숲길은 민간신앙을 품에 안듯 세상의 모든 것을 품어주는 따뜻함이 느껴지는 곳이다. 그래선지 지치고 고된 삶조차도 이곳에 가면 편안해진다. 비록 그것이 잠시뿐일지라도, 이 편안함은 푸른 자연과 조화를 이루어낸 선조들이 현대인들에게 남겨준 유산이다.

:: 양질의 천일염 산지, 곰소염전과 모항 갯벌체험장

부안은 예로부터 질 좋은 천일염 산지로 알려져 있다. 곰소염전은 내소사에서 곰소를 지나 줄포로 가는 길에 있는데, 뒤로는 능가산이 병풍처럼 서 있다.

조선시대에는 국가가 관리하는 전매 사업 중 하나가 바로 염전이었다. 지금도 전라도 일대에서 생산되는 천일염은 공장에서 만드는 정제염과는 비교할 수 없을 만큼 특별하다. 이곳의 천일염은 짠맛 이후에 단맛이 도는 깊은 맛을 자랑한다. 보통 3년 묵힌 것은 김장용으로 사용하고 5년 묵힌 것은 약으로 쓴다고 할 만큼 천일염의 가치는 높다.

국내 천일염 중에서도 곰소염전의 천일염은 깨끗한 해수와 좋은 지리적 조건 덕분에 순도가 높은 것으로 유명하다. 또 천일염으로 만든 젓갈도 짜지 않고 품질이 뛰어난 것으로 평가받고 있다. 5~8월에 생산된 3~5년 묵은 천일염은 특히 비싸게 팔린다.

모항은 다른 포구에 비해 규모가 작고 소박한 항구다. 이곳에는 해수욕장뿐 아니라 드라마 「이순신」에 쓰였던 일본 선박과 조선 판옥선 등이 갯벌에 전시되어 있으며, 모항으로 들어가는 초입에는 갯벌체험장이 자리하고 있다. 우리나라 서해의 갯벌은 생태와 환경은 물론 규모 면에서도 세계 3대 갯벌에 포함된다. 부안도 여느 서해처럼 갯벌이 잘 발달했다. 그 갯벌에서 바지락 같은 조개류를 채취하며 진흙 속에 몸을 맡기고 동심으로 돌아가는 재미를 느껴볼 수 있다.

- 부안에 도착하는 시간을 오전 12시~오후 1시에 맞춰 출발하자. 금강산도 식후경, 맛집이 넘치는 부안에서는 일단 점심식사를 한 후 돌아보는 것이 좋기 때문이다.

- 부안에서 가장 크고 잘 알려진 변산해수욕장은 성수기를 제외하면 비교적 한산한 편이며 모래가 부드럽고 완만해서 힘들지 않게 걸어 다닐 수 있다.

- 내소사 일주문에서 경내까지는 쉽게 걸어갈 수 있다. 휠체어를 이용하는 장애인의 경우 천왕문에서 문턱을 넘어야 하는 어려움이 있다. 하지만 일주문에서 전나무 숲길 오른쪽으로 난 길을 통해서는 경내까지 들어갈 수 있으니 매표소에 자세한 내용을 꼭 물어보자.

- 모항 갯벌체험장을 이용하려면 수변 데크에서 계단을 이용하여 내려가야 한다. 따라서 다리가 불편한 노인과 장애인은 이동하기 불편한데, 두포마을의 상록해수욕장에 있는 갯벌체험장이나 부안에서 30번 도로를 타고 가는 길 곳곳에 마련된 갯벌체험장 중에는 쉽게 갯벌로 들어갈 수 있는 곳이 있으므로 모항이 아닌 다른 곳을 이용하는 것도 추천한다.

- 드라마 촬영 장소를 보존해 놓은 부안영상테마파크는 내부가 자갈길로 되어 있어 휠체어를 이용하는 사람들은 다소 불편하기 때문에 다른 곳에서 더 시간을 보내는 것이 좋다.

- 곰소항 주변에 있는 시장을 둘러보면 각종 생선을 말리는 모습을 볼 수 있어 재미있지만, 휠체어를 이용해 다니기에는 다소 어려움이 있다. 그러나 다른 시장에 비해 규모가 작아 조금만 걸어도 분위기를 엿볼 수 있으니 한 번쯤 둘러보는 것을 권한다.

변산해수욕장을 찾은 관광객들

내소사 3층석탑과 고색창연한 대웅전

곰소항의 어물전

여행정보(지역번호 063)

 숙박

채석강과 내소사 부근에 모텔과 민박이 집중되어 있다. 부안에서 변산해수욕장 가는 길에 있는 변산온천리조텔(582-5390)이 온천욕을 하면서 쉴 수 있는 곳이며, 모항에서 곰소항 가는 길에 있는 변산바람꽃펜션(584-2885)은 바닷가에 위치한 통나무 펜션이다. 모항해수욕장의 바닷가 절벽에 있는 모항레저타운(584-8867)은 콘도형 숙박시설로 멋진 전망을 자랑한다. 최근 리조트형 시설을 갖춘 대명리조트변산(1588-4888)이 채석강 부근에 오픈해 여행자들의 눈길을 끌고 있다.

 맛집

부안 군청에서 50m 거리에 있는 당산마루(581-1626)는 운치 있는 한옥에서 깔끔한 토속 한정식을 먹을 수 있는 맛집이다. 부안읍에서 30번 국도를 타고 변산해수욕장 방향으로 가는 길에 있는 계화회관(584-3075)은 백합죽과 구이, 찜, 탕을 전문으로 하는 식당으로 부안에서 제일 유명한 집이다. 변산온천산장(584-4874)은 바지락을 이용하여 죽을 처음 쑤어 내온 식당으로, 조개 특유의 향을 내는 바지락죽이 널리 알려져 있다. 곰소염전 앞에 있는 곰소쉼터(581-6301)는 9가지 젓갈을 맛볼 수 있는 젓갈정식이 맛있다. 격포항에서 방파제로 가는 초입의 채석강에 붙어 있는 해변집(581-5740)은 제철 해산물을 이용한 맛집으로 알려져 있다.

 쇼핑

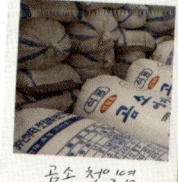

- **곰소 천일염** : 변산 소나무의 송홧가루로 만들어진 천일염은 수확 후 1년이 지나야 제 빛을 발한다. 보통 5~8월에 수확하며 3년 후에 김장용 소금으로 사용한다. 남선염업주식회사(백곰표 소금 582-7511~2)와 부안식품(582-7407)에서 구입할 수 있다.
- **곰소 젓갈** : 곰소 젓갈은 인근 염전에서 생산된 1년 이상 저장한 천일염을 사용하여 담백하고 깊은 맛이 나며 짜지 않은 것이 특징이다. 곰소항 젓갈단지에서 저렴한 값으로 다양한 젓갈을 맛볼 수 있으며, 곰소쉼터(581-6301)에서는 종류별로 소량부터 판매하고 있다.
- **부안 뽕주** : 부안 유유마을에서는 대규모 누에 사업을 하면서 누에와 더불어 뽕나무로 만든 생산품도 인기가 많다. 그중 뽕주는 뽕나무 열매인 오디로 만드는데, 뒷맛이 깔끔하고 뒤끝이 없는 술로 인정받으면서 해외로 수출하는 상품이다. 부안몰(583-9961, www.buanmall.co.kr)에서 구입할 수 있다.

우리나라 최남단의 이국적인 마라도 성당

{ 따뜻한 남쪽 나라,
작은 섬에서 세상을 품다!
서귀포 마라도 馬羅島_김수남

누구나 가슴속에 품고 있는 따뜻한 남국(南國)에 대한 동경.
떠날 수는 없을까. 그동안 앞만 보고 달려오지 않았던가!
이 세상 끝까지 걸어 나가 망망대해를 내려다보자.
따뜻한 햇살이 있는 그곳에서 열정으로 뛰어온 지난날들을
가만가만 반추해 보는 것도 의미가 있으리라.
세상의 끝은 또 다른 의미로는 세상의 시작이기도 하다.
서귀포시 대정읍의 마라도는 이 땅의 남국이다.
이국적 풍광이 펼쳐져 있는 남국 중에서도 남국이다.
마라도 여행은 그래서 더 흥분되고 설렌다.

추천일정

Day 1
자유로운 제주도 여행, 보통 제주도 여행은 2박3일에서 3박4일 정도로 여정을 짜기 마련이다. 대정읍과 마라도 여행에는 1박2일이면 족하므로 그 외의 시간은 자유롭게 제주 관광에 임한다.

Day 2
10:00 대정읍 진입
10:00~12:00 마라도잠수함 관광(064-794-0200)
12:00~13:00 점심식사
13:00~14:00 용머리해안, 하멜상선전시관(064-730-1549) 관람
14:00~15:00 갈중이 천연염색 제품 구경 및 쇼핑(064-794-1686)
15:00~16:00 산방굴사 답사
16:00~17:30 추사적거지(064-794-3089) 또는 초콜릿박물관, 알뜨르비행장 중 1곳을 선택하여 여행
17:30~19:00 저녁식사 후 휴식

Day 3
06:00~07:30 형제섬 일출 감상(사계해안도로)
07:30~09:30 아침식사
09:30~13:30 마라도 관광(마라도에서 점심식사)
13:30 제주공항으로 이동

::상흔의 땅에서 마라도를 꿈꾸며

　　마라도가 기다리고 있다. 결코 쉽지 않은 길, 국토의 종점에 해당하는 섬 마을이다. 뭍과 워낙 떨어져 있으니 그 풍광도 이색적이고 국토 최남단이라는 상징적인 의미도 있어 여행자들에게는 늘 동경의 대상이 되었던 곳이다. 그럼에도 그 걸음이 쉽지 않은 것은 워낙 막강한 제주의 관광자원 때문일 것이다. 사나흘 일정으로 제주를 방문해도 지도 빼곡히 채워진 명소들을 여기저기 찾아다니다 보면 늘 마지막 날은 비행기 시각에 쫓기곤 한다. 그렇다 보니 마음먹고 오지 않는 이상은 제주의 무수한 여행지들 중 한 곳으로 마라도를 찾기란 쉽지 않다.

　　마라도 여행의 출발점인 대정읍은 역사적으로 유서 깊은 곳이다. 알뜨르 평야는 일제시대 일본군이 비행장과 군사기지로 개발한 곳으로 '가미가제'로 통하는 폭격기의 격납고를 비롯한 당시 흔적이 아직까지 남아 있다.

　　좀더 거슬러 올라간 조선시대의 제주도는 유배의 땅이었다. 대학자인 추사 김정희도 이곳에서 유배 생활을 했으니 대정읍 안성리에 그 적거지가 남아 있다. 헌종 6년(1840년)부터 시작된 9년 동안의 유배 생활 중에도 꿋꿋하게 자신의 예술적 혼을 지킨 추사는 「세한도」 같은 불후의 명작을 남겼으며, 제주 지역 유생들의 교학에도 크게 기여했다. 관광지로 조성된 지금의 추사 적거지는 기념관과 복원된 초가집으로 나뉘어 있어 추사의 작품 세계와 더불어 민속 생활상을 둘러볼 수 있다.

땅끝을 알리는 대한민국최남단비

그러나 모슬포 사람들에게 조선시대의 유배 이야기나 일제강점기의 군사기지 건설로 인한 강제 노역 이야기는 감각을 잃은 굳은살과 같다. 1948년에 벌어진 제주 4.3사태만큼 그들에게 크고 깊은 상처는 없을 것이다. 토벌대와 무장대의 싸움으로 무고한 양민들이 수없이 목숨을 잃은 이 사건의 핵심 지역 중 하나가 바로 대정읍이다. 관광객들의 발길이 뜸한 백조일손지묘(百祖一孫之墓)에는 그런 아픔이 묻혀 있다.

대정읍과 이웃한 안덕면 사계리의 하멜상선전시관이나 산방굴사도 인기를 끄는 명소다. 산방산에서 바라본 세상 끝의 마라도는 모든 것을 다 보듬을 듯한 넉넉함으로 다가온다. 그렇게 작은 섬인데도 말이다.

:: 세상 끝에 숨겨진 동화 속 섬 마을

모슬포에서 약 30분 거리의 마라도로 가는 방법은 두 가지다. 유람선을 타는 방법과 정기여객선을 타고 가파도를 거쳐 가는 방법이다. 큰 차이는 없다. 다만 정기여객선은 모슬포에서 출발하고 유람선은 송악산에서 출발한다. 반드시 지켜지는 것은 아니지만, 유람선은 1시간 30분으로 마라도 상륙 시간이 제한되어 있다는 것도 차이점이다. '꾼 돈 갚아도(가파도) 되고 말아도(마라도) 되고……' 라는 우스갯소리는 가파도와 마라도의 이름을 빗댄 유머의 고전이다.

유람선의 체류 시간이 1시간 30분뿐이라고 초조해할 필요는 없다. 40여 가구에 90여 명이 살고 있는 마라도는 동서로는 500m, 남북으로는 1.25km밖에 되지 않는 작은 섬이기 때문이다. 개인적인 차이는 있겠지만, 걸어서 섬을 둘러보는 데는 1시간이면 족하다. 또 선착장에서 전기 카트를 빌릴 수도 있어서 좀더 편하고 재미있게 돌아볼 수 있다.

주민은 얼마 안 되지만 섬에는 있어야 할 기본 시설물을 다 갖추고 있다. 없는 것 빼고는 다 있다. 패밀리 레스토랑은 없어도 자장면집은 있다. 백화점이나 할인점은 없어도 세련된 간판의 유명 편의점은 있다. 영화관, 공연장 같은 문화시설은 없지만 옹색하게나마 박물관도 있다. 초콜릿박물관의 마라도 홍보관이 그곳이다. 섬 자체가 국토의 최남단에 위치하다 보니 마을의 시설물들도 덩달아 감투를 하나씩 꿰차게 되었다. 우리나라 최남단의 절, 최남단의 성당, 최남단의 학교, 최남단의 등대…… 이런 식이다.

키 큰 나무가 없어 운동장처럼 인공 구조물이 그대로 다 드러나는 마라도의 풍광은 이국적이다 못해 동화 속 한 장면 같다. 파란 하늘을 이고 있는 성당, 전설 속 공주가 사는 성처럼 웅장한 등대, 지평선과 수평선이 나란한 곳의 아담한 팔각정, 송악산이 마주 보이는 억새 들녘……. 이들과 함께라면 마라도에서는 누구나 모델이 되고 배우가 된다.

초콜릿박물관 마라도 홍보관

:: 노란 잠수함 타고 바다 속으로

샛노란 마라도 잠수함

잠수함 관광은 잠수함에 승선하기 전까지의 설렘이 그 감동의 절반이다. 제주도에는 잠수함 코스가 몇 곳 있지만 마라도 잠수함은 비틀즈의 노래 「Yellow submarine」 속 잠수함처럼 노란색 옷을 입고 있어서 더 인상적이다. 동화 같은 마라도의 이미지가 바다 속에서도 이어지는 것이다.

사실 엄밀하게 말하면 마라도 잠수함을 타고 마라도 해저를 관광하는 것은 아니다. 송악산에서 200m가량 떨어진 대정 앞바다의 해저를 관광한다. 잠수함 관광을 하기 위해서는 사계리에서 유람선을 타고 송아산 앞바다에 떠 있는 바지선까지 접근해야 한다. 그곳까지 가는 길에 볼 수 있는 사계리 해녀들의 물질 모습은 잠수함 여행의 덤이다.

바지선에 도착하면 노란 잠수함으로 옮겨 타면서 본격적인 해저 여행이 시작된다. 실제 해저 여행 시간은 30분 정도밖에 되지 않는데도 20~30m 해저에서 펼쳐지는 아름다운 산호초의 풍경과 물고기를 몰고 다니는 잠수부의 쇼에 관광객들은 탄성을 내지른다. 언젠가 어머니를 모시고 제주 여행을 간 적이 있다. 다른 곳에서는 '좋네' 정도의 반응뿐이었는데 마라도 잠수함 속에서는 잠수부와 가오리가 펼치는 쇼에 파안대소를 지으셨다. 생전에 잠수함 한번 타볼 수 있어서 그토록 좋으셨대나…….

- 마라도에서는 민박도 가능하다. 안락한 시설을 기대하기보다는 최남단 섬 마을에서 보내는 하룻밤이라는 데 더 의미를 두어야 한다. 편안한 숙박을 원한다면 모슬포항이나 용머리 해안의 펜션을 이용하는 것이 좋다.

- 마라도에는 특별히 높은 계단이나 급하게 경사진 곳이 없어 관절이 불편하거나 휠체어를 이용하는 사람도 쉽게 둘러볼 수 있다. 다리가 약한 사람에게는 산방굴사가 비교적 어려운 코스인데, 주차장에서 산방굴사까지 200m 정도가 계단으로 닦여 있다.

- 마라도 잠수함은 실버여행객들에게 특히 더 인기가 높다. 아주 드물게 멀미를 하는 사람도 있으니 뱃멀미나 차멀미를 자주 하는 사람은 멀미약을 미리 먹어두는 것이 좋다.

- 마라도에는 초콜릿박물관 마라도 홍보관이 있는데 '관람'할 정도의 규모는 아니다. 아기자기한 동화 속 풍경쯤 생각하고 기념품으로 수제 초콜릿 한둘 구입하기에 좋다. 좀더 큰 규모의 초콜릿박물관을 원한다면 대정농공단지에 있는 초콜릿박물관을 권한다. 이곳도 무료로 운영하다가 2006년 말부터 적잖은 입장료를 받기 시작했는데, 이국적인 외관과 달리 간단한 제조 시설과 작은 액세서리 인형들, 소품들, 그리고 판매용 초콜릿 외에 특별한 구경거리는 없다.

- 제주 여행에는 렌트카 회사에서 제공하는 여행정보지를 겸한 쿠폰 북이 요긴하게 쓰인다. 관광지 입장료와 숙박업소, 음식점 등의 할인 쿠폰이 많이 들어 있어서 제값 주고 이용할 경우에는 오히려 아깝다는 생각이 드는 곳이 바로 제주도다.

마라도 등대와 전기카트

대정농공단지의 초콜릿박물관

갈중이 매장의 내부 모습

여행정보(지역번호 064)

숙박
산방굴사 아래 용머리해안의 바다스케치(794-0030), 오션하우스(792-4540)가 추천할 만하다. 형제섬 일출이 욕심난다면 산방굴사와 송악산 사이에 뻗은 사계해안도로의 숙박업소들을 권한다. 바닷가하우스(794-0977)는 창문만 열면 바로 일출 포인트다.

맛집
잠수함 선착장 앞의 해변정(794-4170)은 푸짐하면서도 맛있는 해물탕과 활어로 인근 주민들에게 인기가 높다. 관광객들이 많이 찾는 맛집으로는 다금바리회가 유명한 진미식당(794-3639), 송악전복(794-1230) 등이 있다. 마라도에는 원조자장면집(792-8506)이 있어서 화제의 해물자장 맛을 볼 수 있다.

해변정의 해물탕

쇼핑
- **갈천 염색제품** : 용머리해안에 위치한 갈중이(794-1686)는 갈옷을 비롯하여 모자, 가방, 액세서리 등 다양한 갈천 염색제품을 선보이고 있다. 제주에는 공항을 비롯하여 갈천 염색제품을 팔지 않는 곳이 없지만 다양한 제품을 만나고 싶을 때는 이곳을 추천한다.
- **초콜릿** : 대정읍의 대정농공단지에는 국내 유일의 초콜릿박물관(792-3121)이 있어서 다양한 수제 초콜릿을 맛볼 수 있다.
- **전복** : 송악산 선착장에 있는 송악전복(794-1230)의 주인장은 전복 양식장을 직접 운영하여 싱싱한 전복을 구입할 수 있다. 전국 택배도 가능하다.

교통
- **렌트카** : 스타렌트카(1588-3340)가 싸고 친절하다.
- **마라도 유람선** : 송악산 터미널에서 출발한다(794-6661). 10:00~14:00 외에 수요에 따라 수시로 운항한다.
- **마라도 여객선** : 모슬포항에서 출발한다(794-5490). 10:00~17:00에 약 7회 운항한다. 여객선이나 유람선은 상황에 따라 노선이 유동적이므로 미리 확인하고 움직여야 한다.
- **마라도 잠수함** : 794-0200, 인터넷(jejusubmarine.co.kr)으로 예약하면 할인 혜택이 있다.

한반도 모양의 해송숲과 우전해수욕장

{ 삶의 여백을 주는 섬
신안 증도 曾島_박수연

신안군 증도는 아이들에게는 뛰놀며 배우는 생태 학습의 장으로,
어른들에게는 도시의 분주한 일상을 벗어던질 수 있는
때 묻지 않은 천혜의 자연환경을 갖춘 섬으로,
아시아 최초의 슬로 시티Slow City로 지정된 곳이다.
중국 송나라 때 해저 보물이 발견되어 '보물섬'이라고도 불리며
국내 최대 규모를 자랑하는 천일염전과 드넓은 갯벌,
4km에 달하는 우전해수욕장과 해송림 산책로가 있고
옛 나루터 흔적과 독특한 섬 장례 문화인 초분(草賁)이 남아 있다.
증도에 가려면 현재는 무안에서 지도읍을 거쳐 사옥도 선착장에서 배를 타고 들어가야 하지만,
2010년 연륙교가 완성되면 철부선을 타고 드나드는 일은 추억과 역사 속으로 사라지게 된다.

추천일정

Day 1
- 11:30~11:40 서해안고속도로 무안IC→1번 국도(무안 방면)→무안읍 시외버스터미널 방면 우회전
- 11:50~12:50 점심식사(동산정, 기절낙지, 061-452-9906)
- 12:50~13:50 1번 국도(무안IC 방면)→용산삼거리 좌회전→60번 국가지원지방도→현경교차로 좌회전→24번 국도→수암교차로 좌회전→지도사거리 좌회전→지도대교→사옥도 지신개선착장(061-242-4916), 증도행 철부선 탑승
- 14:00~14:30 증도 버지선착장(061-275-7685)→엘도라도리조트 방향 좌회전→엘도라도리조트(061-260-3300) 체크인
- 14:30~16:00 해송숲 산책 및 우전해수욕장
- 16:00~19:00 사우나 및 증도해수찜(16:30 예약인 경우 기준) 후 저녁식사

Day 2
- 06:00~08:00 화도 일출 감상 및 드라마 촬영지 산책
- 08:30~09:00 아침식사
- 09:00~19:00 염전 전망대→소금박물관(061-275-0829)→태평염전(061-0275-0375)→점심식사 및 휴식→짱뚱어다리→방축리→해안도로→신안해저유물발굴비
- 19:00~20:00 저녁식사(고향식당, 생선회, 061-271-7533)
- 20:00~21:00 짱뚱어다리 야경 감상 및 숙소 이동

Day 3
- 08:00~09:00 세면 후 아침식사, 엘도라도리조트 체크아웃
- 09:00~10:30 증도갯벌생태전시관(061-275-8400)→해송숲 '철학의 길' 산책
- 10:30~11:20 쇼핑(태평염전사무실 또는 버지선착장 특산물판매장) 후 버지선착장 이동, 사옥도행 철부선 탑승
- 11:30~12:00 사옥도 지신개선착장→지도대교→지도읍
- 12:00~13:00 점심식사(청해횟집, 생선조림, 061-275-5165)
- 13:00~13:40 지도사거리 우회전→24번 국도→광주무안고속도로 북무안IC 진입

::증도의 하얀 소금 나라, 태평염전과 소금박물관

증도 버지선착장에 닿으면 제일 먼저 만나게 되는 것은 짱뚱어와 농게가 숨바꼭질을 하는 천연 갯벌이다. 살아 숨 쉰다는 표현이 부족할 만큼 강렬한 생명의 에너지를 온몸으로 받는다.

세 갈래 갈림길에서 잠시 주춤할 때 눈에 들어오는 곳은 소금박물관(등록문화재 제361호). 1953년 염전 조성 때 소금 창고로 지어졌으나 이후 목재 창고, 자재 창고로 이용되다가 2007년 소금박물관으로 꾸며져 일반인에게 공개되고 있다.

소금박물관 뒤쪽의 3km에 걸친 황톳길을 따라서 소금 창고 66채가 늘어선 태평염전(등록문화재 제360호)이 펼쳐진다. 단일 염전으로는 국내 최대 규모인 태평염전의 실체는 전망대에 오르면 한눈에 파악할 수 있고, 이곳 염전 지대 어디를 가든 한낮부터 해 질 무렵까지 소금을 거두는 광경도 만날 수 있다. 천일염은 1,000

근대문화유산으로 등록되어 있는 소금박물관

일 동안 바람과 햇볕에 말려야 진정한 소금이 될 수 있다는 말에서 비롯됐다.

이곳 염전지에는 신비한 약초인 함초와 같은 인체에 유익한 각종 식물들도 잘 자란다. 함초에는 소금을 비롯하여 바닷물에 녹아 있는 모든 미량 원소가 농축되어 있어 지구에서 가장 무거운 식물이라 한다. 특히 온갖 미네랄의 보고(寶庫)와도 같은 함초에는 다른 어떤 식품보다 많은 미네랄이 들어 있어서 함초소금이나 함초엑기스로 만들어진다.

증도 갯벌을 좀더 잘 이해하고 싶다면 증도갯벌생태전시관부터 찾기를 권한다. 오랜 세월 바다를 풍요롭게 가꿔온 우리의 귀중한 자연 유산, 갯벌을 생생하게 이해할 수 있는 산 교육장이다. 증도갯벌생태전시관은 세계의 갯벌, 한국의 갯벌, 갯벌 생물 등을 전시한 국내 최대 규모의 갯벌 전시관으로 엘도라도리조트 입구에 있다.

:: 파란 바다와 울울창창 해송숲의 조화, 우전해수욕장

증도의 서남 방향에 해안선을 따라 은빛 백사장이 아름다운 우전해수욕장과 해송숲이 있다. 그저 바라보는 것만으로도 가슴이 확 트이는 망망대해에 점점이 떠 있는 듯한 섬들이 해변의 분위기를 아스라한 몽환으로 이끈다. 맨발로 걸으면 곱디고운 모래가 발바닥을 포근하게 감싼다. 끝없이 이어질 것만 같은 모래사장을 따라 짚으로 만든 '해변 그늘막'이 설치되어 있고, 울울창창한 해송숲의 산책로 '철학의 길'은 싱그러움까지 더한다. 파란 하늘과 맞닿은 수평선으로 해가 질 무렵이면 어느 외국 휴양지라고 말해도 믿을 만큼 아름다운 장관이 연출된다.

우전해수욕장 들머리에는 60만 평이나 되는 드넓은 갯벌 위를 시원하게 가르는 '짱뚱어다리'가 놓여 있다. 해 질 무렵에는 다리 너머로 떨어지는 일몰이 환상적인 장관을 연출하고, 밤에는 조명이 밝혀져 색다른 분위기를 자아내며, 머리 위로는 별들이 쏟아진다.

:: 황홀한 노두길을 따라 들어가는 섬, 화도

드라마「고맙습니다」의 촬영지로 유명해진 화도는, 해당화가 온 섬에 만발하여 만조 때는 섬이 마치 바다 위에 떠 있는 꽃봉오리 같다 하여 붙여진 지명이다. 증도에서 화도로 넘어가려면 1.2km에 달하는 노두를 건너가야 한다. 이 노두는 썰물 때 드러나는 갯벌 위에 돌을 놓아 건너다니던 길로, 그 위에 포장을 하여 지금은 차량 통행도 가능하다. 해 뜰 무렵이나 해 질 무렵 갯골에 내려앉은 햇살이 아름답다.

그 밖에도 증도에서 가볼 만한 곳은 자연 그대로의 노두가 남아 있는 돌마지나루, 한반도 지형 모양의 해송숲이 내려다보이는 상정봉, 방축리에서 염전 전망대 방향의 해안도로, 해저 유물의 발굴을 기념하는 신안해저유물발굴비 등이 있다.

돌마지나루의 노두는 화도로 들어가는 길과 달리 자연의 모습을 고스란히 간직하고 있다. 비록 나룻배는 사라졌지만, 노두에 붙어 있는 석화 껍질과 그 견고함을 보면 얼마나 오랜 세월을 섬 사람들과 함께했을지 충분히 짐작하게 된다.

증도 면사무소 뒤편으로 상정봉에 오르는 등산로가 나 있다. 빠른 걸음으로 10분이면 정상에 닿을 정도로 낮은 산이다. 정상에 올라서면 울릉도, 독도까지 정확히 챙긴 우리나라 지도 모양의 해송숲이 우전해수욕장을 띠처럼 길게 두르고 있다. 이 때문에 해송숲은 '한반도 해송공원'이라 불리기도 한다.

해안도로의 드라이브도 즐겁다. 방축리에서 시작하여 오른쪽에 바다를 끼고 달리면 아름다운 바다 풍경에 흠뻑 빠져들게 된다. 하트해변을 지나 신안해저유물발굴비에 이르렀다면 망망대해의 일몰을 지켜봐야 한다. 주변을 온통 붉게 물들이며 이글이글 타오르던 해는 서서히 바다 속으로 잠긴다. 그 찬란한 여운으로 가슴은 뜨겁게 달아오른다. 사위는 금세 어둠이 내려앉는다.

우전해수욕장의 일몰

　검산마을에서는 초분(草墳) 모형을 만날 수 있다. 초분은 세계적으로도 보기 드문, 우리나라의 섬에서만 이어오던 장례 문화로 풍장형 가매장 풍속이다. 지금은 거의 사라지다시피 했지만 최근에도 초분을 쓰는 집안이 있다고 한다. 현재 증도에는 초분이 5~6기가 남아 있다.
　여기저기 둘러보는 일이 귀찮다면 굳이 뭔가를 찾아다닐 필요도 없다. 아무 데나 털썩 주저앉아도 아름다운 자연이 눈앞에 펼쳐지기 때문이다. 때로는 아름다운 자연을 보는 것만으로도 충분한 휴식이 된다.

- 첫날 이른 아침에 출발하여 지신개선착장에서 오후 2시에 출발하는 배를 이용하는 것이 좋다. 엘도라도리조트는 오후 3시부터 체크인하여 선착순으로 객실을 배정하므로 객실 타입(침대, 온돌)이나 층수를 자신이 원하는 대로 선택하려면 관광은 잠시 미루고 먼저 리조트로 향하는 것이 좋다.

- 엘도라도리조트에는 장애인 시설이 전혀 갖춰져 있지 않지만 차량이나 휠체어의 이동에는 무리가 없다.

- 엘도라도리조트의 증도해수찜(061-260-3301)은 사전예약제이므로 미리 예약하고 떠나는 것이 좋다. 자칫 예약이 만료된 경우 여행 중에 해수찜을 하지 못할 수도 있다.

- 소금박물관에는 장애인 관람을 위한 시설이 갖춰져 있다.

- 걸음이 불편하여 해송숲을 산책할 수 없다면, 우전해수욕장 주차장에서 시작하는 해송숲 사이로 난 비포장길을 따라 '철학의 길' 옆으로 드라이브를 할 수 있다.

- 증도면 소재지에서는 자전거를 무료로 대여해 준다. 자가용이 없다면 면소재지에 숙박하면서 자전거로 여행할 수 있다.

- 증도의 역사와 문화, 각종 관광자원을 해설해 줄 사람이 필요하면 무료 동행 안내를 받을 수 있다(문화관광해설가 이종화, 011-644-8882).

- 증도에 들어가기 전이나 돌아오는 길에 신안군 송도위판장에 들러보기를 권한다. 어선에서 갓 들어온 활어의 위판 현장을 구경할 수도 있고, 각종 활어와 젓갈을 저렴하게 구입할 수 있다.

- 세발낙지로 유명한 무안을 그냥 지나치기 아쉽다. 증도로 가는 길에 시간이 맞지 않는다면, 돌아오는 길에라도 무안낙지골목에서 기절낙지를 맛보고 가기를 권한다.

염전에서 소금을 모으는 염부

여행정보(지역번호 061)

숙박

별장형 휴양시설인 엘도라도리조트(260-3300, www.eldoradoresort.co.kr)는 특급 호텔에 해당하는 시설을 갖췄다. 고급 한옥 민박으로는 해우촌(271-4466, cafe.naver.com/heawoochon), 그 외의 민박은 증도면 소재지에 보물섬민박(271-5927), 해송민박(271-7605), 산장민박(271-5927), 인성민박(271-5071) 등이, 화도에 화도민박(261-2394)이 있다.

엘도라도리조트

맛집

증도면 소재지에 있는 고향식당(636-3734)은 생선회, 백반, 삼겹살 등 선택할 수 있는 메뉴가 많다. 엘도라도리조트 내 남도식당(260-3301)도 다양한 메뉴를 갖추고 있다. 가든 바비큐를 즐기려면 바비큐 숯불 및 그릴을 미리 예약해야 한다. 증도에 들어가기 전이나 나와서 식사할 수 있는 지도읍 청해식당(275-5165)은 생선조림이 일품이고 반찬도 모두 맛깔스럽다.

교통

여객선 운항시간표(시간 확인 및 요금 문의 : 증도 버지매표소 275-7685)

구분	사옥도	증도↔병풍도	종도	비고
1	06:40		07:35	
2	08:30		09:30	
3	10:00		10:30	
4	11:00		11:30	
5	12:00	12:20~12:40	13:00	
6	14:00		14:30	
7	15:00		16:00	
8	16:30		17:00	
9	18:00		19:00	
10	20:00		20:20	하절기 운행
11	22:00		22:20	

- 차량이 많이 밀린 경우 선착순으로 탑승한다.
- 도선료는 증도를 떠날 때 왕복 요금을 지불한다. 엘도라도리조트의 주차확인증을 제시하면 할인 혜택을 받을 수 있다.
- 여름 성수기에는 증편하여 운행한다. 사옥도 선착장에 도착하기 전에 확인하자.

춘천으로 가는 북한강 드라이브 코스

{ 한국의 루체른 호수,
춘천 소양호와 김유정문학촌

춘천 春川_이종원

문득 어디론가 떠나고 싶을 때 물을 한껏 머금은 투명 수채화 같은 도시, 춘천이 여행자를 손짓한다.
춘천은 북한강이 유유히 흐르고, 너른 물을 담은 호수가 있어,
그저 바라보기만 해도 마음이 평온해지는 도시다.
단편소설 「봄봄」의 소설가 김유정의 작품 배경이 되었던
김유정문학촌을 둘러보면서 소설의 감동에 빠져보고,
1970년대 한국 경제의 기적을 상징하는 소양강다목적댐을 보면서
당시 흘렸던 땀방울의 의미를 되새겨보고,
호반 산책길과 숲길이 일품인 청평사에서 마음의 평정을 얻는다.
뭐니뭐니 해도 닭갈비와 막국수가 있어 춘천 여정은 더욱 즐겁다.

추천일정

승용차 당일

08:00~10:30 서울 출발→대성리→청평→가평→강촌(46번 국도)→의암터널 지나 김유정문학촌 방향으로 우회전
10:30~10:45 김유정역
10:45~11:30 김유정문학촌(033-261-4650)→양구 방향(46번 국도)
12:00~13:00 점심식사(소양강댐 아래 닭갈비촌)
13:10~13:50 소양강댐(033-250-3561) 및 소양강댐물문화관(033-259-7263) 관람
14:00~14:15 소양호 선착장 유람선 승선(소양관광 033-242-2455, 30분 간격, 15분 소요)
14:15~16:00 청평사(033-244-1021) 산책
16:00~16:15 청평사 선착장 유람선 승선→소양호 선착장 도착
16:30~19:00 소양호 출발(46번 국도)→서울

기차 당일

07:05~08:50 청량리역(경춘선) 출발
08:50~09:10 김유정역 도착
09:30~10:30 김유정문학촌
10:30~11:00 역전슈퍼 앞 버스정류장(1번, 67번 버스 탑승)
11:00~12:30 명동(중앙시장, 「겨울 연가」 촬영지) 구경 후 점심식사(명동 닭갈비거리)
12:30~13:30 명동 버스정류장(11번, 12-1번 버스 탑승)
13:30~14:20 소양강댐 및 소양강댐물문화관 관람
14:30~14:45 소양호 선착장 유람선 승선
14:45~17:00 청평사 산책
17:00~17:15 청평사 선착장 유람선 승선→소양호 선착장 도착
17:35~18:10 소양강댐에서 12-1번 버스 승차→남춘천역 도착
18:25~20:22 남춘천역 출발→청량리역 도착

::김유정의 작품 혼이 살아 있는 김유정문학촌

전국의 기차역 중 유일하게 사람 이름이 붙은 역이 바로 김유정역이다. 원래는 '신남역'이었다가 춘천 문인들과 실레마을 사람들의 노력으로 현재 역명으로 개명됐다. 강촌역과 남춘천역 사이에 있는 간이역인 김유정역은 1997년에 철도원의 애환과 사랑을 그린 드라마 「간이역」의 배경이 되면서 작은 시골역이 세상에 알려지기 시작했다.

김유정역에서 마을 안쪽으로 5분쯤 걸어가면 김유정문학촌에 도착하는데, 김유정의 생가인 'ㅁ'자형 초가집, 김유정 동상, 김유정기념전시관이 있다. 또한 외양간, 디딜방아, 뒷간, 장독대, 연못, 정자, 우물을 복원해 놓아 고향의 추억을 더듬어보기 좋다. 뜰에 서면 금병산이 양팔로 감싸 안은 마을이 한눈에 들어온다.

김유정문학촌은 「봄봄」, 「동백꽃」, 「산골 나그네」 등 김유정의 소설 30편 중 12편이 바로 실레마을을 배경으로 하고 있기에 당당히 '문학관'이 아닌 '문학촌'이라는 이름을 가질 수 있었다. 금병산 자락 아래 잣나무 숲 뒤쪽은 「동백꽃」의 배경이며, 맞은편 언덕에는 김유정이 움막을 짓고 아이들에게 우리말을 가르친 야학이 있던 곳이다. 「봄봄」의 실존 인물인 봉필영감이 살았던 마름집이 있고, 김유정이 기념으로 심은 느티나무가 지금도 아름드리 나무로 자라고 있다.

김유정문학촌 앞에는 1930년대 상황을 체험할 수 있는 주막거리를 만들어놓았다. 김유정을 잘 이해하려

작가 이름을 딴 유일한 역, 김유정역

면 귀에 쏙쏙 들어오는 문화해설사의 설명을 들으면 좋다.

:: 매콤한 닭갈비와 깔끔한 막국수, 명동 닭갈비촌

춘천 하면 떠오르는 별미는 단연 닭갈비다. 단위 면적당 전국에서 가장 많은 닭이 소비되는 곳이 춘천이다. 토막 낸 닭을 포 뜨듯이 도톰하게 펴서 갖은 양념에 재워 야채, 떡 등을 넣고 철판에 볶아 먹는 즉석 닭고기 맛을 못 잊어 일부러 춘천을 찾는 이도 많다. 매콤한 닭갈비에 시원한 막국수로 입가심하면 개운하다.

닭갈비촌의 원조인 명동은 드라마 「겨울 연가」의 배경지로도 알려져 있다. 준상(배용준 분)과 유진(최지우 분)이 붕어빵을 먹으며 정답게 걷던 장면 등 명동 거리 곳곳에 드라마의 명장면이 숨어 있다. 중앙시장 들어가는 초입에는 배용준이 라면을 먹었던 분식점이 있는데 외국인 관광객들이 많이 찾는다. 고향의 향수를 자극하는 재래식 시장인 중앙시장도 둘러볼 만하다.

:: 한국의 루체른 호수, 소양호

스위스 루체른 호수와 비견되는 곳이 소양호다. 어머니 품속 같은 호수 풍경과 아버지의 거친 손 같은 오봉산이 있어 더욱 정감이 간다. 북한강을 거슬러 올라가는 경춘선의 차창 풍경도 스위스에 결코 뒤지지 않고, 바람을 맞으며 호수를 가르는 유람선도 탈 만하다. 더구나 오봉산 자락에 보석처럼 빛나는 천년 고찰 청평사가 있고 닭갈비와 막국수 같은 먹을거리까지 풍부해 호반의 도시 춘천 여정은 더욱 즐겁다.

지그재그 굽이진 길을 따라 소양강댐 정상에 오르면 거대한 사력(沙礫)댐이 펼쳐진다. 이 댐이야말로 사력(死力)을 다해 만든 댐이다. 1970년대 당시에는 철근과 시멘트가 부족하여 고(故) 정주영 회장은 오로지 자갈과 모래만으로 댐을 만들었다. 댐의 표면이 매끈하지 않고 울퉁불퉁한 돌로 덮여 있어 강원도 사람의 솔직하고 담백한 품성을 보는 듯하다. 그곳에는 '불가능'을 '가능'으로 만드는 특유의 불도저 정신이 서려 있어 더욱 고귀해 보인다.

오늘날 예측 불허의 기상이변 때문에 폭우가 쏟아질 때마다 소양강댐의 중요성은 더욱 강조된다. 색깔마저 바랜 소양강다목적댐준공기념비가 한국 경제의 기적을 일군 일꾼처럼 보여 가슴이 아린다. 최근에 개관한 소양강댐물문화관에서는 소양강댐의 역할과 기능뿐 아니라 물에 대한 다양한 지식을 얻을 수 있다. 자전거 분수, 물 호루라기 등 과학 원리를 이용하여 물의 소중함을 배울 수 있는 체험과학관이 가장 인기가 많다. 옥외 전망대에서 내려다보는 소양호 풍경도 기가 막히도록 멋지다.

:: 상사뱀의 슬픈 사랑 이야기, 청평사

소양강댐과 청평사를 오가는 유람선에서 청량한 바람을 맞으며 10분쯤 달리다 보면 육지 속의 섬이 되어버린 청평사 선착장에 닿게 된다. 그곳에서 청평사까지 가려면 30여 분 발품을 팔아야 한다. 햇볕이 뜨거울 때는 모자나 양산을 준비해 가는 것이 좋다.

신록이 우거진 숲 사이로 'S'자로 굽이진 산길이 놓여 있어 전혀 지루할 틈이 없다. 구성폭포는 발 담그고 담소를 나누기 좋은 장소다. 조금 더 걸으면 고려시대에 관직을 버리고 오봉산에 들어와 은둔을 즐겼던 진락공 이자현의 부도가 나온다. 오솔길 건너편 고려 연못은 현존하는 고려 연못들 중 가장 역사가 오래됐는데, 이자현은 청평사 주변에 석축을 쌓고 계곡물을 끌어들여 정원과 연못을 만들었다고 한다. 연못 가운데에 바위 3개를 세워 삼신산을 만들었는데 연못에 오봉산이 비칠 때가 가장 아름답다. 고개를 들어 위를 바라보면 '공주탑'이라 불리는 3층석탑이 슬픈 전설을 간직한 채 서 있다.

청평사(淸平寺)는 '맑음을 평정한 절'이라는 나름대로 심오한 의미를 지니고 있다. 잣나무 두 그루가 오봉산을 배경으로 서서 일주문 역할을 한다. 한국전쟁 때 소실된 터에 전각을 다시 짓고 회전문을 보수하고 범종각과 요사를 앉혔다. 회전문(보물 제164호)은 보우대사가 사찰을 중건할 때 경내 전면에 세운 문으로, 상사뱀이 평양공주를 찾아 절 안으로 들어가다가 뇌성벽력을 맞고 쏟아지는 소나기에 밀려 이 문을 통해 돌아 나갔다고 하여 '회전문'이라는 이름을 얻었다. 백화점을 드나들던 빙글빙글 돌아가는 문이 아니라 윤회전생을 깨우치기 위한 '마음의 문'인 것이다. 궁궐 건물처럼 회랑이 있고 소맷돌에는 태극 문양이 선명하다. 돌 모퉁이에 엉덩이를 붙이고 눈을 지그시 감고 사색에 젖어보는 것도 좋다. 잔잔한 호수의 수면처럼 마음도 편해질 것이다. 청평(淸平)은 곧 내 마음 속에 있기 때문이다.

오봉산 자락에 터 잡은 청평사와 회전문

Silver Travel Tip

- 김유정문학촌을 찾기 전에 김유정의 소설을 읽고 가면 도움이 될 것이다. 작가의 고단한 인생사가 소설에 고스란히 담겨 있기 때문이다. 김유정역에서 기차를 타거나 버스를 타는 것이 좋은데 배차 간격이 길어 반드시 정류장에 있는 버스 시간표를 확인하고 김유정문학촌을 찾자.

- 지금의 실버 세대야말로 1960~1970년대 경제성장의 주역들이다. 경제성장의 상징 중 하나인 소양강댐은 남다른 의미가 있을 것이다. 승용차 주차장에서 소양강다목적댐준공기념비까지 도보로 5분 걸리지만, 시내버스를 타고 왔으면 소양강댐준공기념비까지 올라간다. 거기서부터 소양호 선착장까지는 10분 정도 걸어야 한다. 그리고 유람선을 타고 청평사 입구에 내리면 왕복 1시간의 산책 코스가 이어진다. 다리가 불편한 노약자나 장애인은 소양강댐과 물문화원만 둘러봐도 좋다.

- 춘천 여행의 가장 큰 매력은 북한강을 거슬러 올라가는 드라이브 코스다. 승용차를 가져가도 좋지만, 기차 여행을 하는 것도 운치 있을 뿐 아니라 여행 경비까지 줄일 수 있다. 가평부터 삼악산까지 강변 위를 달리는 코스는 기차 여행이 주는 최고의 선물이다. 남춘천역에 내리면 기차 시간에 맞춰 소양호까지 가는 버스를 바로 탈 수 있으며, 명동 근처에도 소양호로 가는 버스가 있다. 기차 요금은 경로 우대와 장애인 할인이 가능하며, 기차는 물론 버스, 유람선 등 다양한 탈거리가 여행의 재미를 더한다.

김유정생가
소양강다목적댐 준공기념비
소양강댐과 청평사를 오가는 유람선

여행정보(지역번호 033)

 숙박

춘천시 근화동 리츠모텔(241-0797)은 레스토랑을 갖추어 가족이나 연인이 오붓한 식사를 즐길 수 있다. 남춘천역에서 택시로 5분 거리에 있다. 명동 한복판에 있는 IMT모텔(257-6112)은 닭갈비 거리에서 가깝고, 효자동 시드니모텔(241-2417)은 은은한 분위기가 돋보인다. 화악산 기슭에 자리 잡은 집다리골자연휴양림(243-1442)은 푸른 숲속에 클레이사격장까지 갖추고 있으며 통나무집에서 산림욕을 즐길 수 있다. 소양호에서 가까운 용화산자연휴양림(243-9261)은 인공 침엽수림과 자연 침엽수림이 적절히 조화를 이루고 있다. 소양호를 둘러보고 여행의 피로는 춘천의 명물인 옥찜질로 푸는 것이 좋다. 월곡리는 우리나라에서 유일한 옥광산이 있는 곳으로 갱도를 단장하여 옥체험실과 기체험실을 마련해 놓았다(옥산가 춘천옥 242-0447).

 맛집

유정마을(262-0361)은 김유정문학촌 바로 옆에 있으며, 식당도 커서 45명 이상 단체 손님도 수용할 수 있다. 닭갈비와 막국수 전문 통나무집(241-5999)은 소양강댐에 올라가기 전인 닭갈비촌에 있으며 강원도 지정 으뜸 업소로 주차장이 넓다. 오봉산장(244-6606)은 청평사 올라가는 길에 있는데, 산채 요리를 잘하고 특히 더덕 요리가 전문이다. 복본닭갈비(254-0891), 우미닭갈비(257-1919)는 명동 닭갈비촌의 원조다. 명동명물떡볶이(254-0171)는 「겨울 연가」에 나온 분식점이며, 실비막국수(254-2472)는 35년 전통을 이어온 집이다. 강촌 구곡폭포 근처에 있는 검봉산칡국수(261-2986)는 칡을 갈아 만든 별미 국수로 색이 검고 쫄깃한 맛이 좋다. 칡부침을 곁들여 먹으면 궁합이 잘 맞는다.

통나무집의 닭갈비

 쇼핑

- **춘천옥** : 춘천옥은 백옥 중에서도 광택이 흐르는 양지옥이다. 춘천옥은 최고 색상으로 치는 유백색으로, 쇠붙이로 긁거나 바닥에 마찰해도 흠집이 나지 않는다. 세계에서 유일한 백옥으로 옥산가 춘천옥(242-7447, www.ocsanga.com)에 직영 매장과 옥찜질방이 있다.
- **춘천잣** : 춘천잣은 국내 최초로 국립농산물검사소의 품질 인증을 획득한 제품이다. 춘천 지역은 강이 많고 습도가 높고 일교차가 커서, 잣나무의 열매가 굵고 실하며 맛이 고소하고 영양이 풍부하다. 춘천농산(261-8444)에서 구입할 수 있다.

안면도로 향하는, 바다와 호수 사이로 달리는 멋진 드라이브

{ 태평하여 안락한 태안,
편히 잠들 수 있는 섬 안면도

태안 泰安_구동관

'태안(泰安)하다'는 말이 있다. '태평하여 안락'하다는 뜻이다.
충남 태안의 지명에도 그와 똑같은 한자를 쓴다.
실제 그곳에 사는 사람들도 '태평하여 안락함'이 자기 지역에 꼭 맞는 지명이라고들 말한다.
또한 태안의 가장 대표적인 여행지인 안면도(安眠島)도
'편히 잠들 수 있는 섬'이라는 뜻을 간직한 지명이다.
태안과 안면도 여행은 그 이름만으로도
편안하게 휴식할 수 있으리라는 예감에 행복해진다.
그 이름을 믿고 떠나보자. 그리고 여행에 푹 빠져 그곳의 아름다운 자연을 즐기자.
여행에서 돌아오는 길이면 마음은 여유로 가득 차 있을 것이다.

추천일정

Day 1
- 10:30 서해안고속도로 홍성IC 통과
- 10:30~11:00 갈산삼거리→서산간척지 A지구(96번 국가지원지방도)→간월도 도착
- 11:00~11:30 간월암(041-664-6624) 답사
- 11:30~13:00 당암포구로 이동, 점심식사(굴밥)
- 13:00~13:30 원청리삼거리(96번 지방도)→안면대교(77번 국도)→안면암(041-673-2333) 도착
- 13:30~14:30 안면암 답사와 부교(浮橋) 체험
- 14:30~17:00 영목항으로 이동(77번 국도), 유람선(011-891-3256)으로 섬 여행
- 17:00~18:30 꽃지해변으로 이동, 일몰 감상
- 18:30~20:00 저녁식사(생선회)

Day 2
- 06:30~07:30 기상 후 안면도자연휴양림(041-674-5019) 산책
- 07:30~09:30 세면 후 아침식사(바지락탕, 바지락죽)
- 09:30~12:00 남면(77번 국도, 태안 방면)을 지나 청산수목원(041-675-0656), 오키드타운(041-675-3311), 팜카밀레(041-675-3636) 관람
- 12:00~13:00 태안읍으로 이동, 점심식사(게장백반)
- 13:00~14:30 만리포(32번 국도) 경유 천리포수목원(041-672-9982) 도착
- 14:30~15:30 천리포수목원 관람
- 15:30~16:30 태안읍 경유, 서산(32번 국도)→서해안고속도로 서산IC 진입

::아름다운 길, 아름다운 해변

서해안고속도로 홍성IC를 빠져나와 태안으로 향하는 길, 설레는 여행을 실감 나게 해주는 것은 서산 AB지구의 곧고 길게 뻗은 길이다. 한쪽으로는 파도가 넘실거리는 천수만이, 다른 쪽으로는 잔잔한 호수 간월호와 부남호의 풍경이 펼쳐진다. 바다는 활기차고 호수는 차분한데, 그 중앙을 가로질러 안면도로 향하는 길이 뻗어 있다. 그곳은 바다를 메워 땅을 만들고, 그 땅을 곧게 펴서 길을 만든 곳이다. 그 길 안쪽의 넓은 간척지는 지금은 고인이 되었지만, 어르신들이 부자의 대표적인 인물로 손꼽는 현대그룹 정주영 회장의 작품이다.

서산간척지 A지구와 B지구 중간에 서산시 부석면 간월도의 간월암이 있다. 원효대사, 무학대사, 서산대사 등이 거쳐 간 유서 깊은 곳이다. 썰물 때만 여행객의 방문을 잠깐씩 허용하는 간월암에 잠시 들러 돌아보고 나오는 길에는 간월도 어리굴젓이 입맛을 유혹한다.

바다와 호수 사이를 빠져나온 차는 태안으로 접어들고, 남면 원청삼거리에서 행복한 고민에 빠진다. 오른쪽 태안읍 방면으로는 청포대, 몽산포, 만리포로 향하는 길이고, 왼쪽 안면도 방면으로는 삼봉, 안면, 백사장, 꽃지, 샛별해수욕장으로 향하는 길이다. 오른쪽 길을 내일로 미뤄두고 왼쪽 길을 선택하면 잠시 후 안면도 연육교를 만난다.

안면도는 원래 섬이 아니었지만 사람들의 욕심으로 섬이 되었고, 그 섬이 사람들의 욕심으로 다시 육지로 이어진 곳이다. 육지를 섬으로 만든 것은 호남에서 거두어들인 물건들을 더 쉽게 한양으로 운반하기 위해서였다. 안면도 앞바다의 거친 파도로 침몰하는 배가 많아, 육지와 가까운 천수만에 새로운 뱃길을 만들었다. 그때 육지를 파내어 바다를 연결했고, 안면도는 섬이 되었다. 연육교를 건너기 전에 잠시 차를 세우고, 육지를 잘라 섬을 만든 흔적을 찾아보는 것도 여행

안면암과 부교

의 즐거움이다.

:: 유람선 타고 아름다운 섬들 사이로

연육교를 넘어 안면도로 들어서면 새로운 풍경이 펼쳐진다. 그 새로움은 소나무 때문이다. 우리 강산 어디에서나 흔하게 볼 수 있는 소나무이지만, 안면의 소나무들은 다른 곳과 다르다. 곧게 뻗어 있고 잔가지도 적다. 참 잘생겼다는 감탄이 절로 나온다. 그처럼 잘생긴 소나무에 한눈을 팔다 보면 안면읍 정당리로 접어들어 안면암 이정표를 만나게 된다.

멋진 일출을 볼 수 있는 곳으로도 유명한 안면암은 안면도에서 가장 큰 암자다. 안면암에서 바라보는 천수만의 풍경도 아름답고, 그곳에서 200m 정도 떨어진 여우섬까지 부표로 엮어 만든 부교의 풍경도 신기하다. 바닷물 위를 걸어보려는 여행객들은 부교를 따라 걸으며 짜릿한 모험과 낭만에 빠져든다.

유람선과 스피드보트를 탈 수 있는 영목항

안면암을 빠져나와 찾아갈 곳은 안면도 끝자락인 영목항이다. 보령으로 가는 여객선이 운행되기도 하는 영목항은 크고 작은 섬들이 손에 잡힐 듯 가까운 곳이다. 영목항에서 한가하게 바라보는 섬들의 자태도 아름답지만, 섬들을 제대로 둘러보기 위해서는 유람선을 이용하는 것이 좋다. 영목항에서 타는 유람선은 추도, 소도, 육도, 원산도, 삼형도, 장고도, 효자도 등을 거쳐 영목항으로 돌아오는 코스로 운행되는데, 취항과 운항 시간에 맞춰 골라 타는 코스가 세 가지 마련되어 있다.

유람선 여행을 마치고 나오는 길에는 꽃지해변을 찾아 한가한 바다 풍경과 만나보자. 2002년 꽃박람회가 열렸던 꽃지해변은 파도가 밀려들 때마다 하얀 포말로 이어진 아름다운 물결선들이 함께 밀려온다. 끝없이 이어지는 포말의 선에서 바다의 숨결이 느껴진다. 거칠지 않고 부드럽다. 절로 마음이 편안하고 인자해진다. 그런 바다 풍경에 일몰이 더해지면 더욱 환상적인 분위기를 연출한다. 꽃지해변에는 늘 일몰 풍경을 담으려는 사진작가들이 많이 몰린다. 해변 바로 앞에 있는 할아비와 할미 바위가 일몰 사진의 좋은 배경이 되어주기 때문이다.

:: 소나무, 연, 난, 허브······, 그리고 천리포수목원

안면도자연휴양림에서 하룻밤을 보내면 풀벌레 소리를 자장가 삼아 잠들고 새소리에 잠 깨어 소나무 향기를 호흡하며 정신이 맑아진다. 안면도 숲속의 하룻밤은 '태평하여 안락한' 태안(泰安)에서도 '편안히 잠잘 수 있는 섬' 안면도(安眠島)를 실감할 수 있다. 기분 좋게 산책에 나서면 숲속에 자리 잡은 통나무집들이 동화 속 풍경처럼 반겨준다. 더욱이 그 풍경의 배경에는 안면도로 들어서며 만났던 잘생긴 소나무들이 우뚝 서 있다. 조선시대 궁궐에서 특별 관리를 하기도 했던 안면도의 소나무들은 특별히 '안면송'이라 불린다.

안면도자연휴양림의 통나무집

천리포수목원의 가을 풍경

태안 여행을 더욱 특별하게 장식해 주는 것은 곳곳에서 만날 수 있는 다양한 꽃과 식물들이다. 안면도에서 태안으로 나오는 길목인 남면에 자리 잡은 청산수목원은 아름다운 연꽃과 수생식물을 만날 수 있는 식물원으로 연꽃축제가 열리는 여름철(7~8월)에만 개방한다. 여행자의 복을 기원하는 의미로 조성한 만(卍) 자 정원을 거닐면 수목원을 가꾼 정성이 담뿍 느껴진다.

청산수목원과 가까운 곳에 있는 오키드타운과 팜카밀레에서는 난과 허브의 향기에 맘껏 취할 수 있다. 오키드타운은 유리 온실을 이용한 실내 전시관이라 눈비 오는 날씨에도 관람할 수 있으며, 팜카밀레는 지중해풍 건물과 다양한 허브가 조화를 이룬 허브 낙원이다.

서해안 유류 유출사고로 가장 큰 피해를 입은 소원면 만리포 해변의 백사장은 천리포와 백리포 해변으로 이어진다. 그중 천리포에는 세계적인 수목원인 천리포수목원이 자리 잡고 있다. 특히 목련의 품종은 세계에서 가장 많은 450종을 보유하고 있어, 봄철에는 목련꽃으로 눈이 부실 정도다. 2000년, 아시아의 수목원 중에서 처음으로 국제수목학회의 '가장 아름다운 수목원'으로 지정됐다. 푸른 녹음의 계절, 여름이나 울긋불긋한 단풍의 계절, 가을이나 천리포수목원을 산책하는 일은 행복하다. 다만 관람을 위해 조성한 시설이 아니라 5~10월 한시적으로 일반인에게 개방되므로 관람 가능 여부를 미리 확인해야 한다. 다른 곳과 달리 수요일에 휴관한다는 것도 주의하자.

- 태안은 서해대교 개통 이후 수도권에서 참 가까워진 곳이다. 토요일 오후에 출발해도 1박 2일의 여유로운 주말여행이 가능하다. 이번 여행에 소개한 대부분의 경유지는 다리가 불편한 노약자나 장애인도 자동차를 이용하여 비교적 수월하게 찾아갈 수 있다.

- 간월암은 조그만 암자인데 썰물 때만 갈 수 있다. 주차장에서 2~3분만 걸으면 되지만 가파른 언덕길이 있어 휠체어를 이용하기 어렵다. 하지만 주차장에서 바라보는 경치만으로도 간월암은 충분히 아름답다.

- 안면암은 승용차가 접근하기 편한 곳이다. 주차장에서 안면암까지 가는 길은 그리 멀지 않으며 휠체어로 이동할 수 있다. 다만 나이 많은 어르신이 부교를 건너보는 일은 쉽지 않으므로 안면암에서 부교가 떠 있는 아름다운 바다 경치를 감상하는 것이 더 좋을 듯하다.

- 영목항 유람선(041-673-8490)은 수시 운항을 한다. 정기적으로 운항하는 것이 아니므로 미리 시간을 알아보는 것이 좋다. 안면도 숙박의 경우 일정상 이용하기 좋은 곳은 영목항이지만, 남면이나 태안읍 숙박의 경우 신진도에서 안흥항 여객선을 이용할 수도 있다.

- 청산수목원과 오키드타운, 팜카밀레는 한 번에 모두 돌아보기보다는 한두 곳을 정하여 여유롭게 산책하는 편이 좋다. 세 곳 모두 휠체어 이동이 불편하지 않다. 천리포수목원은 휠체어로 이동하기에 불편하지만 걸어서 돌아보는 길은 험하지 않으니 나이 드신 어르신에게도 어렵지 않다.

오키드타운

벚꽃과 유채꽃이 아름답게 피어있는 안면도

여행정보(지역번호 041)

🛏 숙박

안면도자연휴양림(674-5019)을 이용하면 솔향 가득한 휴양림에서 편한 휴식을 취할 수 있으며, 오션캐슬(671-7000)은 꽃지해변의 경치를 감상하기 좋은 곳에 자리 잡았다. 꽃지해변 주변과 황도, 남면 등 태안의 곳곳에는 펜션이 많다. 그중에 안면읍 창기리 유명산장(010-9510-9036), 나문재펜션(672-7634) 등은 이용객의 만족도가 높은 곳이다.

🍴 맛집

안면도 연육교를 지나 해안도로로 갈라지는 곳의 백사장항과, 꽃지와 가까운 방포항에 신선한 회를 맛볼 수 있는 횟집들이 많다. 특히 백사장항에는 가을에 대하축제가 열려 신선한 자연산 대하를 맛볼 수 있다. 서산 AB지구를 지나 태안으로 들어서는 길목인 당암포구에는 굴밥 전문점이 여러 곳 있다. 그중에 함바위굴밥(674-0567)에 손님이 많다. 영양 많은 굴돌솥밥을 달래양념간장으로 비벼 먹는 맛이 일품이다. 꽃게축제까지 열리는 태안에는 꽃게장을 잘하는 식당도 많다. 태안읍 토담집(674-4561)이 태안 토박이들에게 소문난 맛집이다. 시원한 박속국물에 산낙지를 넣어 샤브샤브처럼 먹는 박속밀국낙지는 태안의 대표적인 음식인데, 원북면 원풍식관(672-5057)과 이원면 이원식당(672-8024)이 유명하다.

🎁 쇼핑

- **육쪽마늘과 호박고구마** : 서늘한 갯바람 속에서 재배한 태안의 육쪽마늘은 다른 마늘에 비해 쪽이 적고 마늘의 맛과 향이 진하다. 황토밭이 많은 안면도에서 생산된 호박고구마는 밤고구마의 단맛과 물고구마의 부드러움을 함께 느낄 수 있다.
- **꽃게, 대하** : 태안 꽃게는 다른 지역 꽃게보다 껍질이 두껍고 연푸른빛을 띤다. 얼큰하고 시원한 꽃게탕도 좋고, 증기로 쪄낸 꽃게찜도 식도락의 즐거움을 준다. 3~5월이 꽃게의 제철이다. 큼직한 자연산 대하를 맛보기 좋은 곳도 태안이다. 대하의 제철은 9~12월인데 백사장항에서 대하축제가 열린다. 수산물을 구입할 때는 태안의 상설 재래시장인 조석시장을 이용하면 편하다.
- **자염** : 삼국시대 이전부터 우리 조상들이 만들어 먹던 소금이다. 자염은 깨끗한 바닷물을 말린 갯벌 흙으로 우려내어 염도를 높인 뒤 은근한 불로 10시간 동안 끓여 만든다. 쓴맛과 떫은맛이 없기 때문에 음식 고유의 맛을 살리기에 좋다. 태안자염(672-3001)으로 문의하면 된다.

네 번째 테마 **손자부터 조부까지 함께 떠나는 대가족여행**

강릉·평창_유연태   고성·속초_문일식
고창_허시명   통영_유철상   하동_송일봉

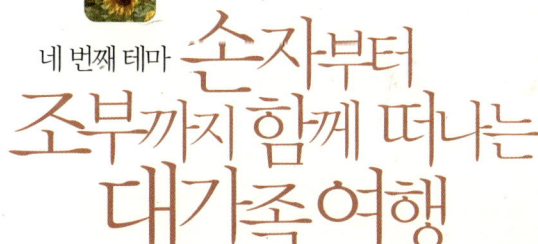

주문진항 바다의 안녕을 지키는 등대

{ 오대산 정기와
동해의 신선함을 만난다
강릉·평창 江陵·平昌_유연태

영동고속도로를 달려 오대산으로 들어가면 명찰(名刹) 월정사를 만난다.
예불 소리, 풍경 소리로 마음의 때를 씻고 정신을 정갈하게 가다듬는다.
한국자생식물원에서는 철따라 피어나는 야생화 군락을 감상하면서
아름다운 자연미에 젖어본다.
대관령으로 이동하면 대관령삼양목장,
대관령양떼목장의 목가적 풍경이 그림엽서처럼 가슴에 각인된다.
강릉에 가서는 먼저 경포해변과 경포호를 산책해 볼 일이다.
선교장, 오죽헌, 허난설헌 생가 등의 문화유적지는 답사 여행지로 제격이다.
강릉과 평창 여행 코스에서는 산중의 맛, 바다의 맛을 골고루 즐길 수 있다.

추천일정

Day 1

10:30 영동고속도로 진부IC 통과, 진고개 방면 6번 국도를 10분쯤 달려 월정사 주차장 도착
10:40~12:30 월정사 전나무 숲길 산책 및 월정사 답사(033-332-6661) 후 상원사 답사
12:30~14:00 점심식사(월정사 입구에서 산채정식, 산채비빔밥, 또는 진부면 소재지에서 평창 한우나 산채정식)
14:00~15:00 대관령면 병내리의 한국자생식물원(033-332-7069) 관람
15:00~15:20 영동고속도로를 타고 횡계IC로 빠져나간 뒤 대관령 옛길 이용, 대관령면 횡계리의 대관령삼양목장(033-335-5044)이나 대관령양떼목장(033-335-1966)으로 이동
15:20~17:40 대관령삼양목장이나 대관령양떼목장 관람
17:40~18:00 옛 영동고속도로를 이용, 강릉시 경포호 도착
18:00~19:00 경포호 낙조를 감상하면서 호숫가 산책
19:00~21:00 강릉 경포해변에서 저녁식사(활어회, 한정식)
21:00 숙소 도착

Day 2

07:30~08:00 경포해변 아침 바다 산책
08:00~09:00 아침식사(초당동 순두부촌 순두부백반, 또는 강문동 횟집 우럭미역국)
09:10~10:20 허난설헌 생가와 선교장(033-646-3270) 답사
10:20~10:30 죽헌동의 오죽헌으로 이동
10:30~12:00 오죽헌 답사와 강릉시립박물관(033-640-4457) 관람
12:00~12:20 주문진으로 이동
12:20~13:40 점심식사(주문진에서 활어회, 물곰탕, 잡어물회 등)
13:40~14:30 주문진 소돌바위 감상 후 동해고속도로 현남IC를 이용하여 귀가

::오대산 울창한 수림에 둥지를 튼 월정사와 상원사

오대산 기행의 첫 관문은 월정사 일주문에서 시작되는 전나무 숲길이다. 보통은 오대천 계곡을 따라 월정사 주차장까지 차를 타고 가기 때문에 그냥 지나치게 되는 이 길은 우리나라에서 가장 아름다운 숲길 중 하나다. 일주문에서 월정사까지 수령 400~500년 된 전나무들이 1km쯤 늘어선 길은 바닥에 누런 침엽들이 깔려 있어 밟고 지나는 기분도 상쾌하다.

월정사 마당에 서면 팔각9층석탑(국보 제48호)이 시선을 끈다. 늘씬한 높이, 안정된 자태, 8각의 변화 등은 고려시대 불교 문화의 특징을 잘 보여준다. 상원사까지 8.3km에 달하는 길은 비포장도로로 남아 있다. 상원사의 청량선원으로 오르는 계단 옆에는 돌로 만든 고양이 두 마리가 나란히 앉아 있다. 세조의 목숨을 구한 공으로 전답까지 하사받은 고양이의 석상이다.

일주문에서 시작되는 월정사 전나무 숲길

:: 계절마다 야생화가 피어나는 한국자생식물원

1999년에 문을 연 한국자생식물원은 영동고속도로 변의 꽃 감상 명소다. 한국특산식물원, 재배단지(군락지), 습지원, 향식물원, 사람명칭식물원, 동물명칭식물원, 전시온실, 생태식물원, 독성식물원 등으로 구성되어 있다. 특히 철마다 재배단지에 피는 꽃은 아름답기 그지없다.

우선 6월 초순부터 중순까지는 보라색 붓꽃, 부채붓꽃이 약간 경사진 언덕배기를 뒤덮는다. 6월 중순부터 7월 중순까지는 홍자색 꽃창포가 고운 자태를 드러낸다. 6월 하순부터 7월 말까지는 하늘의 낮잠을 깨우기라도 하는 듯 뾰족하게 꽃대를 세운 분홍바늘꽃이 바람에 따라 이리저리 쏠린다. 또 6월 초순부터 7월 중순으로 이어지는 시기에는 노란색 원추리와 주황색 나리꽃이 앞서거니 뒤서거니 하며 군락지 곳곳에서 고개를 내밀고 시선을 자극한다.

7월 초순부터 8월 말까지는 연보랏빛 벌개미취가 방문객들의 호르몬 분비를 강렬하게 자극한다. 세상에는 나와 꽃들만 존재할 뿐이다. 아니다, 꿀을 빨고 꽃가루를 나르는 벌과 나비도 틈새를 비집고 사유의 몸짓으로 화려한 군무를 즐긴다. 또 8월 한 달간은 분홍빛 부처꽃이 벌개미취의 인기에 뒤지지 않으려는 듯 안간힘을 쓰며 하늘을 향해 두 팔을 벌린다. 9월이면 하얀 구절초가 피어나고 9월 중순부터 10월 중순까지는 노란 산국이 군락지의 마지막 풍경을 장식한다.

:: 초원, 양 떼, 풍력발전기가 어우러지는 대관령 목장

대관령면에는 여행객들이 즐겨 찾는 목장이 두 군데 있다. 대관령삼양목장과 대관령양떼목장이 그곳이다. 대관령삼양목장은 삼양라면을 생산하는 삼양축산에서 운영한다. 이국적인 풍경 탓에 드라마나 영화의 촬영 무대로 자주 등장한다. 「가을 동화」,

「연애소설」,「태극기 휘날리며」,「야인 시대」,「임꺽정」,「단적비연수」,「친절한 금자씨」,「광식이 동생 광태」 등이 이곳에서 촬영됐다. 대관령삼양목장에서 추천하는 필수 방문 코스는 청연원→양 방목장→토끼 방목장→소 방목지→타조 방목장→「연애소설」 촬영지→「태극기 휘날리며」 촬영지→동해전망대다. 목장 안에서는 셔틀버스를 타고 이동한다.

한편 옛날 영동고속도로 상행휴게소 뒤편에 위치한 대관령양떼목장은 규모가 6만 2,000평 정도로, 풀밭 사이에 조성된 산책로는 1.4km쯤 이어진다. 느릿느릿 걷다 보면 1시간이 꿈결처럼 흘러간다. 신하균과 김희선이 출연한 영화「화성으로 간 사나이」세트 하나가 남아 있는 풀밭은 방문객들이 애용하는 기념사진 촬영 장소다. 양들에게 건초를 주는 체험도 이채롭다.

:: 강릉 문화유적 1번지, 허난설헌 생가와 오죽헌

강릉시 초당동 순두부촌에 조선시대 천재 여성 시인 허난설헌의 생가가 있다. 이 고을에서 허난설헌은 다섯 살 아래인 남동생 허균과 함께 자랐으며 삼당시인(三唐詩人) 중 한 명인 이달의 가르침을 받았다.

스물일곱에 요절하면서도 200여 수의 시를 남긴 허난설헌의 생가를 방문하여 박명했던 그녀의 생애를 마주하면 도무지 쉬이 발길이 떨어지지 않는다. 요즘 같으면 응석이나 부릴 나이 열다섯에 시집가서 결혼 생활 12년 동안 아이 둘을 잃고 남편과의 금실마저 안 좋았으니 여자로서는 불행하기만 한 삶이었다.

허난설헌 생가를 돌아보고 참소리박물관과 경포대를 지나 7번 국도로 향하면 선교장 입구를 거치게 된다. 선교장은 강원도에서 개인 주택으로는 가장 넓은 집이다. 안채, 사랑채, 동별당, 가묘 등이 정연하게 남아 있고 '활래정'이라는 정원까지 완벽하게 전해진다.

오죽헌(보물 제165호)은 강릉 지방으로 수학여행을 온 학생들이 빠짐없이 찾는 장소로, 그곳에서 오늘날도 '현모양처'의 귀감이 되는 조선시대 여성 서화가 신사임당과 그 아들인 대현(大賢) 율곡 이이가 태어났다. '오죽헌(烏竹軒)'이라는 집 이름은 집 주위에 검은 대나무가 무성한 데서 유래한다.

주문진 소돌포구는 강릉 지방 여행에서 마지막으로 들르기에 딱 좋은 곳이다. '아들바위' 전설을 간직한 소돌포구로 가는 길은 드라이브 코스로도 멋지다. 집채만 한 바위가 동해 파도에 쓸리면서 이곳을 찾는 이들에게 전하는 이야기는 여행길에 얻어들을 수 있는 재미있는 전설들 중 하나다. 옛날에 3대 독자를 둔 부부가 전쟁으로 그만 아들을 잃고 만다. 상심한 부부가 이곳에 와서 지극 정성으로 기도를 올리자 이에 감동한 용왕이 바위 구멍을 통해 아들을 점지해 주었고, 그때부터 아들바위라 불리게 됐다는 것이다.

신사임당과 율곡 이이가 태어난 오죽헌

- 월정사 전나무 숲길을 걸으려면 일주문이 보이는 곳에서 정차해야 한다. 노약자도 큰 부담 없이 걸어가기에 좋은 길이다. 이때는 운전자 혼자 월정사 주차장까지 차를 가져가야 한다. 상원사에 가려면 계단 50~60개를 거쳐야 하므로 지팡이를 휴대하는 것이 좋다.

- 한국자생식물원은 주차장이 곧바로 매표소와 이어진다. 재배단지(군락지)를 보려면 약간의 계단과 경사진 길을 올라가야 하므로 노약자는 지팡이를 가져가는 것이 편하다. 조경관과 분경관은 큰 어려움 없이 살펴볼 수 있다.

- 대관령삼양목장의 무료입장 대상은 36개월 미만 영유아, 장애인 1~3급(보호자 1명 포함), 생활보호대상자인 학생이며, 입장료 할인 대상은 경로 우대(만 65세 이상), 장애인 4~6급이다. 대관령양떼목장을 한 바퀴 도는 산책로는 고도 차이가 제법 심하다. 몸이 불편한 사람은 「화성으로 간 사나이」 세트까지만 올라 전경을 살피는 것으로 만족하는 편이 좋다.

- 대관령삼양목장이나 대관령양떼목장을 돌아본 후 강릉 시내로 이동할 때는 영동고속도로가 아니라 구불구불한 옛 영동고속도로를 타고 내려가야 한다. 차량 통행이 적어 운치 있는 길이다.

- 허난설헌 생가, 선교장, 오죽헌, 강릉시립박물관 등은 평지에 자리 잡고 있어 접근하기가 매우 편하다. 경포호반의 경포대 정자에 오르려면 비탈길을 걷는 수고를 들여야 한다.

- 주문진 아들바위를 보려면 소돌항 주차장에 주차한 다음 바닷가 진입로의 콘크리트 옹벽 중간에 난 턱을 넘어가야 한다.

한국자생식물원의 분홍바늘꽃 군락

대관령양떼목장

주문진 소돌항 아들바위

여행정보 (지역번호 033)

🛏 숙박

강릉시 강문동 호텔현대경포대(651-2233)는 특2급 호텔(양실, 한실)로, 바다 쪽 객실의 해돋이 조망이 일품이다. 경포호 근처 저동의 강릉한옥펜션 휴심(642-5075)은 사찰 수준의 한옥, 통나무 귀틀집, 초가집 등 한국의 전통 가옥으로 구성되어 있다. 연곡면 코지하우스펜션(662-3220)은 연인들에게 좋다.

코지하우스펜션

🍴 맛집

월정사 입구의 비로봉식당(332-6597), 통일식당(333-8855)은 산채정식과 산채비빔밥을 전문으로 한다. 평창군 진부면 소재지에도 식당이 많다. 감미옥(335-6337)은 이른 아침부터 문을 열어 다슬기해장국, 선지해장국, 황태해장국 등으로 속을 데울 수 있다. 강릉 초당동에는 순두부 식당들이 많다. 중앙시장 내 해성횟집(648-4313)의 삼숙이탕은 해장국으로 인기가 높다. 선교장과 경포동주민센터 인근 서지초가뜰(646-4430)은 창령 조씨 9대 종부인 최영간 씨가 손맛을 자랑하는 한정식집이다. 주문진등대와 아들바위를 이어주는 해안도로변에 위치한 뽀빠이횟집(661-9898)에서는 잡어회의 싱싱한 맛이 해풍과 잘 어울린다. 오징어물회와 잡어물회도 놓치기 아깝다. 주문진생선회센터 내의 신선횟집(662-8284)은 모듬회, 물회, 회덮밥 등을 고루 잘한다. 주문진항 안의 파도식당(662-4140)에서는 시원한 물곰탕을 맛볼 수 있다.

🎁 쇼핑

- **평창 한우**: 평창군 진부면 소재지의 평창우리한우타운(336-9255)은 평창 한우를 구입하기도 하고 맛볼 수도 있는 식당이다. 3명의 공동 사장은 모두 진부 토박이로, 그들이 직접 기른 소를 장평에서 도축한 후 식당으로 가져와서 판매하기 때문에 품질이 확실하고 맛도 보장된다. 평창 한우는 바이오리듬을 좋게 하는 해발 700m, 일교차가 큰 고장에서 사육되어 고기가 씹을수록 고소하고 빛깔도 선홍색이 뚜렷하다.
- **산채**: 봄나물이 많이 나는 계절에는 진부면에서 열리는 5일장(끝수 3, 8일)에 새벽이면 반짝 나물시장이 펼쳐진다. 인근 산에서 주민들이 채취한 산나물이 쏟아져 나온다. 곰취, 두릅, 곤드레 등 향긋한 산나물들은 눈으로 보고 향기만 맡아도 건강해진다.
- **수산물**: 2004년 리모델링 사업을 통해 강릉중앙시장의 지하 어판장은 신선도와 청결 면에서 완전히 탈바꿈했다. 새벽에 들여온 다양한 수산물이 하루 종일 거래되는 곳이다.

끊임없이 파도와 싸우는 영금정

{ 위대한 자연과 함께
과거와 현재를 오가는 여행지

고성·속초 高城·束草 _문일식

백두대간의 큰 줄기인 설악산은 속초와 고성,
두 고장을 품고서 바다를 바라보고 있다.
어느 쪽에서 보더라도 듬직한 산세와 수려한 바다를 맘껏 담을 수 있는 고장이다.
또한 청초호, 영랑호, 송지호 등 석호라는 특이한 호수가 바다를 끼고 있어
더욱더 특별한 여행지가 된다.
속초가 도시적 성격이 강하여 번잡하면서도 사람들이 살아가는 모습을 볼 수 있는 고장이라면,
고성은 청정 지역으로 옛 선현들이 자연과 함께하던 정자와,
오랜 역사와 전통을 자랑하는 가옥, 마을들을 두루 둘러볼 수 있는 고장이다.
산, 바다, 호수 등 자연과 함께 과거와 현재를 오가는 시간 여행을 떠나보자!

추천일정

Day 1

08:00 서울 출발 6번, 44번 국도 경유 미시령터널 통과→콩꽃마을 교차로 좌회전 후 학사평 순두부촌으로 진입(4시간 소요)

12:00~13:00 점심식사(순두부백반)

13:00~14:30 설악씨네라마 대조영 촬영지 관람 후 속초 시내 경유, 7번 국도 고성 방향→왕곡마을 도착(30분 소요)

14:30~16:00 왕곡마을 관람→7번 국도 속초 방향→송지호 철새관망타워(033-680-3556) 도착(10분 소요)

16:00~17:00 철새관망타워 및 송지호 산책→7번 국도 속초 방향 천학정으로 이동(10분 소요)

17:00~17:30 천학정 관람→청간정 이동(5분 소요)

17:30~18:00 청간정 관람

18:30~19:30 속초 시내 이동(20분 소요)→저녁식사(동명항 동명활어센터의 자연산 회와 매운탕)

19:30~20:30 속초항 야경 감상 후 취침

Day 2

09:00~11:00 아침식사 후 영랑호 산책 또는 드라이브→등대해수욕장 방면 영랑해안길 경유 영금정으로 이동(10분 소요)

11:10~11:30 영금정 관람→속초등대로 이동(5분 소요)

11:40~12:30 속초등대 홍보관 및 전망타워 관람

12:30~14:00 점심식사(동명항 횟집타운, 오징어회덮밥)→갯배선착장으로 이동(5분 소요)

14:10~15:30 갯배 체험 및 아바이마을과 해변 산책

15:30~16:30 7번 국도 강릉 방면→동해고속도로 현남IC 진입

:: 미시령터널을 지나 속초와의 첫 만남!

푸른빛 넘실대는 동해 바다를 보기 위해서는 백두대간의 험준한 준령을 넘어야 한다. 미시령터널이 개통된 후 고성이나 속초의 바다를 만나기가 쉬워졌다. 구불구불 이어지는 옛 도로를 타고 넘는 불편한 향수는 이제 서서히 사라져가고 있긴 하지만, 더 오랫동안 바다를 마주하고 즐길 수 있는 시간이 늘어난 것은 사실이다. 미시령휴게소에서 바라본 속초 시내의 야경이 참 인상 깊었던 때가 있었는데, 이젠 터널 통과 비용을 지불하면서 옛 기억마저도 요금소에 건네주고 만다.

속초시로 접어들면 설악권을 만끽하려는 사람들을 위한 편의시설들이 집중적으로 들어서 있다. 한화리조트 내에는 드라마 「대조영」, 「쾌도 홍길동」, 「대왕 세종」 등을 촬영한 설악씨네라마가 있다. 성(城)과 함께 포차, 당차 등 공성전에 필요한 무기들이 즐비한 공성전투장은 처절한 전투 현장을 재현했다. 특히 측천무후 후원은 중국 4대 정원 중 하나인 졸정원을 모델로 복원했다. 국궁장, 승마놀이 등 체험 거리가 다양하고 장터 등에서 간단한 먹을거리를 즐길 수 있다. 특히 꽃마차를 대여하여 촬영장을 둘러볼 수도 있다.

:: 시간 속으로 빨려 들어가 과거로 떠나는 고성 여행

왕곡마을은 오음산 남쪽 자락에 자리한 전통 민속마을이다. 1988년 우리나라 최초로 전통마을 보존지구로 지정됐다. 수려한 소나무 몇 그루를 지나면서 마을은 시작된다. 마을이 형성된 것은 무려 600년이나 거슬러 올라간다. 오음산을 비롯한 다섯 봉우리가 마을을 둘러싸고 있기 때문에 오봉리라 불렸다. 그 때문인지 마을은 한국전쟁 때도 폭격 한 번 맞은 적이 없고, 새마을운동 때도 집들이 헐리지 않았다. 1996년에 발생한 고성 산불 때도 부근의 산들이 모두 불탄 반면 마을에는 불길이 미치지 않았다. 그 덕분에 오늘날 전통마을의 자리를 지키고 있는지 모르겠다.

왕곡마을에서는 양통집이라는 독특한 집 구조를 살펴볼 수 있다. 'ㄱ' 자형의 북방식 전통 한옥 구조로 안방, 사랑방, 마루, 부엌뿐 아니라 외양간까지 일체형으로 되어 있다. 즉 남방식 구조처럼 외부로 돌출되지 않고 안쪽으로 옹기종기 모여 있는 형태다. 겨울이 긴 추운 지방의 전통 건축구조다.

접시꽃이 활짝 핀 왕곡마을

왕곡마을 동쪽의 송지호는 강릉의 경포호, 속초의 청초호, 영랑호와 함께 대표적인 석호다. 특히 송지호는 철새가 많이 찾아드는데, 고니(천연기념물 제201호)뿐 아니라 청둥오리, 기러기 등 많은 철새들이 겨울을 나는 곳이다.

송지호 철새관망타워는 5층 규모의 전망대로 2007년에 개관했다. 송지호를 찾아드는 고니, 청둥오리, 홍머리오리 등 겨울을 나는 철새 탐조가 가능하다. 아늑한 호수와 함께 4km에 이르는 송지호 해변의 수려한 풍경도 한눈에 들어온다. 철새관망타워 앞쪽으로는 산책로가 조성되어 주변을 여유롭게 산책할 수 있다.

천학정과 청간정은 고성의 아름다운 바다 풍광을 한눈에 만끽할 수 있는 공간이다. 천학정에서 산책로를 따라 올라 송림에서 바라보는 천학정 일출은 꽤 유명하다. 천학정 아래로는 수많은 바위들이 끊임없이 파도와 조우한다. 바위들을 자세히 들여다보면 재미있는 여러 형상들이 많아 제법 즐겁다. 청간정은 정철의 「관동별곡」에도 등장한다. 그만큼 정자에서 바라보는 바다 풍경이 진국인 것만은 틀림없는 듯하다. 소나무 숲길 따라 정자로 오르는 길도 여유롭다.

:: 휘몰아치는 푸른 바다와 함께 사람 사는 곳, 속초 시내

영랑호는 신라의 화랑이었던 영랑이 금강산에서 수련을 마치고 돌아가던 중 이 호수에 이르렀다가 호수의 풍경에 반해 무술 대회에 나가는 것도 잊고 오랫동안 머무른 데서 유래한다. 영랑호리조트 주변을 드라이브할 수 있으며, 이른 아침 호수를 따라 산책하기에 적합하다. 타워형 콘도 1층에서는 자전거도 대여해 준다. 영랑호의 상징물이라 할 수 있는 범바위에 올라보는 것도 잊지 말자.

속초의 중심부에는 신년 해돋이 명소로 유명한 영금정과 동명항이 있다. 원래 이곳에 돌산이 있었는데 그 산에 파도가 부딪쳐 내는 소리가 마치 거문고를 뜯는 소리처럼 아름답게 들려 '영금정'이라는 이름이 붙었다. 일제강점기 때 속초항 개발을 위해 돌산을 깨뜨리는 바람에 지금은 넓은 암반이 되었다. 그 후 암반 위로 구름다리를 만들고 정자를 세우니, 이것이 바로 해돋이 정자인 영금정이다. 영금정에서는 살아 움직이는 파도의 장엄한 모습을 마음껏 볼 수 있다.

동명항 횟집타운을 지나면 2006년에 새롭게 단장한 속초등대를 만날 수 있다. 철제 계단이나 나무 데크를 따라 전망대에 오르면 남북으로 길게 이어진 동해안의 해변과 넘실대는 파도가 시야에 가득히 들어오고, 동명항과 청초호의 분주한 풍경도 한껏 펼쳐진다.

::「가을 동화」의 촬영지, 아바이마을

아바이마을은 한국전쟁이 발발하

면서 피난 내려온 북한 지역의 주민들이 하루빨리 고향으로 돌아가기 위해 국군 주둔지 인근인 청초호 바닷가에 살 집을 마련하면서 정착한 피난촌이다. 금세 고향으로 돌아갈 줄 알았던 사람들이 실향의 아픔을 간직한 채 살아가고 있는 곳이다. 청초호를 끼고 있는 아바이마을은 지척인 건너편에 비해 차분하고 소소한 느낌이 가득하다. 아바이마을 끝자락에 자리한 작은 해변도 퍽 운치 있다. 고운 모래가 깔린 해변은 고요하고 적막하다. 그래선지 유난히 해변에 앉아 지긋이 바다를 바라보는 사람들이 적지 않다.

아바이마을의 명물은 갯배로, 아바이마을과 속초 시내를 바로 연결해 주는 실질적인 교통수단이다. 출항 시간도 따로 없고 사람이 타는 대로 출발한다. 누가 뭐라 할 것도 없이 쇠줄을 끈다. 갯배를 타는 사람이면 누구든지 선장이 되는 셈이다. 갯배를 타고 건너면 중앙동으로 횟집과 식당이 즐비하게 늘어서 있다. 마음이 동하면 언제든지 갯배를 타고 되돌아오면 된다.

속초 중앙동과 아바이마을을 잇는 갯배

- 설악씨네라마는 측천무후 후원의 높은 정자를 제외하면 대부분 평지여서 쉽게 돌아볼 수 있고, 거동이 어려운 노약자나 장애인은 매표소 앞 관리사무소에서 휠체어를 빌릴 수 있다. 경로우대증이나 장애인등록증을 제시하면 입장료의 50%를 할인해 준다.

- 왕곡마을은 마을 자체가 평탄하여 걸어 다니는 데 불편하지 않지만 휠체어를 대여해 주는 곳은 없다.

- 송지호 철새관망타워는 1층에 노약자와 장애인을 위한 엘리베이터가 설치되어 있어 전망대까지 쉽게 오를 수 있고, 산책로도 나무 데크로 평탄하게 만들어져 있다.

- 천학정의 경우 가파른 계단이 있지만 금세 오를 수 있고, 청간정의 경우 경사가 완만한 돌길로 되어 있어 어렵지 않게 오를 수 있다. 천학정과 청간정 모두 휠체어 대여 공간이 없다.

- 속초등대의 경우 가파른 철제 계단과 나무 데크로 만든 완만한 계단, 두 가지 길 중 하나를 선택하여 오를 수 있다. 전망대에도 엘리베이터가 설치되지 않아 계단을 이용해야 한다. 노약자나 장애인이 오르기는 다소 불편하다.

- 아바이마을은 거의 평탄하여 이동하는 데 큰 무리는 없다. 다만 갯배를 탈 때 주의해야 한다.

드라마「대조영」촬영지인 설악씨네라마

해돋이가 아름다운 천학정

송지호 철새관망타워

여행정보(지역번호 033)

🛏 숙박

미시령 주변의 척산온천지구 내에는 숙박시설이 잘 갖춰져 있다. 설악산 주변에는 설악한화리조트(635-7711), 설악파인리조트(635-5800), 설악코레스코(635-8040), 설악금호리조트(636-8000) 등 콘도와 리조트 시설이 고루 잘 갖춰져 있고, 척산온천휴양텔(636-4000)에서는 불소와 라듐이 다량으로 함유된 강알카리성 단순천으로 세계적으로도 희귀한 온천욕을 겸할 수 있다. 영랑호 주변의 영랑호리조트(633-0001)는 타워형과 별장형으로 나뉘어 있다. 별장형 리조트는 시설이 낙후되긴 했지만, 영랑호와 바로 인접해 있어 고즈넉한 분위기를 만끽할 수 있다. 타워형 리조트 1층에서는 자전거도 대여해 준다. 속초등대 인근에 바다를 바라고 설악비치리조트(02-587-8811), 고성 봉포해변 주변에 켄싱턴리조트(631-7601)도 있다. 고성 천학정 주변에는 나폴리하우스(632-2831)와 시오브하트펜션(633-0557)이 있고, 모두 바다를 향해 있어 멋진 풍경을 감상할 수 있다.

🍴 맛집

학사평 순두부촌 원조김영애할머니순두부(635-9520)에서는 유일한 메뉴인 바닷물로 간수하여 만든 순두부백반이 맛볼 만한데 순두부의 깊은 맛을 느낄 수 있다. 회를 맛있게 먹으려면 유명세로 북적거리는 대포항보다는 동명항, 외옹치항, 장사항 횟집단지를 이용하는 것이 좋다. 동명항 동명활어센터는 지어진 지 얼마 되지 않아 깔끔하다. 동명항 주변에는 횟집단지가 있는데, 특히 대선횟집(635-3364)은 오징어회덮밥이 먹을 만한 데다 창밖으로 파도치는 영금정을 볼 수 있다. 왕곡마을 오봉막국수(633-9238)는 막국수가 유명하다. 아바이마을에서는 아바이순대, 오징어순대, 가자미식혜 등을 맛볼 수

아바이순대와 가자미식혜

있다. 아바이식당(635-5310)에서는 순대를 시키면 가자미식혜가 딸려 나온다. 그 외에 단천식당(632-7828), 다신식당(633-3871)에서도 아바이순대를 맛볼 수 있다.

🎁 쇼핑

아바이마을에서 갯배를 타고 건너편으로 가면 중앙동에 40년 전통의 속초 중앙시장이 있다. 재래시장과 종합 상가가 같이 있고, 신선한 동해산 해산물, 건어물 쇼핑과 함께 회를 직접 즐길 수 있다. 동명항에 있는 속초시 수협수산물직판장에서는 덜마른오징어, 건오징어, 젓갈류 등을 구매할 수 있다(633-1265).

고창읍 도산리 고인돌 마을의 연밭과 고택

{ 누가 언제 찾더라도
멋진 땅
고창 高敞 _허시명

고창은 산과 바다를 끼고 있어 관광자원이 풍성한 곳이다.
매력적인 체험 여행지가 있는가 하면 오래된 사찰도 있고,
판소리가 울려 퍼지는 박물관,
노련한 시인의 운율이 들리는 미당시문학관도 있다.
봄이면 청보리밭 축제가 열리고, 가을이면 중양절 답성놀이가 펼쳐진다.
2,000여 년 전 청동기시대 고인돌이 있고,
100여 년 전 동학혁명군의 흔적이 곳곳에 남아 있다.
누가 언제 찾더라도 볼거리 많고 이야깃거리 많고 먹을거리 많은 동네다.

추천일정

Day 1
- 09:30 서해안고속도로 선운산IC 통과
- 09:30~12:30 선운산IC(22번 국가지원지방도)→선운사→하전마을(063-563-0117) 혹은 만돌마을 바지락 캐기 갯벌체험장(063-561-0705)
- 12:30~13:30 점심식사(갯벌체험장 또는 그 부근에서 바지락탕)
- 13:30~15:00 미당시문학관(063-560-2760) 관람
- 15:30~18:00 구시포해수욕장 해수찜(063-561-3324)
- 18:30~19:00 저녁식사(선운사 입구에서 풍천장어) 후 선운산유스호스텔 숙박(063-561-3333)

Day 2
- 06:30~08:30 기상 후 선운사(063-561-1418) 산책
- 08:30~09:30 세면 후 아침식사(선운사 입구 식당 한식 또는 선운산유스호스텔 식당)
- 10:00~10:30 구수내 동학혁명기념탑 관람
- 11:00~12:00 학원농장 청보리밭(063-564-9897) 산책
- 12:00~13:00 점심식사(학원농장 비빔밥)
- 13:30~15:00 고인돌들꽃학습원(063-561-4809) 관람
- 15:30~17:00 고창 모양성(063-560-2313) 산책, 신재효 고택과 판소리박물관 관람
- 17:00~18:00 고창읍 도산리 고인돌마을 답사
- 18:00 서해안고속도로 고창IC 진입

::첫째, 숙소. 둘째, 음식. 그 다음 관광

3대가 함께 떠나는 여행, 쉬운 일이 아니다. 손자들이 초등학생 정도라면 그나마 한자리에 모이기가 쉽지만, 중고등학생이 되고 나면 서로 시간을 맞추기가 어려워진다. 한국 사회에 장유유서(長幼有序)의 질서가 있는 것 같아도 자식 교육 앞에서는 사상누각이다. 특히 고등학생, 요즈음은 중학교 3학년생이 있는 집안까지 상전은 입시에 쫓기는 학생들이다. 그러다가 손자들이 대학생이 되어 여유가 생기면, 이번에는 부모가 기다려주지 않는다. 그 세월이 그 세월 같아도, 세대는 오고 가는 법이니, 되도록 손자들이 어릴 때 3대가 함께 여행하는 기회를 잡아야 한다.

대가족이 움직이려면 우선 잠자리부터 결정해야 한다. 혹여 몸이 불편한 사람이 있다면, 아예 숙소에서 짐을 풀고 누워 있어도 휴식이 될 만한 곳을 선택하자. 고창에는 고급 숙소가 없지만, 가격이 저렴하고 공간을 넓게 사용할 수 있는 곳이 있다. 고창 군청에서 직접 지어 운영하는, 선운사 앞 선운산유스호스텔이다.

그 다음은 식사다. 여럿이 함께 가는 여행에서, 사실 모두를 만족시키는 음식을 찾기란 쉽지 않다. 여행지에서는 되도록 그 지역 특산물로 요리한 음식을 찾는 게 바람직하다. 고창의 대표 음식은 풍천장어다. 풍천장어집들은 선운사 입구에 밀집해 있다. 현지 주민들은 소금구이를 좋아하는데, 관광객들은 양념구이를 선호하는 편이다.

숙소와 식사 한 끼를 해결했으니 다음은 가족들이 모두 즐길 수 있는 놀이나 체험 거리가 필요하다. 고창은 대규모 바지락 산지다. 조수 간만의 차가 크고 오염원이 적어서 갯벌이 좋다. 소문난 바지락 캐기 체험장으로 하전마을과 만돌마을이 있다. 샤워장과 세족장이 구비되어 있고, 호미를 빌려주며, 경운기로 갯벌까지 태워도 주니 남녀노소가 즐길 수 있다. 체험비는 어린이는 7,000원, 어른은 1만 원인데, 체험비를 웃도는 싱싱한 바지락을 캐서, 체험장으로 돌아와 직접 조개구이나 바지락탕을 요리해 먹을 수도 있다. 갯벌체험장은 비가 오나 눈이 오나 운영하지만, 물때를 살펴 썰물 때라야 멀리까지 나가 바지락을 캘 수 있다.

:: 오래 머물고 싶은 고창

선운사에서 가까운 선운리 마을에 미당시문학관이 있다. 미당 서정주 시인이 다닌 초등학교가 폐교된 뒤에, 건축가 김원 씨가 리모델링하여 만든 문학관이다. 미당시문학관에서는 질마재 신화를 들을 수 있고, 시인이 사용했던 책상과 만년필도 볼 수 있다. 미래를 꿈꾸기 시작하는 아이들에게는 이런 이야기도 건네줄 수 있는 곳이다. "우리말을 다듬는 훌륭한 시인이 되거라. 우리 땅과 우리 마음에 솔직한 시인이 되거라. 그러면 역사가 네 이름을 기억해 줄 것이다."

언제든지 고창에 가도 좋다고 말하는 것은 철마다 어울리는 관광자원이 풍성하기 때문이다. 봄이면 선운사 동백꽃이 아름답다. 3~4월까지 볼 수 있으니 '춘백'이라 불러야 맞을 것 같다. 선운사 대웅전의 뒷산 동백꽃을 올려다보는 것도 좋지만, 선운사 서쪽 담장 밖으로 난 산길로 접어들면 동백숲을 가까이에서 감상할 수 있다.

근래에 추가된 선운사를 찾는 즐거움 중 하나로, 대웅전 앞의 만세루에서 마시는 차 한 잔이다. 보물 창고처럼 굳게 닫혀 있던 만세루가 개방되면서 생겨난 변화다. 선운사 서쪽의 숲속 부도밭에 있던, 추사 김정희가 글을 쓴 백파선사 부도비는 선운사 성보박물관으로 옮겨져 있다. 성보박물관은 선운사의 동쪽에 있다.

고창의 가을은 9월 중순 꽃무릇으로 시작하여, 음력 9월 9일 중양절 고창 모양성의 답성놀이에서 절정에 달했다가, 11월 초순의 단풍으로 끝을 맺는다. 중양절은 주민들이 열성적으로 참여하는, 심 봉사 황성잔치 같은 축제다. 원래 이날은 높은 곳에 올라 국화주 한잔 마시는 날인데, 고창에서는 복분자주로 대체해야 될 것 같다. 이날 고창 모양성을 한 바퀴 돌면 다릿병이 낫고, 두 바퀴 돌면 무병장수하고, 세 바퀴 돌면 극락왕생한다는 전승담이 있다. 또 하나 미당시문학관이 있는 선운리에서는 늦가을에 국화축제가 열린다.

:: 고창의 자연유산과 문화유산

고창군 공음면 학원농장에서는 4월 중순부터 5월 중순 사이에 청보리밭축제가 벌어진다. 농촌 경관을 관광자원으로 발굴한 모범 사례로 손꼽힌다. 청보리밭축제가 벌어질 때는 다양한 보리 식품과 상품도 함께 선보인다. 여름에는 해바라기 꽃밭이 펼쳐지고 초가을에는 메밀 꽃밭이 언덕을 덮는다. 단체여행객들도, 사진작가들도 많이 찾아오는 곳이다.

한여름이 오기 전인 6월 중순이면 고창에서는 복분자 수확으로 일손이 바빠진

중양절, 고창 모양성에서 답성놀이를 하는 주민들

다. 요강을 뒤집을 정도로 신장에 좋다는 복분자를 대중화한 동네가 고창이다. 고창 군청에서는 '선연'이라는 복분자 브랜드를 만들어 고창 복분자를 원료로 하는 제품에 사용하도록 하고 있다.

고창 학원농장의 해바라기와 메밀

이틀 일정으로 고창을 찾아, 첫날에는 선운사를 중심으로 돌아다녔다면, 이튿날에는 선운사에서 고창읍을 향하면서 여러 명소들을 들러볼 만하다. 22번 국도를 따라 영광 쪽으로 가다 보면 구수내 동학농민혁명발상지가 나온다. 구수내는 '아홉 계곡에서 흘러내린 냇물이 만든 모래사장이 있는 동네'라 하여 붙여진 지명인데, 이곳에서 농민들이 집결하고 혁명의 불씨를 키웠다.

공음면 학원농장에서는 농장의 구릉지를 배경으로 가족사진을 찍기에 좋은데, 학원농장 말고 고창읍 덕정리의 고인돌들꽃학습원도 사진 찍기 좋다. 고인돌들꽃학습원은 폐교한 초등학교 운동장을 꽃밭으로 조성하고, 교실을 식물원으로 만들어놓았다. 이곳에서는 분재와 화분도 판매한다.

고창의 고인돌은 세계문화유산으로 지정됐는데, 대략 85개소에 2,000여 기의 고인돌이 있다. 고창읍 죽림리와 아산면 상갑리에 고인돌공원이 있고, 고창읍 도산리에 고인돌마을이 있다. 고인돌마을에는 김정회 고택과 연꽃 방죽도 있어 고향 마을처럼 편안하게 돌아볼 수 있다.

- 고창에는 주민들을 위한 노인병원은 있지만, 장애인을 위한 관광지 여건 조성은 미흡한 실정이다. 구수내 동학농민혁명발상지의 화장실을 휠체어로도 쉽게 들어갈 수 있도록 만들어놓은 정도가 눈에 띈다.

- 선운산유스호스텔은 미리 예약해야 하는데 여름철이면 더욱 서둘러야 한다. 가격보다 분위기를 따진다면, 선운사 주차장 앞쪽 산자락에 자리 잡은 펜션 '산사의 아침'이나 주변 펜션을 이용해도 좋다. 펜션을 이용할 때는 인터넷 정보를 참조하여 미리 가격과 분위기를 확인하길 바란다.

- 고창 모양성의 성벽 둘레는 1,684m이다. 성벽을 따라 모양성을 돌아보면 고창 읍내의 주변 경치를 살피기에는 좋지만, 다리가 불편한 사람은 성벽을 걷는 것보다 성안의 평지를 가볍게 돌아보는 편이 좋다. 모양성 앞에는 신재효 고택이 있다. 울타리 안에 시냇물을 끌어들여 사랑채 마루 밑을 통과해 연못으로 흘러들게 하는 독특한 구조를 지닌 초가집으로, 방 안에는 신재효가 후학들을 가르치는 모습이 인형으로 재현되어 있다. 신재효 고택 옆에는 고창 판소리박물관이 있다. 판소리박물관 다목적실에는 이 고장 출신인 명창 김소희의 유품과 음반들이 전시되어 있다.

- 학원농장은 봄에는 청보리밭이, 초가을에는 메밀밭이 펼쳐진다. 농장 안에 식당이 있어서 보리 음식을 맛볼 수 있고 보리 상품도 살 수 있다. 부모님과 함께 가면 보릿고개 이야기도 들을 수 있을 것이다.

- 구시포해수욕장에는 해수 찜질방이 있는데, 부모님과 함께하면 여행의 만족도를 높일 수 있을 것이다.

여행정보(지역번호 063)

 숙박

고창 군청에서 운영하는 선운산유스호스텔(561-3333)은 선운사 앞 공원에 있다. 선운산관광호텔(561-3377)은 2인 1실로 되어 있으며 숙박 비용은 5만 원이다. 펜션 산사의아침(562-6868)은 선운사 주차장 앞에 있으며 양실, 한실, 복층 등 다양한 방이 있다. 아산면 삼인리에 있는 펜션 선운사의추억(561-2777)은 한옥 6실, 원룸 6실을 갖추고 있다. 펜션 선운사산노을(561-1561)은 부안면 선운리 미당시문학관 뒤편에 있는데 유리벽 밖으로 주변 경관을 완상할 수 있다.

맛집

선운사 입구의 인천강은 풍천장어가 많이 잡히던 곳이며, 인천강 주변으로 장어 양식장도 많다. 선운사 입구의 장어 음식점으로는 산솔식당(561-3287), 산장회관(563-3434), 신덕식당(564-1533), 참조은집풍천장어(562-3322) 등이 있다. 구시포해수욕장에 위치한 용궁횟집(562-0031)은 생선회를 깔끔하게 내놓고, 고창읍의 다은회관(564-6543)은 아구탕이 맛있다.

쇼핑

- **고창 농특산품 판매장** : 관광객이 많이 찾는 선운사 매표소 앞(561-3443)과 고창읍성 앞(561-0222)에 있다.
- **복분자주** : 고창은 가히 복분자의 메카다. 복분자를 가장 일찍 재배하기 시작했고, 재배량도 전국의 50%를 차지하고 있으며, 복분자 연구소도 있다. 복분자 제조장으로 선운산복분자주 흥진(561-0209), 고창고인돌복분자주(562-2008), 국순당고창명주(564-9800), 선운산해풍복분자주(563-7756), 고창명산품복분자주(561-2031) 등이 있다.
- **풍천장어** : 고창의 풍천장어가 유명해진 것은 고창 인근 바다의 염도가 높고 오염되지 않아 장어의 육질이 좋고 담백하기 때문이다. 고창영어조합법인(561-2244), 참바다영어조합법인(564-0880)에서 구입할 수 있다.

복분자

미륵산에서 내려다본 통영 시가지

{ 풍경과 예술이 만나는
한려수도를 품에 안다

통영 統營 _유철상

한려수도를 품에 안고 달린다.
통영은 '충무'라 불리던 육지와 두 개의 다리로 연결된 섬 미륵도,
그리고 크고 작은 150여 개의 섬을 대표한다.
육지와 섬과 한려수도가 어우러져
오감을 충족하는 비경을 만들어내는 통영은
언제 찾아도 아름다운 여행지다.
통영항이 중심인 통영 시내는 인공미 속에서도 번잡한 사람 냄새가 나고,
미륵도는 때 묻지 않은 섬으로 남아 있다.
영혼을 꽃피웠던 예술가들의 흔적을 느끼는 것도 통영 여행의 매력이다.

추천일정

Day 1
09:00~12:00 통영대전고속도로 통영IC→14번 국도를 타고 통영 시내 도착
12:00~13:00 중앙동에서 점심식사(해물탕, 충무김밥)
14:00~16:00 미륵산케이블카(055-649-3804, 자동차로 갈 경우 67번 지방도를 타고 통영청소년수련관을 지나 '미래가든' 맞은편으로 난 산길을 따라 2km 정도 올라가면 미래사) 등산
16:00~17:30 산양일주도로 드라이브
18:00~19:00 달아공원(관해정에서 한려수도 감상)
19:00~19:40 해저터널(관람 후 통영여객선터미널 먹자골으로 이동)
20:00~21:00 저녁식사(활어회)
21:00 충무마리나리조트(055-640-8180) 숙박

Day 2
08:30~09:30 아침식사(굴밥)
10:00~10:30 통영항에서 한산도 제승당행 여객선 승선
11:00~12:30 제승당(055-645-3229)과 충렬사(055-645-3229) 답사
12:30~14:30 통영항으로 이동, 점심식사(통영여객선터미널 주변의 음식점, 하모회)
14:30~15:30 세병관(055-640-5365) 답사
15:30~16:40 남망산조각공원 산책 후 청마문학관 관람
17:00 14번 국도→통영대전고속도로 통영IC 진입

:: 보석이 부럽지 않은 한려수도의 비경, 미래사

통영 앞바다에 뿌려진 섬만 150여 개. 미륵산 정상에 오르면 바다에 뿌려진 이 섬들과 섬들을 품은 바다의 비경을 마주할 수 있다. 해발 461m로 그다지 높은 산은 아니지만 풍광은 아름답다 못해 화려하다. 산양면 해안일주도로 내에 있는 미래사는 대웅전 아래쪽에서 삼나무 오솔길을 따라 150m쯤 걷다 보면 절벽 끝에 선 미륵 부처가 봄꽃을 가득 피워낸 다도해를 바라보고 있다. 발아래 펼쳐진 핏빛 동백꽃 바람이 푸른 바다와 어우러지면 눈물이 날 만큼 가슴 시린 풍경에 자리를 뜰 수가 없다.

미륵산을 오르는 데는 넉넉잡아 30분이면 된다. 용화사에서 오르든 미래사에서 오르든 가볍게 오를 수 있다. 미륵산 정상에서 내려다보는 바다는 한마디로 장관이다. 마치 누군가 섬을 바다 위에 흩뿌려놓은 듯하다. 동쪽으로는 통영 시내가 한눈에 보이고 그 뒤로 한산도, 추봉도, 용초도가 머리를 맞대고 있다. 남쪽으로는 비진도, 연대도, 저도, 송도, 연화도, 욕지도가 손에 잡힐 듯 가깝다.

미륵산 정상에서 내려다보는 다도해 풍광은 사람의 마음을 여유롭게 한다. 파란 거울처럼 잔잔한 수면 위에 떠 있는 섬들은 마치 수묵화의 점처럼 인상적이다. 올망졸망한 섬들을 둘러싼 물안개로 인해 더욱 아름답게 느껴진다. 다도해의 아침 공기는 상쾌하여 기분이 절로 좋아진다. 바다와 섬들은 그림처럼 펼쳐져 있다. 미륵산 정상에 서면 구름처럼 세상을 떠돌며 묻혀온 희로애락의 번뇌가 한꺼번에 사라지는 기분이 든다. 산행이 부담스러운 노인이나 장애인은 미륵산케이블카를 이용하는 것도 좋다.

:: 노을 전망 포인트, 산양일주도로와 달아공원

미륵도는 때 묻지 않은 섬이다. 한려수도의 풍경은 해안 드라이브의 감성 만족을 부추긴다. 통영 사

달아공원에서 바라본 일몰 풍경

람들이 꿈길이라 부르는 산양일주도로는 통영대교 인근에서 시작하여 달아공원에서 절정을 이룬다. 해 질 무렵 달아공원에 서면 금빛 물결 위로 한려수도의 섬들이 바다에 점을 찍는다.

　달아공원은 멋진 일몰을 구경할 수 있는 곳이다. 통영시 남쪽의 미륵도 해안을 일주하는 23km의 산양일주도로 중간에 있다. '달아'라는 이름은 '달구경하기 좋은 곳'이라는 뜻으로도 쓰인다. 통영 시민들은 보통 '달애'라고 부른다. 달아공원 입구 도로변에 마련된 주차장에 주차하고 5분 정도 올라가면 관해정이 나온다. 정자 그늘 아래에 앉아 여유롭게 바다를 내려다볼 수 있는 전망 포인트다. 관해정을 내려서서 바다 쪽으로 조금 더 나가면 그야말로 땅끝에 선 기분이 든다. 이름 없는 작은 바위섬에서 대장도, 소장도, 재도, 저도, 송도, 학림도, 곤리도, 연대도, 만지도, 오곡도, 추도, 그리고 멀리 욕지도까지 수십 개의 섬들이 한눈에 들어온다. 특히 달아공원 한려수도가 한눈에 펼쳐져 석양 무렵에 아름답다.

:: 통영을 세상에 알리고 꽃피운 예술가들, 남망산공원

시인 유치환과 김춘수, 작곡가 윤이상, 화가 전혁림 등 통영이라는 작은 항구 도시가 낳은 예술인들은 북두칠성처럼 또렷하다. 그들의 감수성을 자극한 통영항의 구석구석을 한눈에 살필 수 있는 곳이 남망산공원이다. 정상이라고 해봐야 낮은 언덕이지만, 이 작은 동산의 허리를 감아 도는 산책로를 돌아 나오면 어느덧 통영의 뿌리 깊은 문화의 향기에 취한다.

김춘수 시인은 통영이 "내 시의 뉘앙스가 되고 있다"고 말했고, 윤이상은 미륵도를 "우주의 소리를 들은 곳"이라고 표현했다. 소설가 박경리, 시조 시인 김상옥의 고향도 통영이다. 화가 이중섭도 한때 통영에 머물면서 「통영 풍경」, 「복사꽃 핀 마을」 등을 그렸다.

청마거리는 청마 유치환과 정운 이영도의 애틋한 러브 스토리가 스민 곳이다.

충무마리나리조트에서 바라본 통영항과 남망산공원

유치환은 통영우체국 "에메랄드빛 하늘이 환히 내다뵈는 우체국 창문 앞"에서 이영도에게 연서를 썼다. 이영도 시인에게 띄운 연시는 대부분 이곳에서 탄생했다니 가슴 졸이는 사랑 이야기는 청마거리를 걸으며 상상하는 이들에게 한 편의 영화처럼 다가온다. 통영우체국 옆에 유치환의 아내 권재순 씨가 운영하던 충무교회의 문화유치원도 그대로 남아 있다.

:: 이순신 장군의 자취를 따라가다

'통영'은 '수군통제영(水軍統制營)'에서 나온 지명이다. 충청과 전라, 경상의 수군을 통제했던 곳으로, 17세기 초에는 수군이 3만 6,000명, 병선도 550여 척이나 됐다. 1593년 삼도수군통제사로 재임명된 이순신은 한산도에 통제영 본영을 설치했다. 지금 한산도의 제승당은 이순신이 막료 장수들과 작전 회의를 한 운주당이 있던 곳이다. 후에 통제영 본영은 두룡포로 옮겨지는데, 지금의 세병관이다. '세병(洗兵)'은 '은하수를 끌어와 갑옷과 병기를 닦는다'는 의미를 품고 있다. 세병관 입구에 있는 지과문의 '지과(止戈)'는 '창을 거둔다'는 뜻으로 전쟁을 끝낸다는 의미를 담고 있다.

해가 저물 무렵이면 통영운하가 환해진다. 무지개 모양의 통영대교가 운하를 가르는데 해가 지면 다리 위에 오색 조명이 들어온다. 육지와 미륵도 사이를 흐르는 운하의 좁은 수로와 그 위에 걸린 충무교, 통영대교, 두 다리가 연출하는 이국적인 밤 풍경은 아무리 바라봐도 질리지 않는다. 통영대교 아래에 있는, 역시 일제강점기에 만들어진 동양 최초의 해저터널도 건너본다. 길이 483m, 너비 5m, 높이 3.5m 규모로 15분 정도 걸으면 미륵도에 도착할 수 있다. 바다 밑을 건너는 재미가 꽤 쏠쏠하다.

- 미륵산 정상에 올라 한려수도를 보고 싶다면 미륵산케이블카를 이용하면 된다. 왕복 8,000원(어린이 4,500원)이면 노인이나 장애인도 케이블카를 타고 미륵산 정상에 설 수 있다. 정상의 산책용 데크를 따라 걸으면서 아름다운 바다를 감상할 수 있다.

- 어른들을 위한 별미 코스를 원한다면 통영여객선터미널 주변에 있는 다찌집(실비집)을 찾아보자. 저렴한 가격으로 신선한 바다의 맛을 포식할 수 있다.

- 세병관은 충무공 이순신의 전공을 기념하기 위하여 세운 통제사영의 객사로 단순하고 견고한 것이 특징이다. 세병관의 드넓은 마루에 앉으면 통영 시내가 한눈에 내려다보인다. 세병관 주차장에서 세병관으로 오르는 길이 좋아 다리가 불편한 노인과 장애인도 충분히 오를 수 있다. 이곳에서 내려다보는 통영 시가지 전경이 일품이다.

- 통영 하면 곧바로 이순신 장군이 떠오른다. 드라마 「불멸의 이순신」을 좋아하는 사람이라면 통영 여행에서 더욱 빠뜨릴 수 없는 곳이 바로 충렬사다. 충무공 이순신의 위훈을 기리는 사당으로 통영에서 가장 오래된 역사 유적이다. 계단이 있지만 길지 않아 노인과 장애인도 충분히 관람할 수 있다.

- 통영 여행은 해수탕이나 탄산온천에서 마무리하면 좋다. 통영여객선터미널 인근에 24시간 찜질방을 겸한 해수탕인 해수랜드(055-645-5800)가 있다. 이곳은 DVD영상실, 마사지실, 수면실, 헬스장, 찻집 등 다양한 편의시설을 갖추고 있어 편리하다. 통영이 볼거리가 많아 시간이 부족해도 노인과 장애인은 해수탕에서 여독을 풀길 강력 추천한다.

- 충무마리나리조트의 요트 세일링도 색다른 경험이 될 것이다. 럭셔리한 레저의 대명사로 여겨지던 요트가 체험 레포츠로 대중화되면서 저렴한 비용으로 즐길 수 있다(요트 안내소 055-640-8180). 안전장치가 마련되어 있어 노인과 장애인도 충분히 요트를 탈 수 있다.

충렬사

아름다운 목조건물 세병관

여행정보(지역번호 055)

🛏 숙박

충무마리나리조트(646-7001)는 도남관광지에 있다. 통영항과 다도해를 품에 안고 잠들 수 있는 곳으로 15층 규모의 콘도와 수영, 헬스, 스쿼시 등을 즐길 수 있는 스포츠 센터가 있다. 객실에서는 일출을 볼 수 있으며, 요트 계류장에서는 낭만적인 요트 체험 여행도 떠날 수 있다. 카리브콘도모텔(644-4070)은 충무마리나리조트 건너편에 있는데 최근에 개장하여 깨끗하다. 객실마다 베란다가 딸려 있어 통영항을 바라보는 전망이 좋다.

🍴 맛집

통영여객선터미널 인근 중앙동에 60년 전통의 충무김밥골목이 있어 원조를 맛볼 수 있다. 통영 사람들이 제일 맛있는 집으로 추천하는 곳은 한일김밥(645-2647)이다. 신선한 재료로 만든 충무김밥과 딱 어울리는 된장시래기국이 아주 맛있다. 원조집인 뚱보할매김밥(645-2619)도 맛있다. 통영대교 아래에 있는 해원횟집(648-2580)은 회도 신선하고 전망도 좋다. 서호시장 안에 있는 풍만식당(641-6037)은 맛있는 복국을 내오는데 아침 해장국으로 그만이다. 통영에서 굴 요리를 제대로 맛보려면 굴 전문 식당인 향토집(645-4808)에 가야 한다. 굴전, 굴돌솥밥, 굴죽 등 굴 요리를 맛있게 먹을 수 있다. 통영 토박이들이 이용하는 명물이자 해산물을 저렴하게 먹을 수 있는 곳은 '다찌집'들이다. 소주 한 병이 1만 원이지만 제철 활어회와 해삼, 전복, 우렁쉥이, 갈치구이 등 안주를 무료로 마음껏 먹을 수 있다. 동호항과 항남동 일대에 밀집해 있으며, 음식점 간판에 '다찌'라는 말이 들어 있다. 고단백 스태미나 음식으로 손꼽히는 돌장어 요리(하모회무침)도 별미인데 새풍화식당(645-9214)이 원조다.

굴밥

🎁 쇼핑

■ 굴 : 통영은 전국에서 굴이 가장 많이 생산되는 굴 주산지다. 굴수협(645-4511)이 주최하여 굴축제도 열리는데 굴 요리를 시식할 수 있으며 즉석에서 굴을 살 수도 있다. 구입한 굴은 아이스박스에 담아주고 택배 배송도 가능하다(통영 시청 문화관광과 645-0101).

통영의 특산품, 굴

섬진강 변의 아름다운 벚꽃 터널

{ 섬진강 줄기 따라 펼쳐진
무릉도원
하동 河東 _송일봉

섬진강 물줄기가 끝나는 곳에 터를 잡은 '백사청송의 고장' 하동.
맑고 깨끗한 섬진강만큼 순박하고 마음씨 좋은 사람들이 살아가는 고장이다.
하동 곳곳에는 명산 지리산을 비롯해 화개마을, 쌍계사, 평사리, 청학동 등
그 이름만 들어도 귀가 솔깃해지는 명소들이 여기저기 산재해 있다.
가는 곳마다 미각을 자극하는 먹을거리도 많다.
어렵게 시간을 내서 떠나는 여행길.
그 여행이 어르신을 모시고 가는 길이라면 더욱 보람이 있을 것이다.
도로 사정이 원활하고 풍광도 아름다워
온 가족이 함께 여유로운 여행을 즐길 수 있다.

추천일정

Day 1

- 10:00 남해고속도로 하동IC 통과
- 10:00~10:40 하동읍(19번 국도)을 거쳐 평사리 최참판댁 매표소 도착
- 10:40~12:00 평사리 최참판댁 관람
- 12:00~12:40 화개마을(19번 국도)을 거쳐 쌍계사 입구로 이동
- 12:40~13:30 점심식사(영양돌솥밥)
- 13:30~13:40 하동차문화센터(055-880-2838) 도착
- 13:40~15:00 하동 야생차 시음
- 15:00~15:20 쌍계사(055-883-1901) 매표소 도착
- 15:20~17:00 쌍계사 답사
- 17:00~17:20 쌍계사(1023번 지방도)→화개장터 도착
- 17:20~18:00 화개장터 구경
- 18:00~19:30 화개마을에서 저녁식사(은어회, 은어튀김, 은어구이)

Day 2

- 06:30~08:00 기상 후 화개 십리벚꽃길 산책
- 08:00~09:30 세면 후 아침식사(참게탕)
- 09:30~10:00 화개마을(861번 지방도)→청매실농원(061-772-4406) 도착
- 10:00~11:30 청매실농원 산책
- 11:30~13:00 청매실농원(861번 지방도)→하동읍으로 이동하여 점심식사(재첩국)
- 13:00~14:00 하동읍(2번 국도, 1003번 지방도)→청학동 도인촌 도착
- 14:00~15:00 도인촌 답사
- 15:00~15:10 삼성궁 도착
- 15:10~16:30 삼성궁 답사
- 16:30 삼성궁→삼신봉 터널→산청군 시천면 소재지(20번 국도) 경유하여 통영대전고속도로 단성IC로 진입

::소설『토지』의 무대, 최참판댁

하동읍과 화개마을 중간쯤에 위치한 악양면의 섬진강 변에는 박경리의 소설『토지』의 무대 가운데 하나인 평사리가 있다. 마을 입구의 주차장에서 매표소를 지나 10분가량 오르면『토지』에 등장하는 최참판댁이 나타난다. 주변에는 드라마「토지」를 촬영한 오픈 세트가 있고 최참판댁의 누마루에서는 드넓은 평사리 들판과 섬진강 물줄기가 한눈에 들어온다.

『토지』는 박경리가 1969년에 처음 쓰기 시작하여 1995년에 5부 16권으로 탈고한 대하소설이다. 소설 내용을 근거로 지어진 최참판댁에는 윤씨 부인이 사용했던 안방과 별당채, 행랑채, 초당, 누마루 등이 복원되어 있다. 근처에는 아담한 규모의 평사리문학관이 있으며, 평사리문학관 뒤편의 한옥체험관에서는 숙박도 가능하다.

평사리 최참판댁 누마루

:: 은은한 야생차를 음미해 보는 하동차문화센터

화개마을은 차(茶)의 고장으로 유명하다. 무엇보다 우리나라 차의 시배지(始培地)로서 자존심이 강하다. 옛 기록에 의하면, 신라 흥덕왕 때인 828년 김대렴이 당나라에서 가져온 차의 종자를 왕명에 의해 화개 쌍계사 일대에 심었다. 『삼국사기』(김부식)를 비롯하여 『동국여지승람』(노사신 등), 『동국통감』(서거정 등), 『지봉유설』(이수광), 『동다송』(초의선사), 진감선사대공탑비(최치원) 등에 차에 관한 기록이 나와 있다.

차는 예로부터 바위틈에서 자란 것을 으뜸으로 치는데, 화개마을의 야생차는 대부분 골짜기와 바위틈에서 자라고 있다. 쌍계사 근처의 하동차문화센터에서 은은한 야생차를 무료로 시음할 수 있다. 널리 알려진 차의 효능으로는 항산화 작용, 콜레스테롤 저하, 성인병 예방, 중금속 해독, 세균 감염 억제, 피로 회복 등이 있다.

:: 화개마을과 천년 고찰 쌍계사

지리산 맑은 물과 섬진강이 만나는 곳에 자리 잡고 있는 화개마을. 예로부터 산수가 아름답고 골이 깊은 이곳을 가리켜 선인들은 '화개동천(花開洞天)'이라 불렀다. 화개마을 앞으로는 섬진강이 흐른다. 이 섬진강에 농약 냄새만 맡아도 죽는다는 은어가 산다. 화개마을에서 자연산 은어회를 맛보는 일은 하동 여행에서 빼놓을 수 없는 즐거움이다.

화개마을을 더욱 돋보이게 하는 명소는 신라의 고승 진감선사가 창건했다고 전해지는 고찰 쌍계사다. 쌍계사 대웅전 앞마당에 오래된 비석이 서 있다. 바로 국보 제47호로 지정된 진감선사대공탑비다. 신라 정강왕이 진감선사의 높은 법력과 공덕을 기리기 위해 세운 것인데, 이 비석의 비문은 그 유명한 최치원의 '4산 비문' 중 하나다.

화개마을은 예로부터 지리산 근처 많은 산간 부락들을 잇는 교통의 중심지 역할을 해왔다. 그래선지 지금처럼 온 사방으로 교통이 좋아지기 전에는 장날(끝수 1일, 6일)이 되면 장터가 비좁을 정도로 많은 사람들이 모여들어 커다란 장을 이루었다.

하지만 이제 화개장터는 옛날의 화개장터가 아니다. 우리가 생각하는 옛 장터 풍경은 거의 남아 있지 않다. 그래서 화개장터를 처음 찾아오는 사람들은 대부분 크게 실망한다. '전라도와 경상도 사람들이 만나는 장터'라는 유명세에 비해 너무 작고 초라하기 때문이다. 이에 화개 사람들은 명성에 걸맞은 장터를 새로 만들었다. 화개천 건너편에 새롭게 조성된 화개장터에는 대장간, 팔각정, 음식점, 특산물 판매점, 좌판 등이 들어서 있다.

:: 섬진강 최고의 매화꽃 여행지, 청매실농원

하동읍에서 섬진강 건너 전남 광양시 다압면에 있는 청매실농원은 비록 행정구역은 다르지만 하동을 찾은 여행객들이 꼭 들르는 명소다. 청매실농원이 위치한 지역의 본래 행정 지명은 섬진마을이지만 언제부턴가 매화마을이라 불리고 있다. 길가 도로변의 안내판에도 친절하게 '매화마을'이라 쓰여 있다. 매화마을에서는 해마다 3월이 되면 전국 최대 규모의 매화꽃축제가 열린다.

일제강점기인 1930년대부터 백운산 자락에 매화나무를 심기 시작하여 오늘날에 이른 청매실농원은 우리나라에서 가장 유명한 '매화꽃 여행지'로 자리 잡았다. 현재 매화마을에서 볼 수 있는 매화꽃으로는 하얀 백매화, 살짝 푸른빛이 도는 청매화, 복사꽃처럼 연분홍빛이 나는 홍매화 등이 있다. 6월 초순에 수확한 매실로는 매실엑기스를 비롯한 매실원액, 매실환, 매실장아찌, 매실정과, 매실차 등을 만든다.

청매실농원의 매실 명인 홍쌍리 여사

:: 하동의 이색 지대, 청학동

하동에서 가장 이색적인 명소는 지리산 자락에 숨겨져 있는 청학동(청암면 묵계리)이다. 청학동은 10여 년 전만 해도 그리 쉽게 찾아갈 수 있는 곳이 아니었지만, 지금은 도로가 잘 포장되어 있어 수월하게 찾아갈 수 있다. 요즘에는 방학을 이용하여 자녀들의 인성 교육과 예절 교육을 겸한 가족여행지로 크게 각광받고 있다.

청학동은 50여 년의 역사를 지니고 있다. 한국전쟁이 끝나갈 무렵, 한 민족종교의 신도들이 지리산 삼신봉 아래에 집단으로 이주하면서 지금과 같은 도인촌이 형성됐다. 유불선의 교리, 동학, 서학을 합일한 유불선합일갱정유도회의 일부 지도자들이 인간 윤리를 구현할 수 있는 장소로 이곳을 선택한 것이다. '청학도인'이라 불리는 청학동 사람들은 해마다 4월과 8월에 대제(大祭)를 지내며 매일 새벽에 1시간씩 기도를 올린다. '도인'으로서 부끄럼 없는 생활 규범과 문화,

청학동 도인촌 입구

수양 생활 등을 지켜가고 있는 것이다.

지리산 청학동의 도인촌 근처에는 삼성궁이 있다. 삼성궁의 정확한 명칭은 '지리산청학선원배달성전삼성궁'인데, 여기에서 말하는 세 성인은 환인, 환웅, 단군을 가리킨다. 성지 안에는 고조선의 소도를 재현한 수많은 돌탑들이 불규칙하게 세워져 있다. 가장 높은 곳에 위치한 건국전에는 환인, 환웅, 단군이 모셔져 있다.

삼성궁 입구에서 징을 세 번 치면 안에서 도포 차림에 삿갓을 쓴 수자(수행자)가 나와 관람객들을 안내한다. 좁은 통로를 지나면 연못과 돌탑, 특이한 건축물들이 눈앞에 펼쳐진다. 수자에게 간단한 주의 사항과 관람 요령을 들은 후 정해진 코스를 따라 한 바퀴 도는 것으로 삼성궁 답사는 끝난다. 청학동에서 나오는 길에 이곳에서 만든 감잎차를 비롯한 몇몇 특산물을 구입할 수 있다.

Silver Travel Tip

- 하동은 수도권에서 꽤 멀리 떨어져 있지만 동선과 시간을 잘 활용하면 큰 부담 없이 온 가족이 재미있고 유익한 여행을 할 수 있는 곳이다.

- 쌍계사 오르는 길과 청학동의 삼성궁, 도인촌을 제외하면 가파른 길이 없어 오래 걷기가 부담스러운 어르신에게도 안성맞춤이다. 청매실농원과 최참판댁에 7~8분 정도 올라야 하는 오르막길이 있는 정도다.

- 하동 여행은 각각의 여행지마다 계절별로 색다른 감흥을 느낄 수 있다. 화개마을은 벚꽃이 화사하게 피는 4월 초순이 좋고, 청매실농원은 매화꽃이 만개하는 3월 중순 무렵이 좋다. 하동에서 차문화축제가 열리는 5월 하순에는 다양한 공연도 준비되어 있다.

- 쌍계사 입구, 청매실농원, 최참판댁, 하동차문화센터에는 주차 시설이 잘되어 있지만 화개장터는 주차 사정이 그리 좋은 편이 아니다. 화개장터에서 100m쯤 떨어진 주차장이 만차일 경우는 화개천 건너편 둔치에 주차하면 된다. 화개장터축제나 하동차문화축제가 열릴 때는 섬진강 변의 공터를 임시 주차장으로 활용한다.

- 어르신이나 어린 자녀들과 동행하는 여행이라면 공휴일이나 주말을 피하는 것이 도로의 정체에 시달리지 않는 최선책이다. 이것이 어렵다면 조금 일찍 서둘러 다른 여행객들보다 먼저 움직이는 요령이 필요하다.

화개장터

하동차문화센터의 다도체험

청매실농원의 매화밭

여행정보(지역번호 055)

숙박

화개마을과 쌍계사 인근에 바로물가(883-1985), 그랜드모텔(884-3245), 황토방별장(883-7605), 화개랑모텔(883-0485) 등이 있다. 그중에 바로물가는 지리산 자락이 한눈에 들어오는 화개천 변에 자리 잡은 데다 커피전문점을 겸업하여 여유로운 휴식을 취할 수 있다. 청학동 주변에는 조이랜드청학텔(883-8883), 청학동여관(882-4137), OK빌리지(884-2869) 등이 있지만 조이랜드청학텔(162실)을 빼고는 객실이 그리 많지 않은 편이다. 따라서 청학동에서 꼭 숙박을 해야 한다면 민박을 고려하는 것도 좋은 방법이다. 청암면사무소(880-6361)에서 민박집을 소개받을 수 있다. 평사리문학관의 부속 건물인 한옥체험관(011-9311-2495)에서도 숙박할 수 있다.

맛집

쌍계사로 오르는 초입에 있는 쌍계수석원(883-1716)의 주요 메뉴는 돌솥밥이다. 도심이나 유명 관광지에서 먹는 돌솥밥과는 맛과 영양에서 비교가 안 된다. 밑반찬도 깔끔한데 대부분 직접 재배한 재료로 만든다. 화개장터 근처 버들횟집(883-4366)은 자연산 은어를 맛볼 수 있는 음식점이다. 하동읍에 있는 여여식당(884-0080)은 재첩국과 재첩회를 잘한다. 청학동에는 대통밥을 잘하는 자연식당(882-4137)과 산채백반을 잘하는 청옥산장(884-4898)이 있다.

쇼핑

- **녹차** : 지리산 자락의 청정 지역에서 자란 야생 찻잎을 손으로 빚어 전통 수제 녹차를 만든다. 소량만 정성 들여 만드는 최참판가야생차(011-9311-2495)를 비롯하여 화개농협(883-8341), 화개제다(883-2145), 쌍계제다(883-2449) 등 모두 30여 업체에서 고품질의 녹차를 생산한다.
- **하동 배** : 하동은 배의 명산지로 이름이 높다. 섬진강 변에서 재배되는 하동 배는 높은 당도와 연한 육질을 자랑한다. 하동배영농조합(883-9988)에서 구입할 수 있다.
- **재첩** : 오염되지 않은 섬진강에서 채취하는 재첩은 하동에서 빼놓을 수 없는 특산물이자 하동을 대표하는 맛이다. 하동군의 여러 식당에서 재첩국을 맛볼 수 있지만, 진공 포장된 재첩국을 구입하면 가정에서도 진한 국물 맛을 음미할 수 있다. 섬진강물산(883-8886), 섬진강재첩영어조합(883-6996)에서 구입할 수 있다.

다섯 번째 테마

오랜 친구들과
함께 떠나는 단체여행

거제도_김정수　　남양주·가평_이종원　　단양·제천_양영훈
보령_김연미　　청원_문일식　　파주·연천_정철훈

{ 6.25의 생채기 포로체험과
생태 관광이 어우러진 섬

거제도 巨濟島 _김정수

거제도는 우리나라에서 제주도에 이어 두 번째로 큰 섬이지만,
해안선 길이는 386.6km로 제주도보다 길다.
빼어난 해안 절경 덕분에 경남의 중심 관광도시로 부상한 거제도는
다양하지만 상반되는 면면을 함께 숨기고 있다.
한국전쟁 당시 17만 명의 포로들을 수용한 포로수용소가 있었던 곳이기도 하고,
대우조선해양과 삼성중공업 등이 들어선 조선 산업의 메카이기도 하다.
아름다운 해안 절경은 수많은 영화와 드라마의 주요 무대가 되기도 했는데,
신선대와 바람의 언덕 등이 최근 인기 관광지로 떠오르고 있다.

추천일정

Day 1

12:00 통영대전고속도로 통영IC 통과
12:00~13:30 (14번 국도)신거제대교→사등면 소재지→고현읍으로 이동 후 점심식사(멍게비빔밥)
13:30~15:00 거제포로수용소유적공원(055-639-8125) 관람
15:00~16:30 (1018번 지방도)구천삼거리→연담삼거리 지나 거제자연예술랜드(055-633-0002~4) 관람
16:30~17:00 (1018번 지방도)연담삼거리→학동삼거리→(14번 국도)함목삼거리 거쳐 해금강테마박물관(055-632-0670) 입구 도착
17:00~18:00 신선대와 신선대 전망대 주변 산책
18:00~19:00 해금강으로 이동 후 저녁식사(자연산 모듬회)

Day 2

06:30~07:30 기상 후 바람의 언덕 산책
07:30~09:30 세면 후 아침식사 (도미어죽)
09:30~10:30 (14번 국도)함목삼거리→다포삼거리 지나 (1018번 지방도)흑포-여차 해안도로 드라이브→동부삼거리→거제사거리 지나 청마기념관(055-639-8144) 도착
10:30~11:30 청마기념관, 청마 생가, 청마 묘소 관람
11:30~12:30 산방산 비원(055-633-1221) 산책
12:30~14:00 사등성 지나(14번 국도) 고현읍으로 이동 후 점심식사(낙지전골)
14:00~15:30 거제도해수온천(055-638-3000~9)에서 온천욕
15:30~16:00 (14번 국도)사곡삼거리→신거제대교→통영대전고속도로 통영IC 진입

::6.25전쟁의 생채기, 거제포로수용소유적공원

한국전쟁은 가슴 아픈 상처를 많이 남겼는데, 포로수용소가 들어섰던 거제도에는 그 상처가 아직도 고스란히 남아 있다. 거제포로수용소는 한국전쟁 중 UN군에 포로로 사로잡힌 공산군들을 수용한 곳이다. 지금은 포로수용소 건물이 모두 철거되고 경비부대 시설의 잔해가 일부 남아 있다.

주차장에서 분수광장을 지나 매표소에 들어서면 제일 먼저 탱크전시관이 반긴다. 북한군의 남침 선봉에 섰던 소련제 T-34탱크 모형 속으로 들어서면 한국전쟁의 생생한 현장을 만나게 된다. 6.25역사관, 포로생활관, 포로생포관, 여자포로관, 포로설득관 등을 돌아보면서 한국전쟁 당시 포로수용소의 실태를 체험할 수 있다. 포로수용소유적관을 지나면 영화「흑수선」의 촬영장이었던 포로수용소 막사촌이 나오고, 그 아래의 무기전시장에는 한국전쟁에 사용된 각종 무기들이 위용을 자랑하며 전시되어 있다.

:: 파란 바다를 배경으로 신선이 노니는 신선대

신선대는 남부면 갈곶리 도장포마을의 남쪽 바닷가에 자리한 기묘한 형상의 바위로, 수평선을 떠받친 듯 서 있다. 해금강테마박물관 옆 도로변에 차를 세우고 박물관 오른쪽의 산책로를 따라 내려서면 신선대와 만난다. 평탄한 바위 위로 봉우리처럼 우뚝 솟아오른 바위가 여행객들의 시선을 사로잡는다. 또한 바위 위로 소나무들이 자라면서 푸른빛을 발하여 싱그러움이 넘친다. 그 옆에 평탄하게 깔린 바위는 마치 신선들이 앉아서 바둑을 두며 노닐었을 법한 공간이다. 바위 끝에 앉아 낚싯대를 드리우면 그대로 신선이 된다.

해금강테마박물관 앞에서 해금강 방면으로 1분쯤 달리면 신선대 전망대가 세워져 있다. 전망대 위에 서면 다포도, 소다포도, 대병대도, 솔섬, 통영 매물도 등이 그림처럼 펼쳐져 빼어난 전망을 자랑한다. 전망대 바로 아래쪽으로 신선대가 우뚝 솟아 있는 모습이 보이며, 뒤쪽으로 멋진 해안 절경이 이어진다.

:: 바닷바람이 숨을 고르며 쉬어 가는 바람의 언덕

해금강테마박물관 앞 삼거리에서 도장포선착장 방면으로 들어가면 또 다른 비경을 만난다. 도장포선착장 안쪽 끝에서 나무 계단을 올라가면 이국적인 풍경의 초록빛 언덕이 나타난다. 이곳은 몇 해 전까지만 해도 이름 없는 조용한 곳이었으나, 거제에코투어 김영춘 대표가 '바람의 언덕' 이라 이름 붙여 인터넷을 통해 알린 후 유명해져 거제 8경 중 하나로 선정됐다.

바람의 언덕은 한반도의 아래쪽 부분과 다소 비슷한 모양으로 늘어선 바닷가

바람이 쉬어 가는 바람의 언덕

바람의 언덕과 초록색 등대

언덕으로 초록빛 잔디가 자라고 있어 휴식 공간으로 더없이 좋다. 그 이름처럼 거제도 앞바다에서 불어오는 거친 바람이 이 언덕에서 숨을 고르며 잠시 쉬어 간다. 언덕에는 방목된 흑염소들이 한가롭게 풀을 뜯고 있는데 그 모습이 너무나도 여유롭다.

:: 청마 유치환의 발자취를 찾아가는 여정

시인 청마 유치환은 둔덕면 방하리 507-5번지에서 1908년에 태어났다. 유치환이 태어난 생가 앞의 마을 입구에 청마기념관이 들어서 있다. 청마기념관은 2층 건물로, 1층에는 유치환의 고향인 둔덕의 정경을 재현해 놓아 고향의 향수를 느끼게 한다. 유치환의 영상시 20선과 프로젝트 영상, 그래픽 등을 통해 다양한 시도 감상할 수 있다. 2층은 유치환의 생애와 삶을 돌아보는 공간이다. 초고집, 일기장, 친필 원고, 지인들의 편지 등 유품에서 유치환의 인생과 문학 세계를 되돌아볼 수 있다.

청마기념관 건물 부지 왼쪽 바로 옆으로 유치환이 태어난 청마 생가가 1908년 당시 모습으로 복원되어 있다. 정겨운 돌담길을 지나 싸리 대문으로 들어서면 두 채의 초가 뒤를 산방산이 에워싸고 있으며, 앞마당에는 우물이 자리를 잡았다. 우물 뒤로 장독대와 텃밭도 보인다.

유치환의 발자취를 제대로 돌아보려면 청마 묘소에도 다녀와야 한다. 둔덕면 방하리는 유치환의 생(生)과 사(死)가 공존하는 공간이다. 청마기념관에서 마을 앞 농로를 지나 산으로 난 임도를 따라 1.2km쯤 들어가면 청마 묘소가 나온다.

:: 야생화 만발하는 관광 식물원, 산방산 비원

둔덕면 방하리의 산방산 자락 5만여 평의 공간에 자리한 관광 식물원, 산방산 비원(秘園)에 가려면 청마기

넘관에서 산방산 쪽으로 차를 타고 2분을 더 달리면 된다. 산방산 비원은 『거제중앙신문』 김덕훈 회장이 고향을 사랑하는 마음으로 사재(私財) 100억여 원을 투입하여 조성한 곳이다.

옛날에 둔덕골 사람들의 허기를 메워주던 계단식 논에는 이제 1,000여 종의 야생화가 피어나며 천상 화원을 이룬다. 대금산과 함께 산방산은 진달래 명소로 알려진 곳인데, 산방산에 진달래가 만개할 무렵인 4월 초순부터 중순경 산방산 비원은 절정에 이른 아름다움을 뽐낸다.

휴게소와 폴리아나레스토랑, 분재원, 대형 분수대, 아우라작품전시장 등 각종 볼거리와 휴식 공간도 제공하여 실버들의 편안한 여행길을 돕는다.

:: 암반 해수로 여행의 피로를 푸는 거제도해수온천

신현읍 양정리에 자리한 거제도해수온천의 온천수는 지하 800m 깊이의 암반천에서 용솟음치는 국내 유일의 염천수(암반 해수)로, 국가공인기관인 한국지질자원연구원으로부터 뛰어난 성분을 검증받았다. 이 온천수는 약알칼리성 약염천으로 신경통, 동맥경화, 아토피성 피부염, 피부 미용, 류머티즘 관절염, 만성 위장염, 요통, 빈혈에 특효가 있다고 알려졌다.

실내온천에는 온폭포마사지, 버섯폭포탕, 반신욕탕, 각종 사우나 시설 등이 들어서 있다. 여름철에는 야외에서 물놀이를 즐길 수 있는 노천퍼니팍이 있어 더욱 즐겁다. 대형유수풀장, 부분마사지탕, 워터트위스트, 워터봅슬레이, 어린이퍼니팍, 유아풀장에서 시원한 여름을 보낼 수 있다. 거제도해수온천은 찜질방과 가족욕장, 헬스클럽까지 갖춘 종합 온천휴양시설로 온천욕으로 피로를 풀며 여행을 마무리하기에 좋다.

Silver Travel Tip

- 첫날 오전 8시 이전에만 출발한다면 수도권에서도 비교적 여유롭게 즐길 수 있는 1박2일 주말여행 코스다. 거제도 여행의 경유지들은 대부분 다리가 불편한 노약자나 장애인도 자동차를 이용하여 수월하게 찾아갈 수 있다.

- 거제포로수용소유적공원은 탱크전시관 입구에 장애인용 엘리베이터가 있어 경사로에 접근하기가 수월하다. 하지만 이후에 이어지는 경사로는 곡선형이 아니라 계단과 경사도가 같아 혼자 오르기에는 다소 벅차다.

- 거제자연예술랜드는 경사가 거의 없는 평지에 들어서서 노약자나 장애인이 휠체어를 타고 둘러보는 데 문제가 없지만, 15년 전에 지어진 사설 유원지라 장애인 화장실이 없다.

- 신선대는 산책로의 3분의 1 정도만 경사로로 이루어져 있고, 이후에는 계단으로만 접근이 가능하여 휠체어를 이용할 경우에는 원거리에서 조망하는 것으로 만족해야 한다.

- 바람의 언덕에 오르려면 도장포선착장 안쪽 주차장부터 이어져 있는 계단을 올라야 하므로 휠체어 접근이 불가능하다. 대신 신선대 전망대 주변의 도로변에서 바람의 언덕으로 이어지는 산책로를 이용할 수 있다.

- 청마기념관은 건물 입구의 경사로 아래에 장애인 주차장이 있어 건물 앞까지 장애인 차량의 통행을 허용한다.

- 산방산 비원은 경사가 완만하여 노약자와 장애인이 둘러보기에 큰 불편이 없다. 다만 폴리아나레스토랑 위쪽의 수련 연못과 비비추 군락지, 벌개미취 군락지는 계단으로 연결되어 휠체어 접근이 불가능하다.

여행정보(지역번호 055)

숙박

남부면 갈곶리 해금강테마박물관 건너편에 있는 수향펜션(632-8245)은 신선대, 바람의 언덕을 비롯한 주변 바다가 한눈에 들어와 멋진 전망을 자랑한다. 일운면 구조라리 망치삼거리 아래 윤들펜션(681-0521)과, 거제면 소랑리 청마기념관 인근에 자리한 산타모니카펜션(632-1571)도 바닷가 펜션으로 전망과 시설이 좋다. 동부면 구천리 거제자연휴양림(639-8115~6)이나 둔덕면 어구리에 자리한 정보화마을인 어구낚시마을(634-0940)의 민박집을 이용할 수도 있다.

맛집

해금강 앞에 자리 잡은 천년송횟집(632-6210)은 자연산 회만 취급하는 횟집으로 도미어죽, 홍합죽이 별미다. 거제자연휴양림 입구의 산마루(633-5115)는 떡갈비스테이크, 해물된장뚝배기를 맛깔스럽게 내놓는다. 거제포로수용소유적공원 인근의 백만석(638-3300)은 거제도의 향토 음식으로 자리 잡은 멍게비빔밥을 전문으로 하는 식당이다. 계룡산온천 근처에 있는 고랑몰가든(636-0222)에서는 낙지전골과 갈비가 입맛을 사로잡는다.

천년송횟집의 자연산 모둠회

쇼핑

거제포로수용소유적공원 내에 특산품 판매점과 기념품 판매점이 있는데, 이곳에 들르면 선물하기 적당한 상품들이 진열되어 있다.

- **특산품 판매점** : 미역, 다시마, 멸치, 오징어 등 해산물과 상황버섯, 알로에 등 농산물을 구입할 수 있다. 유자된장, 알로에수액, 훈제굴, 멸치액젓, 감식초 등 특산품을 활용한 다양한 가공식품도 선보인다.
- **기념품 판매점** : 디자이너 이경순 씨가 제작한 거제관광문화상품인 다채로운 넥타이가 눈길을 끈다. 2002년 한일월드컵 때 히딩크넥타이, 반기문 사무총장의 독도넥타이, 김명곤 문화관광부장관의 징넥타이도 그의 작품이다. 거제도 맹종죽으로 만든 컵과 찻잔 같은 죽공예품, 거제관광손수건, 생화압화목걸이 등 거제도의 다양한 관광문화상품을 구입할 수 있어 인기가 높다.
- **파인애플** : 거제도는 연중 온난하여 비닐하우스에서 파인애플을 많이 재배하는데, 거제면과 둔덕면 일대 농장의 도로변에 좌판을 펼쳐놓고 파인애플을 판매하는 모습을 쉽게 볼 수 있다.

아침고요수목원 하늘정원의 튤립 꽃밭

{ 하늘 아래 꽃동네에서 펼쳐지는
몽골문화공연

남양주·가평 南楊州·加平_이종원

남양주, 가평 여행은 수도권과 가까워
당일에 꽃 감상, 문화 공연 감상, 답사 등 다양한 일정을 소화할 수 있다.
팔당호를 배경으로 400년 된 느티나무가 거함의 돛처럼 솟아 있는 두물머리는
연인들의 단골 데이트 코스이며, 세미원의 청정 연꽃이 황홀경을 더해준다.
다산유적지에서는 다산 정약용의 생애에,
몽골문화촌에서는 칭기즈칸의 웅혼한 힘과 이국적인 몽골 전통공연에 흠뻑 빠져들 수 있다.
꽃들이 만발한 아침고요수목원에서는 천상의 화원을 거닐어볼 수 있다.
수도권에서 가까워 유류비 부담이 적고 관광버스가 무리 없이 다닐 수 있는 코스이기에
개별여행보다는 단체여행에 더욱 적합하다.

추천일정(당일)

승용차
08:00 서울 출발→올림픽대로→중부고속도로 하남IC→팔당대교(6번 국도)
09:00~09:40 다산유적지(031-590-2481) 답사
09:50~10:30 진중삼거리에서 우회전하여 두물머리, 석창원 연꽃 단지(031-775-1834) 산책
10:30~11:30 양수리(45번 국도, 춘천 방향)→새터삼거리 46번 자동차전용도로→마석IC(387번 지방도) 수동면을 거쳐 몽골문화촌 도착
11:30~12:30 몽골 민속예술공연(031-590-2793) 감상
13:00~14:00 점심식사
14:30~16:30 아침고요수목원(031-584-6702) 산책
16:30 37번 국도 청평 방향→청평검문소 삼거리 우회전→46번 국도 서울 방향

대중교통(버스)
▶다산유적지, 두물머리
09:00 청량리 롯데백화점 앞 2228번 양수리행 시내버스→다산유적지 입구 하차하여 도보 15분
10:30~11:30 다산유적지 답사→2228번 양수리행 시내버스를 타고 종점에서 하차
12:00~13:00 점심식사(양수리 읍내 식당) 후 두물머리까지 도보 15분
13:30~14:30 두물머리와 연꽃단지 산책
15:00~16:30 세미원 탐방→양수리역에서 기차를 타거나 청량리 방향 2228번 탑승

▶몽골문화촌
09:00~11:00 청량리 롯데백화점 앞에서 330-1번 수동행 시내버스 탑승→몽골문화촌 하차
11:00~12:30 몽골 민속예술 공연
12:30~13:30 점심식사(몽골 전통음식)
13:30~14:00 몽골문화촌 겔 구경
14:00~15:30 비금들꽃식물원(031-559-9380) 산책→몽골문화촌 앞 청량리행 330-1번 시내버스 탑승

:: 다산 정약용의 실학 정신을 엿보는 다산유적지

남양주시 조안면 능내리의 다산유적지는 다산 정약용이 태어나서 조선의 개혁을 시도했고 오랜 유배를 마친 후 고향인 이곳으로 돌아와 마지막 숨을 거둔 장소다. 생가, 묘소, 사당, 다산문화관, 다산기념관 등으로 꾸며져 있는데, 생가 입구 현판에 새겨져 있는 '여유당(與猶堂)'은 독서하기에 알맞다고 하여 붙여진 이름이다.

정조의 든든한 후원을 받아 조선의 개혁에 나섰으나 실패하고 40세에 강진으로 유배를 떠났던 정약용은 57세가 되어서야 고향 마현으로 돌아올 수 있었다. 그로부터 75세까지의 여생은 이곳에서 보내면서 『목민심서』, 『경세유표』 같은 대작들을 완성했다. 정약용은 유유히 흐르는 한강을 바라보면서 상처받은 마음을 추스르고 운길산 수종사에 올라 스님과 다담을 나누었을 것이다.

사실 정약용의 집안처럼 불행한 집안이 또 어디 있겠는가. 약전 형님은 흑산도로 귀양 가서 죽고, 약종 형님은 천주교를 믿다가 순교의 칼을 받았으며, 자신은 천 리나 떨어진 남도로 유배를 떠났다. 당시에는 몰락한 집안으로 손가락질을 받았지만 후대의 평가는 달랐다. 정약전은 최고의 어류학자로 칭송받고, 정약종은 천진암 성지에 묻힐 정도로 피의 순교자가 되었으며, 정약용도 우리나라 최고의 실학자가 되었으니 말이다.

:: 두물머리의 뽀얀 물안개 속에서 첫사랑의 추억을 더듬다

두물머리는 '남한강과 북한강, 즉 두 줄기의 물이 합쳐진다'는 의미를 담고 있다. '양수리(兩水里)'라는 무미건조한 이름보다 '두물머리'라고 불러야 그곳의 느낌이 제대로 살아난다. 남녀의 애틋한 만남을 상징하기 때문에 젊은 연인, 신혼부부는 물론 잉꼬처럼 살아온 황혼 부부까지 발길이 끊이지 않는다.

두물머리는 최수종, 이승연, 배용준 등이 열연한 드라마 「첫사랑」의 무대로 등장하면서 유명세를 타기 시작했다. 너른 호수에 이름 모를 작은 섬들이 예쁘게 솟아 있고 바람에 일렁이는 황토 나룻배까지 떠 있어 마치 한 폭의 산수화를 연상케 한다. 수령이 400여 년 된 느티나무가 유난히 눈에 띄는데 높이 30m, 둘레 8m에 이르러 거대한 목선의 돛처럼 보인다. 마을에서 제사를 지내는 '도당 할아버지' 나무 옆에는 '도당 할머니' 나무도 있었지만 팔당댐이 들어서면서 수몰되어 할아버지 나무만 외롭게 서 있다.

남한강과 북한강을 따라 서울로 가는 길목을 지켰던 두물머리. 말을 타고 다니던 시절에는 이곳에서 말에게 죽을 먹이고 사람은 느티나무 아래에서 쉬어 갔다고 한다. 말과 사람이 쉬어 가는 곳이라고 하여 '말죽거리'로 불리기도 했다. 전설에 의하면, 이곳 느티나무 아래로 말을 타고 지나가면 말발굽이 떨어지지 않아 누구나 말에서 내려 공손하게 절했다고 하는데, 자연을 아끼는 선조들의 미

두물머리의 석창원 연꽃 단지

덕을 엿볼 수 있다. 느티나무 아래에는 북두칠성을 의미하는 성혈(바위 표면에 홈처럼 팬 구멍)이 새겨진 고인돌이 서 있다.

:: 칭기즈칸의 웅혼함이 빛나는 몽골문화촌

남양주 몽골문화촌은 800년 전 세계를 정복했던 몽골족 칭기즈칸의 웅혼한 기상을 느낄 수 있는 곳이다. 몽골인들의 이동 가옥인 겔 모양의 문화전시관은 몽골에서 직접 가져온 장신구 및 생활 도구, 주방 용품, 부족 의상, 무속신앙 용품과 악기 등 몽골의 생활 습관과 민속을 배울 수 있는 장소다(2008년 12월까지 공사). 몽골 집인 겔이 10동 있는데 전시장 겔 1채와 주거용 겔 7채, 마차형 겔 2채가 있다.

몽골문화촌의 하이라이트는 몽골 민속예술공연이다. 탈춤, 피리·해금 연주, 전통 무용, 마술과 서커스까지 1시간이 금방 지나간다. 특히 우리네 판소리처럼

몽골 전통무용

몽골의 마두금 연주

유네스코 세계무형문화유산으로 지정된 허미 소리는 초원을 달리는 몽고인의 웅대함을 느끼기에 충분하다. 목과 배의 힘으로 소리를 내는데 세계 어디에서도 들을 수 없는 독특한 창법을 지니고 있다. 관객 사이로 들어가 서툰 발음으로 한국가요를 열창한 몽골 가수는 뜨거운 박수를 받는다. 몽골말을 타고 운동장을 한 바퀴 도는 승마체험장은 특히 아이들이 좋아한다.

몽골문화촌 바로 앞에는 비금들꽃식물원이 있는데, 야생화만 31개 테마로 꾸며놓은 식물원이다. 인근 비금계곡은 울창한 숲속에 맑은 물이 흘러 여름 피서지로 손색없으며 내방 2리의 고로쇠마을에서는 3월부터 고로쇠 수액은 물론 취나물, 표고, 더덕 등 몸에 좋은 산나물을 구입할 수 있다.

:: 하늘 아래 꽃동네, 아침고요수목원

'조선(朝鮮)'을 우리말로 바꾸면 '아침 고요'다. 인도의 시성(詩聖) 타고르가 이야기했던 '고요한 아침의 나라'를 꿈꾸며 만든 정원이 바로 가평에 있는 '아침고요수목원'이다.

아침고요수목원의 제일 꼭대기에 있는 하늘정원은 이름 그대로 하늘에서나 만나볼 만한 기막힌 경치가 펼쳐진다. 봄날 튤립과 수선화가 스타처럼 생을 살다가, 여름에는 백합과 보랏빛 맥문동이 바통을 이어받고, 가을로 넘어서면 벌개미취 군락이 꽃물을 엎지른 것처럼 시원스레 펼쳐진다.

하경(下景)정원은 아침고요수목원의 심장 같은 곳이다. 이름 그대로 전망대에서 내려다봐야 하경정원의 아름다움을 제대로 감상할 수 있는데, '통일'을 상징하는 한반도 모양으로 꾸며진 것이 이채롭다. 한국정원은 양반집 대가, 초가삼간, 부잣집 농가로 이루어진 작은 민속촌과도 같다. 특히 대갓집을 배경 삼아 피는 매화가 볼만하며, 초가집을 둘러싸고 흐드러지게 피는 야생화는 푸근한 정을 더해준다.

Silver Travel Tip

- 꽃길 여정과 문화 공연으로 여행 코스가 꾸며져 노인회, 동창회 등의 단체 여행에 적합하다. 다산유적지는 사전에 예약하면 문화유산해설사의 설명을 들을 수 있다. 두물머리의 세미원은 최소한 하루 전에 인터넷으로 예약해야 한다(www.semiwon.or.kr). 몽골문화공연을 실감 나게 보려면 맨 앞줄에 앉는 것이 좋다. 단체 여행시 아침고요수목원에서는 2시간 정도 자유 시간을 주는 것이 좋다.

- 남양주, 가평 지역은 수도권에서 가까워 시내버스와 기차를 이용할 수 있다. 두물머리에 가려면 청량리에서 2228번, 강변역에서 2000-1번, 몽골문화촌에 가려면 청량리역 앞에서 330-1번을 타면 된다.

- 노인과 장애인은 입장료가 면제되거나 할인되기 때문에 저렴하게 여행할 수 있다. 두물머리와 다산유적지의 경우 입장료가 없고, 몽골문화촌 민속예술공연은 만 65세 이상 노인과 장애인의 입장료가 면제되며, 아침고요수목원도 노인과 장애인에게는 성수기 요금 6,000원에서 2,000원을 할인해 주며 장애인을 위한 휠체어가 준비되어 있다.

- 두물머리의 경우, 양수리공영주차장에 주차하고 '도당 할아버지' 느티나무가 있는 두물머리까지 강변을 따라 산책하자. 왕복 20분쯤 걸리는데 석창원 연꽃 단지가 있어 지루함을 느낄 틈이 없다. 이 산책 코스마저 힘들다면 두물머리 앞 느티나무주차장을 이용하면 된다.

다산 정약용의 복원생가

두물머리 가는 산책길

아침고요수목원의 전나무 숲길

여행정보(지역번호 031)

🛏 숙박
아침고요수목원, 꽃무지풀무지야생수목원 근처 청평풍림콘도(584-9380)는 여름이 되면 실외수영장을 개방하며 어르신들이 좋아하는 유황광천 사우나를 갖추고 있다. 가평 읍내에 있는 가평관광호텔(581-0505)은 남이섬과 용추폭포에 접근하는 데 용이하며 가평 5일장을 돌아볼 수 있다. 가평베네스트골프장 근처 대통령(585-2081)은 개울을 따라 방갈로가 이어져 있는데 물놀이를 하기에 좋다. 가평읍 대곡리 크라시모텔(581-7766)은 한실과 가족실을 갖추고 있다.

🍴 맛집
다산유적지 부근의 기와집순두부(576-9009)는 즉석에서 떠주는 순두부 맛으로 명성이 자자하다. 조안면 송촌리 45번 국도변 개성집(576-6497)은 오이소박이 냉국수로 유명하며 북한식 만두를 잘한다. 양수역 앞 연밭(772-6200)은 연잎정식으로 유명하고, 두물머리순두부(774-6022)는 유기농 쌈밥, 양수리해장국(774-0171)은 선지해장국이 맛있다. 몽골문화촌 앞에 있는 옛고향(592-8801)에서는 몽골식 돌갈비(돌을 불에 달구어 열로 굽는 양갈비), 군만두, 칼국수 등 몽골 전통 음식을 맛볼 수 있다. 몽골문화촌에서 고개 넘어 가평베네스트골

옛고향의 몽골 칼국수와 군만두

프장 가기 전에 있는 대통령(585-2081)은 토종한방백숙으로 유명하다 아침고유수목원 한식당(585-8233)은 창밖 풍경이 아름다우며 시골된장찌개를 잘한다. 남이섬 근처 김옥자산오리(582-9997)는 색다른 오리 맛을 자랑하며, 명지쉼터가든(582-9462)에서는 가평 특산물인 잣을 이용한 잣냉국수를 맛볼 수 있는데 고소하고 쫄깃하여 아주 맛있다.

🎁 쇼핑
■ 잣 : 가평의 자랑인 잣은 전국 생산량의 45%를 차지하는데 기후 조건과 잣나무 재배에 최적인 토질 덕분에 알이 굵고 윤기가 돌아 담백하고 고소하다. 가평 읍내에 있는 가평농협(582-2390)에서 구입할 수 있으며, 향기 좋고 걸쭉한 가평잣막걸리도 그만이다.

■ 운악산 포도 : 가평은 소금강으로 불리는 운악산을 비롯한 산간 지역에서 재배되는 우리나라 최북단 포도주 산지다. 연평균 기온 12도를 유지하는 서늘한 기후와 10도 이상 차이 나는 밤낮의 온도차 덕분에 고당도, 고산도를 자랑하는데, 맛도 상큼하고 향도 짙다. 가평농협 하면 지점(585-0050)에서 구입할 수 있다.

남한강과 백두대간이 한눈에 들어오는 온달산성

{ 남한강 물길 따라 이어지는
꿈의 여로

단양·제천 丹陽·堤川_양영훈

쉼 없이 흐르는 강이나 고요한 호수,
또는 탁 트인 바다 등과 같이 물을 끼고 가는 길은 어머니 품처럼 아늑하다.
충북 단양 땅을 들고나는 길도 남한강의 물길과 충주호의 호반 길을 따라 이어진다.
그래서 낯설면서도 마음은 편안하다.
단양은 백두대간의 첩첩한 산자락을 품은 고장이기도 하다.
대체로 강이 크고 산이 높은 곳은 가는 곳마다 절경인데,
단양은 그 유명한 단양팔경을 품었다.
게다가 래프팅, 견지낚시 등을 비롯한 레포츠를 다양하게 즐길 수 있다.
그래서 단양에 가면 오감이 즐겁고 심신이 가뿐해진다.

추천일정

Day 1
09:00 중앙고속도로 북단양IC 통과
09:00~09:30 북단양IC→매포→덕천교삼거리(59번 국도)→군간교(595번 지방도)→영춘교(519번 지방도) 등을 경유해 온달관광지(관리소/043-423-8820) 도착
10:00~12:30 드라마 「연개소문」 촬영장, 온달산성과 온달동굴 관람
12:30~13:40 온달관광지(595번 지방도)→영춘교(522번 지방도)→군간교(59번 국도) 등을 거쳐 가곡면 함지박식당(043-422-3565)에 도착 후 점심식사(우렁쌈밥)
13:40~16:00 함지박식당→향산삼거리(직진)→고수대교→단양 읍내 등을 경유해 도담삼봉(관광안내소/043-422-3033) 주차장 도착, 도담삼봉과 석문 구경
16:00~18:30 단양 읍내에 숙소를 정한 뒤 강변 산책
18:30 저녁식사(쏘가리매운탕) 후 휴식

Day 2
08:00~09:30 아침식사(올갱이국) 후 상진대교(5번 국도)→북하삼거리(36번 국도)→우화삼거리(우회전) 등을 경유해 장회나루 선착장(043-421-2008) 도착
10:00~11:00 장회나루→구담봉→옥순대교→장회나루 코스의 충주호 유람선 관광
11:00~11:30 장회나루→원대삼거리(우회전, 옥순대교 방면)→옥순대교→상천삼거리(우회전) 등을 경유해 상천민속마을 도착
11:30~15:00 상천참숯불가마(043-653-5501)에서 점심식사(숯불구이목살바비큐) 및 숯가마 찜질
15:00~16:30 상천삼거리(82번 국지도)→청풍교를 거쳐 청풍문화재단지(043-641-4301) 관람
16:30~17:00 청풍문화재단지→청풍교삼거리(좌회전, 82번 국지도)→충주호 호반 길→제천시 금성면 소재지 등을 경유해 중앙고속도로 남제천IC 진입

::바람이 전하는 온달과 평강의 전설, 온달관광지

남한강 물길이 소백산 자락을 헤집고 흐르는 충북 단양 땅, 특히 온달산성(사적 제264호)에 올라서면 대자연이 그려낸 '산태극수태극'의 장엄함을 실감할 수 있다. 단양군 영춘면 온달관광지 내에 위치한 이 산성은 고구려 장수 온달과 그의 여동생이 하루아침에 쌓았다는 전설이 전해온다. 그때 여동생이 치마폭에 돌을 담아 나르다가 쉬었던 곳은 휴석동(休石洞, 쉬는 돌)이라는 지명을 얻어 오늘날까지 전하고 있다.

고려시대에 김부식이 쓴 『삼국사기』에는 온달이 서기 590년에 "아단성 아래에서 신라군과 전투를 벌이다가 퇴각하던 중 화살에 맞아 전사했다"고 기록되어 있다. 그 아단성이 바로 지금의 온달산성이라는 것이다. 그때 온달의 관은 여러 장정이 달려들어도 꿈쩍하지 않았다고 한다. 비보를 듣고 달려온 평강공주가 관을 어루만지며 "죽고 사는 길이 이미 정해졌으니 마음 놓고 돌아가시오"라고 말하니 그때서야 비로소 관이 움직였다는 전설도 전해온다.

온달산성 아래의 매표소 주변에는 드라마 『연개소문』과 『태왕사신기』를 촬영한 세트가 들어서 있다. 『태왕사신기』 촬영이 한창 진행될 때는 수십수백 명에 이르는 중년의 일본인 여성 관광객들이 주인공 '담덕' 역을 맡은 '욘사마(배용준)'를 보기 위해 멀고도 먼 이 산골까지 찾아오곤 했다. 중국의 어느 고대 도시 같은 촬영장 풍경은 매우 이국적이지만, 그곳보다는 오히려 역사의 숨결이 느껴지는 온달산성이 더 깊은 울림과 여운을 남긴다.

촬영장을 뒤로하고 제법 가파른 비탈길을 30~40분가량 오르면 온달산성에 당도하게 된다. 전체 둘레가 682m에 이르는 온달산성은 웅장하면서도 안정감이 있다. 납작한 점판암을 켜켜이 쌓아 올려 높은 성벽을 만들었다. 돌을 쌓을 때도 한 층은 동에서 서로, 한 층은 남에서 북으로 엇갈리게 쌓아 아주 견고하다. 오랜 풍상을 견뎌온 성벽에 올라서면 뱀처럼 구불거리는 남한강과 장성(長城)처럼 치솟은 소백산 자락이 파노라마처럼 펼쳐진다. 눈앞의 풍경이 육신의 고단함뿐 아니라 해묵은 시름마저도 날려버릴 만큼 장엄하고도 상쾌하다.

온달산성 아래의 강기슭에는 온달동굴(천연기념물 제261호)이 있다. 온달 장군이 수도했다는 석회동굴이다. 길이 760m의 동굴 내부에는 다양한 형태의 종유석, 석순, 석회화 단구, 베이컨시트 등이 장관을 이룬다. 억겁이 세월 동안 지하수의 침식작용과 퇴적작용에 의해 만들어진 천연의 돌조각들이 관광객들로 하여금 탄성을 연발하게 만든다.

온달동굴 내부의 종유석

:: 한 폭의 산수화 같은 풍광, 단양팔경

온달관광지가 있는 영춘면에서 가곡면을 지나 단양읍까지 이어지는 길은 남한강 물길과 나란히 달린다. 물길을 따라가는 길은 어디나 마음 편안하고 아름답다. 단양군의 주요 도로도 대부분 남한강이나 그 지류의 물길을 따라가는 덕택에 사람들의 마음까지도 저절로 느긋해진다.

단양 읍내가 가까워지면 남한강의 흐름이 눈에 띄게 더뎌진다. 충주호의 영역에 들어선 탓이다. 그즈음의 강심(江心)에 단양팔경의 여러 절경 중에서도 첫손에 꼽히는 도담삼봉이 있다. 단양 군수를 지낸 퇴계 이황도 이곳에 들렀다가 멋진 시 한 수를 남겼을 만큼 풍광이 빼어나다. 특히 물안개가 몽실몽실 피어오르는 새벽녘의 풍경은 한 폭의 산수화처럼 아름답다.

도담삼봉에서 단양읍을 거쳐 상진대교 아래로 흐르는 강물도 완벽한 태극 형상이다. 단양 읍내를 에워싼 강변에는 시원한 물줄기를 쏟아내는 인공 폭포도 있고, 산보하기에 좋은 산책로도 있다. 남한강 물길이 단양 읍내의 고수대교 아래에 여울을 만들며 흐를 때는 낚시꾼들 수십 명이 쏘가리를 낚기 위해 줄지어 늘어선 진풍경도 구경할 수 있다.

찻길은 상진대교를 지나면서부터 충주호의 호반을 따라 이어진다. 단양군 단성면의 장회나루에서는 '내륙의 바다' 충주호를 가르는 유람선이 출발한다. 유람선을 타지 않더라도 이 나루터는 한번 들러볼 만하다. 주변의 풍광이 빼어나게 아름답기 때문이다. 단양팔경 중 하나인 구담봉과 옥순봉이 병풍처럼 둘러쳐져 있고, 그 아래에 드리워진 호수는 한낮의 햇살 아래 은빛으로 반짝인다.

:: 숱한 사연을 간직한 '내륙의 바다', 청풍호반

오늘날 옥순봉은 행정구역상 제천 땅에 속하면서도 단양팔경의 하나로 꼽힌다. 옥순봉의 절경을 제대로 감상하려면 유람선을 타거나 옥순대교 부근의 전망대에 올라야 한다. 옥순대교도 동양화처럼 수려한 옥순봉을 감상하는 전망대나 다름없다.

옥순대교에서 82번 국지도를 타고 청풍문화재단지로 향하는 도중에는 제천시 수산면 상천리를 지나게 된다. 제천의 대표적인 명산인 금수산의 남쪽 기슭에 자리 잡은 이 마을에는 제천에서 가장 시설이 좋은 숯가마 찜질방으로 손꼽힌다는 상천참숯불가마가 있다. 7개의 대형 숯가마 주변에는 펜션, 민박 등 숙박시설과

숯불구이목살바비큐, 토종닭백숙을 내놓는 음식점들이 들어서 있어 한자리에서 먹고 자고 쉴 수 있다.

옥순대교에서 청풍문화재단지까지 가는 길은 충주호에 반쯤 잠긴 산허리를 따라 끊임없이 구불거린다. 길 굽이를 돌아설 적마다 새롭게 변신하는 호수 풍광이 사람들의 눈길과 마음을 단번에 사로잡는다. 충주호에서도 풍광이 가장 아름다운 제천시 청풍면 일대는 따로 '청풍호반' 이라는 이름으로 불린다.

청풍호반에는 충주호를 사이에 두고 청풍랜드와 청풍문화재단지가 마주 보고 있다. 그중 옛 건물들이 가득 찬 청풍문화재단지는 청풍면 물태리의 망월산 중턱에 위치한다. 이곳에는 1985년 충주댐의 완공으로 수몰될 위기에 처한 옛 관아와 민가, 고인돌과 비석들이 한자리에 모여 있다. 무엇보다 마음이 끌리는 것은 밥주걱, 삼태기, 디딜방아, 지게 등의 생활 도구가 고스란히 남아 있는 민가들이다. 그래선지 주인의 손길이 닿은 집처럼 아늑하고 따뜻하다. 어디선가 주인이 불쑥 나타나서 반가운 인사말을 건넬 것 같은 느낌마저 든다.

옥순대교 아래 충주호를 미끄러지듯 떠가는 유람선

Silver Travel Tip

- 온달관광지의 온달산성 가는 길은 제법 가파른 산길이다. 평소에 걷기를 즐기거나 자주 산행을 하는 사람들에게는 더없이 좋은 트레킹 코스이기도 하다. 하지만 무릎이나 다리가 불편한 사람은 아예 오르지 않는 것이 좋다. 그리고 온달동굴의 탐방로는 일부 구간이 몹시 비좁거나 계단이 놓여 있지만, 전체적으로는 평탄한 편이어서 남녀노소 누구나 둘러볼 만하다. 다만 휠체어를 이용하는 사람은 온달동굴을 탐방하기 어렵다.

- 도담삼봉은 주차장에서 쉽게 구경할 수 있지만, 석문을 보려면 산길을 약간 걸어가야 한다. 그러므로 휠체어를 이용하는 사람이 찾아가기는 어렵다.

- 충주호 유람선을 타고 내리는 장회나루 선착장과 주차장 사이에는 가파른 계단이 이어진다. 하지만 계단 옆에는 업무용 자동차가 다니는 찻길이 나 있어서 장애인이나 거동이 불편한 노약자는 차를 타고 선착장까지 내려갈 수 있다. 다만 찻길의 경사가 급한 편이라 사륜구동(지프형) 승용차만 출입할 수 있다.

- 청풍문화재단지에도 장애인을 위한 별도의 출입구가 있다. 이 출입구를 이용하면 휠체어 이용자도 큰 불편 없이 청풍문화재단지를 돌아볼 수 있다.

도담삼봉의 동틀 녘 풍경

청풍문화재단지의 화사한 봄날 풍경

여행정보(지역번호 043)

 숙박

단양대명콘도(420-8311)에는 전신 마사지와 가벼운 통증 치료가 가능하고, 온 가족이 함께 물놀이를 즐기기에 좋은 아쿠아월드가 있다. 남한강이 내려다보이는 가곡면 두산마을 산마루에 자리 잡은 드림마운틴펜션(422-4554)은 활공장을 가지고 있어서 패러글라이딩 체험이 가능하며, 유럽풍 펜션도 각종 편의시설이 갖춰져 있다. 가곡면 남한강 변에 자리 잡은 한울펜션(422-4864)과 온달관광지 부근 펜션 온달과평강(423-0686)은 견지낚시나 래프팅을 즐기기 좋다. 그 밖에 강변 조망이 상쾌한 럭셔리호텔(421-9911), 리버텔(422-2619), 스카이모텔(423-5891) 등도 단양 읍내의 괜찮은 숙박업소들이다.

 맛집

단양 읍내의 시외버스터미널 맞은편 골목에 자리한 장다리식당(423-3960)의 온달마늘솥밥은 단양의 대표적인 향토 음식이자 훌륭한 보양식이다. 그 인근의 돌집식당(423-4949)도 30여 가지 제철 음식이 딸려 나오는 곤드레마늘솥밥정식이 맛깔스럽고 푸짐하다. 가곡면 향산리의 59번 국도변에 위치한 함지박식당(422-3565)은 직접 재배한 유기농 야채와 우렁쌈장이 입맛을 확 되살려주는 집이다. 그 밖에 단양 읍내의 박쏘가리(쏘가리매운탕, 423-8825), 경주식당(올갱이국, 421-0504) 등도 소문난 맛집들이나. 제천시 청풍면 소재지의 청풍장평가든(647-0151)은 뚝불백반, 청국장 등의 한식 요리가 값싸고 맛있다. 또 금성면 성내리 금수산송어장가든(송어회, 652-8833)과 금성면 소재지 청풍골순두부(콩비지백반, 652-4748) 등도 권할 만하다.

장다리식당의 온달마늘솥밥

 쇼핑

■**자석벼루** : 단양군 영춘면 소재지에는 벼루 장인 신명식 씨가 수공으로 만드는 자석벼루 전시판매장(423-7346)이 있다. 자석벼루는 자석(紫石), 즉 엷은 자줏빛을 띠는 돌로 만든 벼루다. 먹이 잘 갈리고 수분 흡수율도 낮아 먹물이 잘 마르지 않는다.

■**단양육쪽마늘** : 전국 제일의 품질을 자랑하는 단양육쪽마늘은 맵고 향기가 좋으며 저장성이 뛰어나다. 햇마늘 수확이 끝난 뒤에는 단양마늘 5일장(끝수가 1, 6일인 날)이 열리기도 한다. 7월 중순부터 초겨울까지는 단양 시장 내의 농산물 가게에서도 단양육쪽마늘을 저렴하게 구입할 수 있다.

바람의 노래가 들리는 듯한 옥마산 활공장

{ 서해의 느긋한 여유를 느낄 수 있는
멋의 고장

보령 保寧_김연미

보령은 우리나라 3대 해수욕장 중 하나로 손꼽히는 대천해수욕장과,
바닷길이 갈라지는 '모세의 기적'으로 알려진 무창포해수욕장이 유명하다.
그러나 보령을 좀더 꼼꼼히 찾아보면 해수욕장뿐 아니라 숨은 여행지가 참 많다.
지하 갱도에서 불어오는 서늘한 바람을 이용하여 냉풍을 즐기는 냉풍욕장,
보물급 유적들을 쉽게 볼 수 있는 성주사지,
산이나 계곡에서 걷기 힘든 노약자들도 계곡에 발을 담그고
시원한 피서를 즐길 수 있는 성주산자연휴양림,
우리나라 최초의 석탄박물관 등 휴식과 볼거리가 공존하는 여행지다.

추천일정

Day 1

10:30 서해안고속도로 대천IC 통과
10:30~11:00 청라면 의평리 방면(36번 국도) 냉풍욕장(041-933-5959) 도착
11:00~13:00 냉풍욕장에서 냉풍욕 후 주변 식당에서 점심식사(버섯전골)
13:00~13:30 성주면 개화리 보령석탄박물관(041-934-1902)으로 이동
13:30~14:30 보령석탄박물관 관람
14:30~14:40 성주면 성주리 성주사지 도착
14:30~15:20 성주사지 보물 구경
15:20~15:30 개화예술공원(041-933-6184)으로 이동
15:30~17:00 개화예술공원 산책
17:00~17:20 대천 방면 성주터널 100m 앞의 오른쪽 산길, 성주산 일출전망대(보령시청 관광과 041-930-3545)
17:20~17:40 성주산 일출전망대에서 옥마산 활공장(041-930-3542)으로 이동
17:40~18:30 옥마산 활공장 서해 바다 조망
18:30~18:50 성주산자연휴양림 화장골 이동→성주산자연휴양림(041-934-7133) 숙박

Day 2

06:30~08:30 기상 후 성주산자연휴양림 산책
08:30~08:40 개화 방면(40번 국도)→부여·구룡 방면→도화삼거리(617번 지방도)→미산면 보령호 도착
08:40~09:00 보령호 드라이브 시작→늑전리 늑전교 건너 용수리 방면 보령호 조망
09:00~11:00 무창포IC 방면(606번 지방도)→무창포해수욕장 걷기 및 아침식사(해물탕)
11:00~11:20 대천해수욕장 방면(606번 지방도)
11:20~13:30 대천해수욕장 및 점심식사(활어회, 조개구이)
13:30~15:30 보령머드체험관(041-931-2932) 머드탕 입욕
15:30~15:40 36번 국도 보령 방면→서해안고속도로 대천IC 진입

∷ 석탄 광산의 유물, 냉풍욕장과 보령석탄박물관

한창 무더위가 기승을 부리는 시기인 7~8월 두 달간만 문을 여는 이색 여행지다. 충남 보령시 청라면 성주산 자락에 자리한 갱도에서 즐기는 냉풍욕은 시원함과 함께 색다른 재미를 느끼게 해준다. '냉풍욕 체험장'이라고 적힌 문을 열고 갱도 입구에 들어가면 몸에 붙어 있던 더위가 오스스 돋는 소름처럼 바짝 일어서는 느낌을 받는다.

이 갱도는 원래 광산에서 석탄을 캐기 위해 뚫은 굴이다. 1989년 석탄합리화조치에 의해 폐광된 이후 냉풍을 이용해 표고버섯과 양송이버섯을 재배하고 있다. 더운 공기는 위로 올라가고 차가운 공기는 아래로 내려가는 대류 현상 때문에 바람이 부는데, 한낮의 기온이 높아질수록 냉풍욕장의 바람은 더욱 세차진다. 이 일대 갱도를 이용하여 버섯을 재배하는 곳이 17군데나 된다. 그러나 냉풍욕장으로 개방한 갱도는 이곳뿐이다.

탄광 하면 태백을 먼저 떠올리기 마련인데, 사실 충남은 석탄합리화조치에 의해 폐광되기 전까지 강원도에 이어 전국 2위의 석탄 생산지였다. 특히 성주산 일대는 전국 석탄 채굴량의 13%가 생산될 만큼 서해안 최대의 탄광 지대다. 보령석탄박물관에서는 이 같은 보령 지역의 탄광 역사를 일목요연하게 알 수 있다.

석탄박물관은 내부전시관과 야외전시장, 그리고 모의갱도로 나뉜다. 내부전시관 1층에는 석탄의 기원, 석탄의 종류, 석탄이 근대 발전에 미친 영향 등 석탄과 관련된 모든 것들을 모아놓았으며 2층은 탄광생활관이다. 석탄박물관에서 가장 흥미로운 곳은 수갱 효과 엘리베이터를 이용하여 재현한 수직 갱 가상체험이다. 2층 엘리베이터에 오르면 램프가 깜빡거리고 흔들리면서 소음과 함께 갱으로 내려가는 느낌을 받는다. 단 60초 동안 지하 400m 아래로 내려가는 공포 아닌 공포를 체험할 수 있는데 60초가 10분처럼 느껴진다.

:: 풀벌레 소리만 가득한 폐사지, 성주사지

동서 200m, 남북 142m인 성주사지에는 고운 최치원의 사산비(四山碑) 중 하나인 낭혜화상백월보광탑비(국보 제8호)와 5층석탑(보물 제19호), 중앙3층석탑(보물 제20호), 서3층석탑(보물 제47호) 등이 있으며, 지방문화재인 동3층석탑과 석등, 석불입상 등 많은 문화재가 옛 영광을 대변하고 있다.

성주사는 백제 법왕 때 지어진 '오합사(烏合寺)'에서 기원한다. 신라 문성왕 때 당나라 유학에서 돌아온 낭혜화상이 오합사를 중창하면서 '성주사'라 불렀다고 한다.

성주사지에 들어서면 석등과 5층석탑이 반긴다. 바로 뒤편으로 중앙3층석탑, 동3층석탑, 서3층석탑이 의좋은 삼 형제처럼 나란히 놓여 있다. 그런데 유심히

성주사지의 석탑들

살펴보면 동3층석탑만 어쩐지 다른 사람의 옷을 입은 듯 어색하다. 동3층석탑은 폐사지 주변에 흩어져 있던 석탑 조각들을 모아 복원했기 때문에 보물로는 지정되지 못했다. 풀벌레 소리만 가득한 폐사지 석탑들을 지긋이 바라보노라면 역사의 숨결이 느껴진다.

:: 성주산자연휴양림에서 상쾌한 삼림욕 후 보령호에서 호젓한 드라이브 즐기기

해발 680m인 성주산에 들어선 성주산자연휴양림은 크게 화장골 계곡과 심연동 계곡으로 나뉘는데, '숲속의 집(통나무집)'이 있는 곳은 화장골 계곡이다. 화장골은 4km에 이르는 계곡이 맑고 시원해서 여름철 가족 피서객들이 많이 찾는다. 삼림욕을 즐기면서 1시간 정도 쉬엄쉬엄 오르면 성주산 해발 580m 지점에 있는 전망대에 이른다. 바다는 보이지 않지만 보령의 너른 들판이 시원하게 펼쳐진다.

보령호는 1998년에 성주산과 아미산의 계곡물이 흘러들어 서해로 이어지는 웅천천을 막아 만든 저수지로, 서해 인근 7개 시군에 생활 용수를 공급하기 위한 목적으로 조성됐다. 호젓한 드라이브를 즐기기에는 보령호가 제격이다. 617번 지방도를 타고 보령호를 따라 달리면 한쪽은 호수, 그 반대쪽은 굽이굽이 푸른 산이 펼쳐진다.

:: '모세의 기적' 무창포해수욕장과 머드팩으로 유명한 대천해수욕장

무창포해수욕장은 백사장 길이 1.5km, 폭 5km, 수심 1~2m의 깨끗한 해수욕장이다. 매월 두 번 음력 보름과 그믐달 전후로 바닷물이 갈라지는 한국판 '모세의 기적'이 일어난다. 이때는 미처 피하지 못한 해삼과 조개 같은 다양한 해산물을 잡을 수 있다. 바닷물이 빠지면 무창포해수욕장에서 1.5km 앞에 자리한 무인도인 석대도까지 길이 드러나는데, 이 길을 따라 이어지는 사람들의 긴 행렬은 마치 석대도까지 이어놓은 인간 줄다리기처럼 장관을 이룬다.

우리나라 3대 해수욕장 중 하나인 대천해수욕장은 모래사장의 길이가 3.5km, 폭이 100m에 이른다. 대천해수욕장의 모래는 오랜 세월 조개껍질이 잘게 부서져 모래로 변모한 패각분으로, 발에 묻으면 잘 씻기지 않지만 모래보다 더 곱고 부드럽다.

대천해수욕장에서 해수욕과 모래찜을 즐긴 후 피부를 안정시키고 싶다면 보령 머드체험관에 들러 머드팩을 해보자. 갯벌에서 채취한 진흙을 건조, 분쇄, 멸균 등 7단계를 거쳐 만든 머드이므로 안심하고 팩을 즐겨도 된다. 여행으로 인해 피곤해진 몸을 머드로 풀어보자.

바닷길이 열리는 무창포해수욕장

Silver Travel Tip

- 보령은 서해안고속도로를 타고 쉽게 접근할 수 있는 지역으로 여유롭게 1박2일 주말여행을 즐길 수 있다. 보령 여행의 경유지들은 대부분 노약자도 자동차를 이용하여 수월하게 찾을 수 있다.

- 냉풍욕장은 폭 2.7m로 휠체어가 충분히 이동할 수 있지만 내부가 어두운 편이고 문턱이 있어 곁에서 도와주는 사람이 꼭 필요하다.

- 보령석탄박물관 2층에는 지하의 모의갱도로 내려가는, 수직 갱 가상체험을 할 수 있는 엘리베이터가 있는데, 미리 연락하면 엘리베이터 작동을 변경하여 2층까지 오를 수 있다. 지하의 모의갱도는 아쉽게도 폭이 좁아 휠체어를 이용하기 어렵다.

- 성주사지는 평지에 있고 턱들이 높지 않아 쉽게 돌아볼 수 있지만 나무 그늘이 없어 장시간 머물기는 힘들다.

- 옥마산 활공장까지 차가 다닐 수 있도록 콘크리트가 깔려 있지만 좁은 산길을 오르기 때문에 운전이 미숙한 사람에게는 무리한 코스다.

- 성주산자연휴양림은 계곡을 따라 나무 데크가 놓여 있고, 나무 그늘에 돗자리를 깔고 여유로움을 만끽할 수 있다. 일정이 무리하게 느껴지는 노약자는 성주산자연휴양림에서 휴식을 취해도 좋다.

뼛속까지 시원한 냉풍욕장 / 보령석탄박물관 / 성주산자연휴양림

여행정보(지역번호 041)

🛏️ 숙박

성주산자연휴양림(934-7133) 화장골에 숙박시설인 '숲속의 집'이 있는데, 바로 앞에 주차장이 있어 이동하기 편리하다. 무창포해수욕장은 대천해수욕장 주변보다 숙박시설이 적은 반면 더 조용하게 하룻밤을 보낼 수 있다는 장점이 있다. 최근에 지은 환타지아호텔(936-8632)이 있으며, 펜션으로는 모래사장 가까이에 있는 노을빛바다(936-4427)가 추천할 만하다. 대천해수욕장 주변에는 호텔, 모텔, 콘도 등 다양한 숙박업소들이 많아 성수기를 제외하고는 숙소를 잡기가 편하다. 그중에 드라마모텔(932-0477), 호텔프로방스(931-9988)는 한국관광공사에서 선정한 굿스테이 업소다.

🍴 맛집

냉풍욕장 주변에는 인근 지역에서 재배하는 버섯으로 요리하는 버섯식당이 많다. 만불농장 천계식당(934-2462)은 버섯 농장과 식당을 함께 운영하여 다양한 버섯들을 듬뿍 넣은 버섯매운탕이 시원하다. 용궁가든(932-5607)에서도 버섯 요리를 맛볼 수 있다. 대천해수욕장 주변에서 간단하게 먹을 수 있는 해물뚝배기도 별미인데, 원조해물뚝배기(931-7161)가 맛있다. 대천항으로 가는 남곡동 해안도로에는 백합, 바지락 전문 음식점인 도래바지락죽(932-3343)이 있는데, 보령 지역에서 채취한 바지락으로 무친 바지락무침과 바지락죽을 맛볼 수 있다.

🎁 쇼핑

- **남포벼루** : 전국 생산량의 80~90%를 차지하는 보령 남포벼루를 구입할 때는 소리를 통해 품질을 알 수 있다. 좋은 벼루는 돌끼리 부딪치면 맑은 쇳소리가 나는데, 소리가 맑을수록 좋은 벼루다. 남포벼루의 맥을 잇는 무형문화재 서암 김진한 씨는 벼루 뚜껑에 밑그림을 그리고 음각, 양각을 새겨 넣어 예술성 높은 벼루를 만들고 있다(932-8071).
- **냉풍욕장 버섯** : 냉풍욕장 후문과 주차장에서 버섯을 판다. 갱도에서 금방 딴 싱싱한 송이버섯과 표고버섯을 구입할 수 있다. 가격은 시세에 따라 다르지만 2kg 1상자에 1만 5,000~2만 원이다.
- **대천항** : 보령 앞바다에서 잡히는 꽃게, 우럭, 대하 등이 모두 집결되는 포구다. 대천해수욕장에서 1km가량 떨어져 있기 때문에 해수욕이나 해변 산책을 즐긴 후 이곳으로 이동하여 싱싱한 해산물을 맛볼 수 있다.

냉풍욕장 버섯

청남대 그늘집에서 바라본 대청호

{ 대청호에 두둥실 떠 있는
또 하나의 수상테마파크
청원 清原 _문일식

전북 장수에서 발원하는 금강은 진안, 무주, 금산, 영동, 옥천을 거쳐
총공격을 앞둔 군사가 집결하듯 대청호로 모인다.
댐이 들어서면 으레 그렇듯이 누구에게는 태어나 자란 고향이
한순간에 사라져버리는 슬픔이 되기도 하고,
누구에게는 대청호의 아름다움을 만끽하는 여행의 기쁨이 되기도 한다.
대청호반을 따라 펼쳐진 청남대와 문의문화재단지, 아름다운 드라이브 코스,
전망대는 '실향'이라는 누군가의 값비싼 대가로 얻는 여정이니만큼
누군가에게 닥친 슬픔을 토닥거리면서 대청호를 둘러싼 풍경들을 즐기는 여행이다.

추천일정

Day 1

08:00 서울 출발→경부고속도로 청원분기점에서 당진상주고속도로 이용→문의IC(2시간 소요)→청남대(043-220-5683~4) 매표소 도착
10:00~13:00 청남대 관람
13:00~14:00 점심식사
14:00~16:00 문의문화재단지(043-251-3545) 관람 후 32번 국가지원지방도(신탄진 방면)를 타고 문의대교에서 좌회전(10분 소요)
16:10~16:30 현암정 관람
16:30~16:50 현암사 입구 대청댐 전망대에서 대청댐 주변 풍경 조망→오가삼거리 좌회전 후 대청교 건너 좌회전(10분 소요)
17:00~18:00 대청댐 주변 산책
18:00~20:00 저녁식사(매운탕 또는 찜)
20:00~21:00 대청댐 야경 감상 후 취침

Day 2

07:30~09:00 기상 및 아침식사
09:30~10:30 현도 장승공원 산책
10:30~11:00 32번 국가지원지방도 오가삼거리에서 우회전→591번 지방도 매봉삼거리에서 17번 국도 청주 방면으로 우회전(30분 소요)
11:00~12:30 상수허브랜드(043-277-6633) 관람
12:30~13:30 점심식사(상수허브랜드 꽃비빔밥)
13:30~14:00 17번 국도 청주 방향 외천삼거리에서 좌회전→척북삼거리에서 우회전 (20분 소요)
14:00~15:00 안심사(043-260-6165) 답사
15:00 경부고속도로 청원IC 진입

::오늘 하루 대통령이 되어보는 곳, 청남대

"대통령의 여름, 명절 휴가", "신년 정국 구상" 같은 뉴스와 함께 늘 거론되던 곳이 바로 '청남대'다. '따뜻한 남쪽의 청와대'라는 뜻으로 역대 5명의 대통령이 휴가를 즐기면서 이른바 '청남대 구상'을 하던 곳이다. 2003년 노무현 전 대통령의 선거공약에 따라 '대통령 별장' 청남대는 비로소 국민에게 개방됐다.

청남대 진입로는 '튤립나무'라고도 불리는 백합나무(목련과)가 길게 늘어서 있어 사시사철 아름답다. 봄과 여름이면 초록빛 터널을, 가을이면 단풍 터널을, 그리고 겨울에 눈이라도 내리면 눈꽃 터널을 만든다. 이 진입로는 '우리나라의 아름다운 길 100선'에도 꼽힐 만큼 아름다운 곳이다.

청남대에서 가장 경관이 뛰어난 곳은 메타세쿼이아 숲과 그늘집이다. 헬기장을 지나면 가장 먼저 메타세쿼이아 숲을 만난다. 전열을 가다듬은 병사들이 도

청남대 메타세쿼이아 숲길

열한 것처럼 100여 그루의 메타세쿼이아가 줄지어 서 있고, 그 숲길을 따라 나무 데크를 설치해 놓았다. 메타세쿼이아 숲속을 파고드는 햇빛은 일대 장관을 이룬다. 그늘집은 어울림마당에서 초가정에 이르는 길에 자리 잡고 있다. 수상 레저를 즐기던 곳인데 그늘집 베란다에서 대청호반의 풍경이 가장 아름답게 펼쳐진다. 또한 청남대에 왔다면 꼭 들러야 하는 곳은 잠시 동안 대통령이 되어볼 수 있는 본관이다. 본관은 접대용 공간과 대통령 전용 공간으로 구성된 청남대의 중심 공간이다.

:: 수몰된 고향의 정취를 간직한 문의문화재단지

문의문화재단지는 문의면 일대에서 수몰 위기에 놓인 선사 유적뿐 아니라 전통 가옥, 객사 건물 등을 옮겨놓은 곳이다. 양성문을 들어서면 경사진 언덕을 따라 이전된 건물들이 군더더기 없이 옹기종기 모여 있다. 객사 건물인 문산관뿐 아니라 문의면 지역의 여러 민가들을 하나하나 옮겨다가 복원한 수몰지구 문화유적에 양반 가옥, 주막집, 도담집, 뒷간 등도 재현해 놓았다.

　문산관은 충북에서 유일하게 남아 있는 객사 건물이다. 문산관은 가장 높은 곳에 위치하여 대청호반의 풍경을 가장 시원하게 바라볼 수 있는 매력적인 장소인데, 문의문화재단지와 금강의 물길이 조화롭게 어울리는 곳이기도 하다. 계단에 앉아 시원한 바람을 맞으며 잠깐 쉬어 가는 것도 좋겠다. 문산관을 지나서 만나는 전망대도 대청호의 또 다른 풍경을 전해주니 잊지 말고 다녀오자.

:: 대청호를 따라 멋지게 달려보자!

대청댐이 들어서면서 생긴 인공 호수인 대청호는 우리나라에서 세 번째로 큰 호수다. '대전'의 '대'와 '청원군'의

'청'을 각각 따서 이름 지어졌다. 대청호 주변의 낮은 산자락을 굽이굽이 돌아가는 길은 드라이브 코스로도 유명하지만, 대청호반의 풍광을 만끽할 수 있는 전망 포인트도 많다. 문의대교를 지나면 금방 현암정에 닿는다. 현암정에서는 대청호 건너편으로 대청댐물문화관과 주변 풍경이 시야에 가득 들어온다. 물속에 반쯤 잠겨 있는 산자락 뒤로는 청남대가 있을 터이다. 현암사 입구에도 멋진 전망대가 하나 있다. 대청댐의 웅장한 위용과 대청댐에서 흐르는 금강의 물길이 대청교를 지나 멀리 멀어져가는 모습을 조망할 수 있다. 저녁 시간에 바라보는 대청댐의 야경도 잊지 말고 찾아보자.

현암사가 있는 구룡산 뒤편에는 현도 장승마을이 있다. 장승공원에는 장승 500여 기가 익살스러운 표정으로 서 있다. 이 마을에 장승이 들어서게 된 데는 큰 아픔이 숨어 있다. 2004년, 폭설로 눈의 무게를 이기지 못해 비닐하우스뿐 아니라 나무까지 쓰러지는 등 피해가 막심했다고 한다. 위기를 기회로 삼듯이 마을 사람들은 쓰러진 나무들을 모아 장승을 만들기 시작했고 지금의 장승공원을

문의문화재단지 문산관 앞에서 대청호 풍경을 감상하는 여행객들

이루었다. 장승공원부터 구룡산 정상까지 등산로가 나 있는데, 구룡산 정상은 대청댐을 가장 높은 곳에서 볼 수 있는 천연의 전망대다.

:: 눈과 입으로 즐기는 아름다운 꽃의 왈츠, 상수허브랜드

'웰빙' 이라는 단어가 부각된 이후 허브는 웰빙의 대명사로 자리 잡았다. 1988년에 문을 연 상수허브랜드는 3,000여 평에 달하는 동양 최대 규모의 알루미늄 유리 온실로 만들어져 한겨울에도 허브 향을 한껏 즐길 수 있다.

야외 정원은 허브뿐 아니라 바위, 분재 소나무, 철갑상어가 노니는 수족관 등으로 꾸며놓았다. 그중에 재미있는 것은 '고추공룡' 이라는 바위다. 앞에서 보면 남자의 성기를 연상시키고, 전체적으로 보면 공룡이 알을 낳는 형상을 하고 있어서 고추공룡이라는 이름을 얻었다. 속설에 따르면, 고추의 형상을 한 앞부분을 만지면 아들을 낳고, 공룡의 엉덩이 부분을 만지면 딸을 낳는다고 한다.

상수허브랜드에서는 온몸으로 허브 체험을 할 수 있다. 바닥에 허브를 깔아놓아 맨발로 밟을 수 있는 허브생카페트, 관람로를 따라 허브를 직접 손으로 비비며 그 향기를 맡아볼 수 있는 허브전시장, 허브 샤워를 즐길 수 있는 허브실내정원 등 온몸으로 느껴보는 체험의 장이다. 여기에 꽃비빔밥을 먹으며 미각까지 만족한다면 더없이 기분 좋은 여정이 된다.

안심사는 청원 여행을 끝내고 집으로 돌아오는 길에 들르기 좋은 곳으로 이름 그대로 마음이 평안해지는 절집이다. 신라 혜공왕 때 진표율사가 제자들의 마음을 편안하게 한다는 뜻을 담아 창건했다. 잘 알려진 사찰은 아니지만, 보물로 지정된 대웅전과, 진표율사가 석가모니의 사리탑을 모셨다고 전해지는 세존사리탑이 작은 절집에서 빛난다. 높은 석축 위에 올라앉은 영산전에서 바라보는 안심사의 전경은 뒤편의 솔숲과 어우러져 마음을 더없이 편안하게 해준다.

- 청남대는 개별 출입이 되지 않는다. 청남대에 들어가기 위해서는 문의면에 있는 청남대 매표소에서 관람표를 구입한 뒤 전용 버스를 타야 한다. 만 60세 이상 노약자에게는 할인 혜택만 있지만, 장애인은 무료로 입장할 수 있다.

- 청남대는 대체로 평탄한 길로 이어져 있다. 대통령역사문화관 앞에서 노약자나 장애인을 위한 휠체어도 대여할 수 있다. 청남대 본관의 경우, 2층으로 가려면 계단을 올라야 하지만, 따로 요청하면 휠체어를 타고도 엘리베이터를 이용하여 접근할 수 있다.

- 청남대 본관에서 오각정에 이르는 길은 대체로 완만한 편이지만, 마지막 지점에서 오각정까지 오르는 구간이 경사져서 노약자와 휠체어를 탄 장애인은 혼자 오르기가 쉽지 않다.

- 문의문화재단지는 언덕이 많지만 주차장부터 매표소, 내부도 다니기가 그다지 어렵지 않다. 다만 휠체어를 타고는 다소 조심해서 움직여야 하며, 따로 휠체어를 대여해 주지 않는다. 만 65세 이상 노약자(경로우대증 제시)와 장애인은 무료로 입장할 수 있다.

- 상수허브랜드는 대체로 평탄하므로 노약자나 장애인이 이동하는 데 별 어려움이 없다.

- 대청호를 조망할 수 있는 현암정과 현암사 앞 대청호 전망대는 도로와 인접해 있어 그곳까지 이동하는 데 별로 불편하지 않고 휠체어를 이용하는 데도 어려움이 없다.

- 주차장에서 대청댐물문화관과 대청댐으로 가는 길은 급경사의 계단과 경사를 완만하게 이어주는 평탄한 길로 나뉘어 있어 노약자나 장애인은 휠체어를 타고 오를 수 있다.

청남대 진입로의 백합나무 길 · 대청댐의 야경 · 상수허브랜드의 유리 온실

여행정보(지역번호 043)

 숙박

문의면 소재지는 당일 여행권이라 숙박업소가 많지 않다. 문의면에 산재해 있는 여관이나 대청댐 민박집을 이용해야 한다. 문의면에는 수락관식당과 겸업하는 청남대모텔(298-5552) 외에 둥지파크(286-1919), 무진파크(296-4229), 실크로드모텔(298-1588) 등이 있다.

 맛집

청원 여행은 문의면이 중심인 만큼 문의면 식당들을 이용해야 한다. 수락관식당(298-5552)은 보리밥과 우렁된장을 특히 잘한다. 인삼송어식당(285-5092)은 인삼이 함유된 발효 사료로 양식한 인삼송어를 재료로 인삼송어비빔회를 내놓는다. 입이 깔깔하다면 전주식당(296-2900)의 해물칼국수와 세숫대야냉면도 먹어볼 만하다. 그 외에 도당산식당(297-4283)의 시골밥상, 청남대두메촌(292-3354)의 맷돌두부찌개, 대청호가든(297-7171)의 장어구이도 괜찮다.

대청댐 주변에는 매운탕과 활어회 전문 식당이 많다. 오가리식당(042-932-2885)은 전 대통령이 청남대에 머물 때 매운탕과 어죽을 먹었을 정도로 유명세를 탄 곳이다. 낙원식당(042-932-2888)은 송어비빔회를 전문으로 한다. 그 외에 우연식당(042-932-2890), 청주식당(042-932-2887)도 들를 만하다.

상수허브랜드(277-6633)의 꽃비빔밥은 무뎌진 입맛을 상큼하게 해준다. 상수허브랜드 내의 레스토랑 '허브의 성'에서는 허브 꽃과 두순이, 임파첸스, 나스터츔, 체리세이지 등 각종 허브들이 들어간 꽃비빔밥이 먹을 만하다. 특히 기름기를 뺀 돼지 등심이 들어간 미트꽃비빔밥은 다소 밋밋하게 느껴지는 꽃밥을 담백하게 한다.

수락관식당의 된장백반

상수허브랜드의 미트꽃비빔밥

 쇼핑

청남대로 출발하는 문의면 청남대 매표소에는 청원에서 생산되는 청원 생명쌀을 포함한 청정 농산물 직거래장터를 운영하고 있고, 청남대 안에도 인근에서 생산된 은행, 버섯, 곶감, 청국장 등 친환경 농산물 판매장이 있다. 상수허브랜드에서는 허브 모종뿐 아니라 허브로 만든 허브건강식품, 허브차, 목욕 용품, 방향제 등 다양한 허브 상품들을 판매한다.

2005년 세계평화축전을 위해 조성한 평화누리공원

{ 호국과 역사의 흐름을 좇아
떠나는 길
파주·연천 坡州·漣川 _정철훈

경기도 관광 1번지로 불리는 파주는
서울에서 가까울 뿐 아니라 볼거리가 풍부하여 당일 드라이브 코스로도,
하루 이틀 푹 쉬었다 오기에도 좋은 여행지다.
하지만 아직도 파주 여행이라고 하면 헤이리 예술인마을과
경기영어마을이 있는 파주 서북부 지역으로 편중되어 있는 것이 사실이다.
그러나 이제 서울외곽순환고속도로의 완전 개통에 힘입어
파주로 떠나는 여정이 한층 풍요로워졌다.
지금껏 상대적으로 둔한히 여겨지던 파주의 광탄면 일대를 아우르는
일주 여행이 가능해졌기 때문이다.

추천일정

Day 1

09:00~12:00 임진각국민관광지 DMZ 안보견학(031-954-0303)

12:00~12:30 평화누리공원 산책

12:30~14:30 서울 방면(자유로) 당동IC→반구정 방면 좌회전(37번 국가지원지방도)→사목리 점심식사(메기매운탕) 및 반구정 관람

14:30~16:30 율곡교차로→두포→두지IC(37번 국가지원지방도)→장남교→자작리삼거리(367번 지방도) 좌회전→경순왕릉 답사

16:30~17:30 장남교→두지IC(367번 지방도)에서 두지나루 방면 우회전→황포돛배 (031-958-2557)

17:30~18:30 두지IC→적성면 소재지(367번 지방도)→식현삼거리(37번 국가지원지방도)→금곡교(367번 지방도)→쇠꼴마을(031-959-0123) 도착

18:30 휴식 및 저녁식사

Day 2

07:30~09:30 세면 후 아침식사

09:30~11:00 자운서원(031-958-1749) 관람

11:00~14:00 법원읍 소재지→방축삼거리(56번 국가지원지방도) 좌회전→방축사거리(360번 지방도), 점심식사 후 벽초지문화수목원(031-957-2004) 산책

14:00~15:30 도마산교(360번 지방도)→창만3리 사거리(33번 국도)→영장교(13번 국도)→보광교(367번 지방도)→보광사(031-948-7700) 답사

15:30~17:00 벽제삼거리(367번 지방도)→용미리 방면(78번 국가지원지방도)→용암사 파주용미리석불입상 관람

17:00~17:30 벽제삼거리(367번 지방도)→장재삼거리(39번 국가지원지방도)→서울외곽순환고속도로 통일로IC로 귀가

::파주 여행 1번지, 임진각국민관광지

임진각국민관광지에서 빼놓을 수 없는 것이 바로 비무장지대 연계관광 코스다. 셔틀버스를 타고 비무장지대를 돌아보는 안보관광 코스는 제3땅굴과 도라전망대, 도라산역, 통일촌을 돌아보는 A코스와 여기에 해마루촌과 조선시대 명의(名醫) 허준의 묘를 함께 돌아보는 B코스로 구분되는데, A코스의 경우 2시간 30분, B코스의 경우 3시간 정도 소요된다. 유의해야 할 점은 A코스를 돌아보는 셔틀버스가 평일 9회, 토·일요일 15회 운행하는 데 비해, B코스는 평일과 주말 상관없이 1회만 운행한다는 것이다. 또한 제3땅굴 관람시 모노레일을 이용하는 시간대와 도보로 관람하는 시간대가 구분되어 있으니 반드시 사전에 확인해 두는 편이 좋다.

우리네 분단 현실을 눈으로 확인했다면 조금은 여유를 가지고 임진각국민관

황희선생유적지에 나란히 자리한 반구정과 앙지대

광지를 돌아보는 것도 좋겠다. 특히 야트막한 언덕 위에 다양한 조형물이 있고, 그 주위로 형형색색 바람개비들이 멋스럽게 어우러진 평화누리공원은 산책을 즐기기에도, 기념사진을 한 장 남기기에도 좋은 곳이다.

자유로를 이용해 당동IC를 빠져나와 왼쪽으로 방향을 잡으면 '황희 선생 유적지'가 나온다. 황희선생유적지에서 가장 먼저 시선을 끄는 것은 역시 반구정(경기도문화재자료 제12호)이다. 관직에서 물러난 황희 선생이 갈매기를 벗 삼아 여생을 보냈다는 반구정(伴鷗亭)은 황희 선생의 동상과 마주하고 있는 야트막한 언덕 위에 올라앉았는데, 반구정 옆으로 앙지대(仰止臺)라는 이름의 정자가 하나 더 있다. 그 모양새는 다르지만 나란히 서 있는 두 정자의 모습이 철책 너머로 바라다보이는 임진강만큼이나 인상적이다.

:: 신라 마지막 왕이 잠들어 있는 곳, 경순왕릉
37번 국가지원지방도

두지IC 아래 굴다리를 지나 장남교를 건너면 여기서부터는 경기도 연천 땅이다. 이곳에서 들러볼 만한 곳은 경순왕릉(사적 제244호)이다. 경순왕은 신라의 마지막 왕이다. 하지만 경순왕릉은 우리가 흔히 알고 있는 경주의 거대한 고분들과는 차이가 많다. 사실 경순왕릉은 경주의 대릉과 비교하면 초라하기 그지없다. 그 규모만으로 따지자면 파주의 소령원(조선시대 숙종의 후궁이며 영조의 생모인 숙빈 최씨의 묘소)보다도 작다. 왕족의 무덤은 그 지위에 따라 능(陵), 원(園), 묘(墓)로 나뉘는데 생모에 대한 영조의 효심을 감안하더라도 경순왕릉은 한 나라를 다스렸던 왕의 무덤치고는 참 자그마하다.

자동차를 다시 두지리 방면으로 돌려 두지나루로 방향을 잡으면 파주의 명물인 임진강 황포돛배를 만날 수 있다. 황포돛배는 황포 돛을 단 전통 목선으로 한국전쟁 이전에는 서울의 마포나루에서 이곳 고랑포까지 생필품과 승객을 나르던 임진강 유역의 주요한 운송 수단이었다. 황포돛배를 이용한 유람 코스는 적성면의 두지리선착장에서 고랑포 여울목에 이르는 6km 구간으로 40분 정도 운항한다.

:: 율곡 이이의 얼이 담긴 자운서원

자운서원(경기도기념물 제45호)은 조선 광해군 7년(1615년)에 조선 중기 대학자 율곡 이이의 학문과 덕행을 추모하기 위해 지방 유림이 창건한 서원으로 효종 원년(1650년)에 '자운(紫雲)'이라 사액을 받은 곳이다.

자운서원 옆 자운산 기슭에는 이이의 가족 묘 15기가 모셔진 묘역이 있다. 그런데 무덤의 배치가 조금 특이하다. 율곡 부부의 묘와 맏형 부부의 합장묘가 부모의 합장묘보다 위에 자리해 있다. 학식이 높았던 이이의 묘는 그렇다 치더라도 맏형 부부의 합장묘가 부모의 합장묘보다 위에 있는 것이 잘 이해되지 않는데, 이는 조선시대에 종종 있었던 역장묘(逆葬墓)의 형태로 풍수를 중요하게 여겼던 당시 풍습에 따른 것이라고 한다. 그리고 이이의 묘와 부인 노씨의 묘를 온전히 합장하지 않고 전후합장 방식으로 조성한 것은 부인 노씨가 호상(好喪)으로 죽은 것이 아니라 임진왜란 때 왜인의 칼에 죽었기 때문이라고 한다.

최근 인기리에 종영한 드라마 「식객」의 촬영지이기도 했던 벽초지문화수목원도 한번쯤 들러볼 만하다. 2005년 9월에 개장한 벽초지문화수목원은 벽초지를 중심으로 아기자기한 숲길이 거미줄처럼 얽혀 있어 천천히 산책을 즐기기에 좋다. 오르내림이 거의 없는 숲길은 남녀노소 누구에게나 크게 부담스럽지 않다. 「식객」의 촬영지였던 무심교와 벽초지의 터줏대감 파련정, 그리고 시시각각 시원스레 물을 토해내는 인공 폭포인 벽초폭포도 놓치기 아까운 볼거리다.

:: 영조의 효심이 배어 있는 파주 보광사

통일신라 진성여왕 8년(894년)에 도선국사가 창건한 사찰로 전해지는 보광사는 조선 영조 때 숙빈 최씨의 묘소인 소령원(사적 제358호)의 원찰(願刹)이 되었다. 우리나라 13개 원(園) 중 가장 아름답다는 소령원은 생모에 대한 영조의 효심이 고스란히 담겨 있는 곳이기도 하다.

이런 영조의 깊은 효심은 보광사에서도 어렵지 않게 찾아볼 수 있다. 영조는 보광사 어실각에 숙빈 최씨의 위패를 모시고 매월 초 친히 찾아와 모친을 위한 제를 올렸고, 어실각 앞에는 어머니에 대한 그리운 마음을 대신하기 위해 향나무를 심었다고 한다. 영조의 효심이 담긴 향나무는 아직도 그 자리에 당당한 모습으로 서 있다.

파련정에서 바라본 벽초지

보광사의 대웅전

보광사 대웅전의 벽화

　보광사에서 또 하나 인상적인 것은 대웅전(경기도유형문화재 제83호)이다. 세월의 흔적을 고스란히 담아내는 예스러운 모습도 그러하거니와, 대웅전의 벽면 판재에 그대로 그려놓은 벽화에서도 눈길이 쉬이 떨어지지 않는다. 불화라기보다 민화에 가까워 보이는 벽화가 보는 사람의 입가에 미소를 머금게 하는 묘한 매력을 지니고 있다.

　용미리 장지산 자락에 있는 파주용미리석불입상(보물 제93호)도 그냥 지나치기 아쉽다. 파주용미리석불입상은 고려 선종의 후궁인 원신궁주가 두 도승(道僧)에 관한 꿈을 꾼 뒤, 이곳 장지산 남쪽 기슭의 바위에 두 도승을 새기고 절을 지어 불공을 드린 후, 왕자 한산후를 낳았다는 전설이 전해오는 곳이다. 그러나 이 석불입상은 1995년에 발견된 명문에 의해 고려시대가 아닌 조선 세조 11년(1465년)에 세조와 정희왕후의 모습을 미륵불로 조각한 것임이 밝혀졌다.

Silver Travel Tip

- 임진각국민관광지 비무장지대 연계관광의 경우, 노약자(만 65세 이상)와 장애인(1~3급, 동반자 1인)에 대한 할인 혜택이 있다. A코스(제3땅굴 모노레일 관람)를 기준으로 개인인 경우 노약자는 7,400원, 장애인은 5,900원이며, 단체(30인 이상이 자체 버스를 이용할 경우)인 경우 노약자는 3,300원, 장애인은 1,500원이다. 개인인 경우 사전 예약이 불가능하지만 단체인 경우에는 사전 예약도 가능하다(단체 예약 031-954-0303).

- 두포IC에서 잘 뚫린 신도로를 벗어나 옛길로 들어서면 파산서원을 만날 수 있다. 파산서원은 선조 원년 율곡 이이와 휴암 백인걸 등 파주 지역 유생들의 주창으로 창건한 서원으로, 조선 말 대원군의 서원 철폐시에도 존속됐던 47개 서원들 중 하나다. 승용차나 승합차는 상관없지만 대형 버스가 진입하기에는 서원 입구가 다소 좁다. 대형 버스의 경우 도로변에서 서원으로 진입하는 눌노교 부근에 주차하면 된다.

- 경순왕릉을 둘러본 후 시간적인 여유가 있다면 호로고루성지(경기도기념물 제174호)도 한번쯤 찾아볼 만하다. 호로고루성은 경기도 지역에서 조사된 고구려 관방(關防) 유적으로 당포성, 은대리성과 함께 3대 평지성(平地城) 중 한 곳이며, 수심이 낮은 고랑포를 수비하기 위해 지은 석성(石城)이다. 최근 방문객이 늘면서 성지 주위에 간이 주차장을 마련했지만 주차 공간이 협소한 편이라 대형 버스가 진입하기에는 다소 어려움이 있다.

북녘을 바라보는 도라산전망대

파주용미리석불입상

경순왕릉

여행정보(지역번호 031)

숙박

단체로 여행할 때 숙박시설만큼 중요한 것도 없다. 단체 숙박이 가능한 곳을 선택해야 저녁 시간을 더욱 유용하게 활용할 수 있기 때문이다. 파주 일대에서 단체를 위한 숙박업소로는 쇠꼴마을(959-0123)과 탐라국유일레저타운(948-6161)을 꼽을 수 있다. 두 곳 모두 최소 4인에서 최대 30인까지 수용할 수 있는 숙박시설이 구비되어 있으며, 다양한 부대시설을 갖추어 풍성한 저녁 시간을 보낼 수 있다. 쇠꼴마을은 수영장, 황토찜질방, 바비큐파티장, 캠프파이어장 등의 부대시설을 갖추고 있고, 탐라국유일레저타운에서는 승마장과 보트장을 포함한 다양한 레저시설과 여독을 말끔히 풀어줄 온천도 함께 즐길 수 있다.

맛집

자유로 당동IC로 빠져나오면 왼쪽으로 반구정 이정표가 있는데 그 주위로 장어구이와 매운탕 식당들이 밀집해 있다. 그중에 반구정나루터집(952-3472)과 반구정임진강나루(954-9898)가 추천할 만하다. 두 곳 모두 장어구이와 매운탕을 전문으로 하는 식당으로 이 메뉴 외에도 참게장, 황복 등 다양한 요리를 맛볼 수 있다. 두포IC에서 37번 국지도로 들어서면 임진강폭포어장(959-2222)을 만날 수 있다. 이곳의 주요 메뉴는 송어회이지만, 산천어회와 철갑상어회도 함께 맛볼 수 있다. 탐라국유일레저타운에는 제주산 흑돼지와 말육회, 말샤브샤브 등 말고기 요리를 맛볼 수 있는 탐라목장PYOPYO(948-5501)와, 한라산 돼지를 나무 도마에 올려놓고 먹는 제주식 삶은돼지고기 요리를 파는 돔베돈가(948-5457)가 있다. 벽초지문화수목원 내에도 식사할 수 있는 공간이 있다 The BCJ PLACE 2층에 있는 레스토랑 '나무'(957-2004)가 그곳인데 웰빙콩비지탕, 불고기덮밥, 새송이덮밥, 허브돈가스 등 간단히 한 끼를 해결할 수 있는 메뉴들이 다양하게 준비되어 있다.

쇼핑

■ **파주장단콩전시관** : 임진각국민관광지 내에 있는 파주장단콩전시관은 파주의 명품인 파주 장단콩을 주제로 한 콩 전문 박물관이다. 장단콩을 포함한 파주 농특산물을 구입하고 싶다면 파주장단콩전시관 옆에 자리한 파주시 친환경특산물 홍보관(953-9500)을 찾으면 된다. 파주시 농업기술센터에서 운영하는 이곳에서는 파주 장단콩과 개성 인삼은 물론 파주 으뜸쌀과 꿀배, 버섯 등 파주의 명품 농특산물을 저렴한 가격에 구입할 수 있다.

성지를 찾아가는 종교여행
여섯 번째 테마

공주_구동관   당진·서산_이영관   화순_한은희   서천_김수남

신원사 대웅전 앞마당

{ 백제의 고도에서 만나는
천년고찰의 편안함

공주 公州 _구동관

공주 여행은 백제로의 여행이며, 계룡산과 함께하는 여정이다.
우리나라의 고대국가 중에서 가장 화려한 문화를 꽃피웠던 백제.
그중에서도 가장 빼어난 문화는 바로 웅진의 역사였다.
천년 고도의 추억은 이제 아득한 옛이야기로 남았지만 무열왕릉,
공산성 등 백제의 향기가 가득한 유적들과 만날 수 있다.
계룡산은 예로부터 신령스럽고 영험한 산으로,
이미 신라시대에 태백산, 지리산과 함께 오악(五岳)의 성지였다.
그런 역사적 배경으로 산자락을 따라 동학사, 갑사, 신원사 등
이름난 절집들도 많아 마음을 넉넉하게 해주는 절집 여행을 하기에도 좋은 곳이다.

추천일정

Day 1
09:30 논산천안고속도로 정안IC 통과
09:30~10:00 정안IC를 나와 604번 지방도를 이용하여 마곡사(041-841-6221) 주차장 도착
10:00~12:00 마곡사 답사
12:00~14:00 사곡면(629번 지방도)→우성삼거리(32번 국도)→월송교차로(23번 국도)→계룡면 등을 거쳐 갑사 주차장 도착 후 점심식사
14:00~16:00 갑사(041-857-8981) 답사
16:00~16:30 신원식당 앞(691번 지방도)을 거쳐 신원사(041-852-4230) 매표소 도착
16:30~18:00 신원사 답사
18:00~19:30 중장삼거리(691번 지방도)를 거쳐 청벽 근처에서 저녁식사(장어구이) 후 숙박

Day 2
07:30~09:00 동학사 입구로 이동, 아침식사
09:00~11:00 동학사(042-825-2570) 답사
11:00~12:00 박정자삼거리(죠회전, 공주 방면)·석장리박물관(041-840-2191) 관람
12:00~14:00 공주 시내로 이동, 공산성(041-856-7700) 답사 후 점심식사(쌈밥, 우렁된장찌개)
14:00~16:00 송산리고분, 무령왕릉(041-856-3151)과 국립공주박물관(041-850-6300) 관람
16:00~16:30 국립공주박물관에서 나온 뒤 천안 방면→정안면을 경유해 논산천안고속도로 정안IC 진입

::어디가 더 빼어날까, 마곡사와 갑사

충청권의 절집 풍경을 이야기할 때면 '춘마곡 추갑사(春麻谷秋甲寺)'라는 말을 한다. 봄 풍경은 마곡사가 좋고, 가을 경치는 갑사가 좋다는 뜻이다.

사곡면 운암리 태화산 기슭에 자리 잡은 마곡사는 신라 선덕여왕 9년(640년)에 자장율사가 창건했다. 조계종 25개 본사 중 제6교구 본사다. 절집이 자리한 곳은 산과 물의 형태가 태극 모양인 명당지이며『정감록』,『택리지』등에서 기근이나 전쟁이 없는 십승지지(十勝之地) 중 한 곳으로 꼽았다. 대웅전이 대광보전 뒤쪽으로 위치해 있는 점과 부처님을 건물 왼편인 서쪽에 안치한 점이 다른 절집들과 다르다. 사람이 죽어 저승에 가면 염라대왕이 "마곡사 싸리나무 기둥을 몇 번이나 돌았느냐?"고 물어볼 때 많이 돌았다고 하면 극락길이 가까워지고 별로 돌지 않았다고 하면 지옥으로 가까워진다는 재미있는 이야기도 전해지고 있다. 재미

마곡사 대웅보전

갑사 연못에 핀 연꽃

삼아 싸리나무 기둥을 돌아보는 것도 어르신들의 여행에 활력이 될 것이다.

계룡면 중장리에 자리 잡은 갑사는 백제 구이신왕 1년(420년)에 고구려 승려 아도(阿道)가 창건했다. 지금은 마곡사의 말사(末寺)이지만, 신라 때는 지리산 화엄사, 가야산 해인사 등과 함께 화엄 10대 거찰 중 한 곳이었다. 갑사 여행의 즐거움은 주차장에서 갑사에 이르는 숲길에서 시작된다. 2km 정도 이어진 숲길이라 '오리(五里) 숲'이라 불려왔다. 어른의 아름을 넘기는 참나무, 단풍나무, 느티나무들이 자연스럽게 어울려 울창하다. 단풍이 아름다워 '추갑사(秋甲寺)'의 대표적인 풍경이 된다. 갑사의 재미있는 행사로는 매년 정월 초사흗날 올리는 갑사 '괴목대신제'가 있다. 갑사와 마을 주민들이 수령 1,600년인 괴목의 당산 신에게 제사를 올리는 행사로 불교와 전통 신앙이 잘 어우러진다.

:: 종교의 어울림, 신원사와 동학사

계룡면 양화리에 있는 신원사는 백제 의자왕 11년(651년)에 보덕화상이 창건한 천년 고찰이다. 계룡산 자락의 다른 절집들에 비해 규모가 크지 않지만 인적힘을 느끼기에는 더 좋다. 대웅전 앞마당의 초록빛 잔디와 절집을 둘러싼 우람한 벚나무가 안락한 분위기를 조성하는 데 한몫한다. 벚꽃이 만개하는 봄철에 아름다움의 절정을 이루는 신원사에는 국제선원(禪院)이 설치되어 있어 파란 눈의 스님들도 만날 수 있다.

해마다 음력 3월 16일 전후하여 '중악단(보물 제1293호)'을 중심으로 계룡산 산신제가 열리는데 유가식, 불가식, 무가식 등 종합 산신제 형식이 이채롭다. 조선시대에 태조 이성계가 '계룡단'을 만들고 올리기 시작한 산신제는 조선 중기 한때 폐지되기도 했지만 1876년부터 '중악단'을 설치하여 그 전통을 이었다. 묘향산의 '상악단', 지리산의 '하악단'과 함께 만들어진 3악(三岳) 중에 현재는 신원사의 '중악단'만 남아 있다. 궁궐 양식을 그대로 축소하여 만든 건물 안에 '산신도'가 있다.

 계룡산 자락을 따라 동학사, 갑사, 신원사 등 이름난 절집들이 많지만, 가장 많은 사람들이 찾는 곳은 반포면 학봉리에 자리 잡은 동학사라고 할 수 있다. 우선 대전과 가깝고 교통이 편리하기 때문이다. 신라 성덕왕 23년(724년)에 회의화상이 상원사를 창건한 것에서 시작된 동학사에는, 단종과 단종의 죽음을 막기 위해 노력한 충신들의 위패를 모신 숙모전, 고려 말기 삼은(三隱, 목은(牧隱) 이색, 포은(圃隱) 정몽주, 야은(冶隱) 길재를 함께 부르는 말)을 모신 삼은각, 신라 충신 박제상의 제사를 지내는 동계사 등이 있는 점이 이채롭다.

 계곡의 물이 맑고 신록과 단풍이 아름다워 사철 내내 여행객들의 발길이 끊이지 않지만, 벚꽃축제가 열리는 봄날에 가장 화사하다. 동학사 초입인 박정자삼거리부터 시작되는 벚꽃길은 동학사 주차장을 2km 남겨두고는 터널을 이룬다.

:: 역사와 만나는 공주, 문화와 만나는 공주

 공주 여행은 역사와의 만남이기도 하다. 우금치 고개에서는 동학혁명군의 치열한 전투를 떠올릴 수 있고, 공산성에서는 백제군의 함성을 들을 수 있다. 금강가에 있는 석장리 선사유적지에서는 아주 먼 석기시대로 돌아간다.

 우금치 고개는 공주에서 부여로 향하는 길인 금학동에 있다. 1894년 동학농민군이 관군과 일본군의 연합군에 맞서 최후의 전투를 벌인 곳이다. 동학농민군의 넋을 달래기 위해 1973년에 동학혁명위령탑이 세워졌다.

 백제의 흔적을 돌아보기 좋은 곳은 공산성과 무열왕릉이다. 공주시 산성동에 있는 공산성 여행에서는 금강의 물소리가 동무가 되고, 산새들의 조잘거림이 연인이 되어 함께한다. 성문을 지키던 공산성 수문병의 교대 의식은 매년 4월부터 10월까지 금서루 일대에서 재현된다.

송산리 고분군은 잃어버린 백제의 역사와 만날 수 있는 곳이다. 무령왕릉은 일반인에게 개방되지 않지만 똑같이 만든 모형 고분을 둘러볼 수 있으며, 무령왕릉에서 발굴된 귀한 보물들은 공주국립박물관에 전시되어 있다. 더 먼 과거로의 여행을 원한다면 장기면 장암리에 있는 석장리박물관을 찾으면 된다. 구석기 유물이 발굴된 금강 가에 있는 석장리 선사유적지는 구석기시대에 우리나라에도 사람이 살았음을 처음으로 알게 해준 중요한 곳이다.

역사뿐 아니라 문화와도 만나려면 공주시 무릉동에 있는 판소리전수관을 찾아가자. "우리 것은 소중한 것이여" CF로 잘 알려진 판소리의 대가 박동진 선생을 기념해 만든 판소리전수관은 어르신들의 여행 코스로 좋은 곳이며, 판소리 체험이 가능하다. 의당면 청룡리에 있는 공주민속극박물관은 한국의 민속예능에 대한 자료들을 살펴볼 수 있는 특별한 박물관이다. 민속극에 쓰인 인형, 탈, 악기와 전통 예술의 기반인 무속 자료도 함께 모아두었다.

10기가 넘는 고분들이 모여 있는 송산리 고분군

Silver Travel Tip

- 논산천안고속도로의 개통으로 공주는 수도권과 더욱 가까워졌다. 사찰 두 곳 정도를 돌아보는 계획으로 나서면 당일 여행도 괜찮지만, 공주를 여유롭게 돌아보려면 1박2일 여행이 적당하다.

- 마곡사, 갑사, 동학사는 주차장에서 절집까지 꽤 긴 길을 걸어야 한다. 풍경이 뛰어나 산책하기 좋은 길이지만, 몸이 불편하다면 매표소의 양해를 구하고 승용차로 이동할 수 있다. 다른 절집에 비해 신원사의 진입로는 거리가 짧아 도보로 10분이면 충분하다. 그 길도 걸어서 이동하기 어렵다면 승용차로 절집 앞까지 갈 수 있다.

- 금강자연휴양림에서 숙박한다면 아침 산책을 하기에 좋은데, 이용객이 많아 주말 예약은 쉽지 않다. 동학사의 온천 지구 숙소를 이용하면 온천을 겸한 여행을 할 수 있다. 대전 유성온천도 고려해 볼 만한 숙소다. 승용차로 공주 시내에서 30분, 동학사에서 15분이면 갈 수 있다.

- 성벽을 따라 공산성을 돌아보는 일은 가파른 길이 많아 조심해야 한다. 노약자나 장애인은 휠체어 이용이 가능한 성 안쪽의 길을 이용하면 된다.

- 송산리 고분군에서 왕릉을 따라 산책하는 길은 경사가 있긴 하지만 잘 정비되어 휠체어 이용도 가능하다.

- 석장리박물관은 별 불편함 없이 관람할 수 있지만, 공주민속극박물관은 오래된 건물이라 계단이 많으며 전시장도 2, 3층에 있다. 휠체어를 이용하는 경우라면 관람하기가 어렵다.

동학사 계곡의 가을

벚꽃이 화사한 신원사

수문장 교대식이 열리는 공산성 금서루

여행정보(지역번호 041)

숙박

금강자연휴양림(850-2686)은 충청남도에서 운영하는 휴양림이다. 인터넷으로 예약할 수 있다(www.keumkang.go.kr). 동학사 주차장 근처에는 동학산장(042-825-4301), 계룡산장(042-825-4019), 금수산장(042-825-4358) 등이 있고, 주차장에서 2km 떨어진 온천 지구에는 최근에 지어진 모텔들이 몇 곳 있다. 공주 시내에서는 신관동에 있는 금강호텔(852-1071)과 앙상블모텔(854-8822)이 한국관광공사에서 선정한 굿스테이 업소다. 공주 여행과 연계하여 대전 유성온천을 이용하는 것도 괜찮다. 스파피아(042-600-6006), 유성호텔(042-820-0100) 같은 특급 호텔부터 오랜 전통을 자랑하는 대온장(042-822-0011), 홍인호텔(042-822-2000) 등이 있으며 모텔도 많아 선택의 폭이 넓다.

맛집

공주 시내 공산성 앞 고마나루돌쌈밥(857-9999)은 쌈밥이 일품이다. 공산성 주차장에서 시내 쪽으로 있는 토속식당(855-4706)의 우렁된장은 어르신들이 좋아할 맛이다. 금강산림박물관에서 가까운 금강변의 기암절경 청벽 주변은 장어구이가 유명하다. 옛날어씨네(852-7340)와 청벽가든(854-7383)에 손님이 많다. 동학동 주차장에서 벚꽃길로 들어서 200m 내려오면 슈두부를 잘하는 은행나무집(042-825-4227)이 있다. 벚꽃 터널 중간쯤에 자리 잡은 도덕봉가든(042-826-6777)은 오리훈제가 유명하다. 벚꽃 터널 끝자락의 동다송(042-825-0531)에서는 다양한 수제 차를 음미할 수 있으며 수제비도 맛있다. 갑사 주차장 맞은편 수정식당(857-5164)은 버섯찌개와 버섯덮밥을 잘한다.

옛날어씨네 장어구이

쇼핑

- **정안밤** : 정안밤은 지리적 표시제로 등록된 공주의 대표적인 농산물이다. 밤알이 크고 육질이 단단하며 당도가 높고 저장력도 우수하다. 알밤체험농장도 많아 적당한 비용을 내고 정안밤을 직접 주워 갈 수 있다.
- **분청사기** : 젊은 예술가들이 분청의 전통을 잇기 위해 노력하는 계룡산 도예촌에서는 분청사기를 비롯하여 다양한 종류의 도자기를 구입할 수 있다. 도예가들의 작품을 모아둔 전시 판매장이 마련되어 있으며, 공방 10여 곳에서는 도예체험도 가능하다.

계룡산 도예촌

해미읍성 서문에서 옥사로 향하는 길

{ 서해안 천주교 성지의
숨결을 찾아서

당진·서산 唐津·瑞山 _이영관

역사적으로 당진과 서산은 중국과의 교역이 활발했던 곳으로
서해안의 항구를 통해 천주교가 자연스럽게 전파된 곳이다.
조선 말기의 위기감 속에 불어닥친 왕권 강화와
서양 문명을 거부하는 흐름 속에서 천주교인들은 왕권에 위협이 되며
서양 문명을 전파하는 역도로 인식되어 피를 말리는 수난을 당해야 했다.
당진과 서산의 천주교 성지 여행은 지리적으로 당진의 솔뫼성지, 합덕성당,
신리성지와 서산의 해미읍성, 생매장 순교지인 여숫골로 이어지는 코스가 좋다.

추천일정

Day 1

09:30 서해안고속도로 송악IC 통과

09:30~11:00 한진포구→안섬포구→성구미포구(38번 국도)에서 바다 풍경을 감상한 후 38번 국도를 반대 방향으로 이동하여 삽교호함상공원(041-363-6960) 도착

11:00~12:00 삽교호함상공원 관람

12:00~13:30 삽교호관광지에서 점심식사(생선회, 조개구이)

13:30~15:30 김대건신부탄생지(34번 국도→622번 지방도, 우강면 송산리/041-362-5021)→합덕성당(32번 국도, 합덕읍 합덕리/041-363-1062)→신리성지(32번 국도 예산 방향, 합덕읍 신리/041-363-1353)

15:30~18:00 서산IC 경유(70번 국가지원지방도→618번 지방도)→서산마애삼존불(해미면 읍내리→041-660-2538) 도착 및 관람→보원사지 경유 용현계곡, 용현자연휴양림(운산면 용현리/041-664-1971) 산책 및 휴식

18:00~19:30 저녁식사(토종닭백숙, 민물매운탕)

Day 2

06:30~07:30 기상 후 용현계곡과 용현자연휴양림 산책

07:30~09:30 세면 후 아침식사(어죽)

09:30~11:00 농협중앙회 가축개량사업소(618번 지방도→647번 지방도) 경유 해미읍성(서산시 읍내동/041-660-2357) 도착 후 관람

11:00~12:30 천주교 순교성지 여숫골(041-688-3183) 답사→천수만 철새도래지(29번 국도 경유 40번 국도)→간월도 도착

12:30~15:00 점심식사(굴밥)→간월암(041-664-6624) 답사 후 간월도 산책

15:00~15:50 홍성 방향(40번 국도)으로 이동 후 서해안고속도로 홍성IC 진입

:: 김대건 신부의 탄생지, 솔뫼성지

우리나라 최초의 천주교 신부인 김대건 안드레아 신부가 태어난 곳은 충남 당진군 우강면 송산리에 있는 솔뫼성지인데, 서해안고속도로를 이용하여 방문하는 것이 편리하다. 서해안고속도로 송악IC를 빠져나오면 좌우로 펼쳐지는 해안도로의 풍경이 아름답고, 좌회전하여 3km 정도 이동하면 서해대교를 아름답게 감상할 수 있는 곳에 삽교호관광지가 위치하고 있다. 삽교호관광지 내에는 해군 퇴역 함정을 활용하여 조성한 삽교호 함상공원이 볼거리를 풍성하게 해준다.

삽교호관광지에서 34번 국도와 622번 지방도를 이용하여 예산의 합덕 방향으로 이동하다 보면 곳곳에 이정표가 있어 솔뫼성지를 쉽게 찾을 수 있다. 김대건 신부는 조선 순조 21년(1821년)에 솔뫼성지에서 태어나 생활했으며, 생가 뒤편에는 김대건 신부의 동상이 세워져 있다.

솔뫼성지, 김대건 신부의 생가

김대건 신부는 천주교인들에 대한 탄압이 극심해져도 포교를 계속하다가 1846년 6월 밤에 체포되어 사제 생활 1년 1개월 만인 그해 9월에 새남터에서 군문효수형을 받고 순교했다. 당시 김대건 신부의 해박한 지식과 외국어 실력에 탄복한 일부 대신들은 그를 배교시켜 나라의 일꾼으로 쓰려고 노력했지만, 그가 도리어 관리들을 교화하려 하자 사학(邪學)의 괴수라는 죄목으로 사형을 선고했다.

:: 조선의 카타콤, 신리성지

김대건 신부 탄생지에서 '조선의 카타콤'이라 불리는 신리성지에 가려면 32번 국도를 타고 자동차로 10여 분 이동하면 되는데, 신리성지로 이동하는 중간에 또 다른 천주교 성지로 알려진 합덕성당도 쉽게 찾을 수 있다. 합덕성당은 1929년에 건축됐는데, 서양식 건축양식으로 벽돌과 목재를 사용하여 고풍스럽고 서로 마주 보는 쌍탑으로 세워진 종탑은 건물의 웅장함과 1900년대 초기 천주교 건축양식을 이해하는 데 큰 도움을 준다.

합덕성당에서 32번 국도를 따라 예산 방향으로 4km쯤 떨어진 곳에 위치한 신리성지를 찾아가려면 약간은 주의를 기울여야 한다. 왜냐하면 32번 국도에서 이정표를 따라 왼쪽 방향으로 500m 정도를 자동차가 어렵게 교차하여 지나갈 수 있는 좁은 시골길로 이동해야 하기 때문이다. 1861년에 건립된 신리성지는 신리공소라고 불리기도 하는데, '공소'란 회당을 의미한다. 신리성지가 '조선의 카타콤'이라 불리는 것은 조선시대 천주교 박해 시기에 신리가 교우들의 마을이자 목자들의 은신처였고, 성사를 배령하던 성당이었을 뿐 아니라 순교자들의 마지막 안식처였기 때문이다.

:: 순례자들의 발길이 끊이지 않는 해미읍성

신리성지에서 서산의 해

미읍성을 찾아가는 길은 여러 가지가 있지만, 백제인의 미소가 살아 숨 쉬는 서산마애삼존불(국보 제84호)을 경유하는 편이 좋다. 신리성지에서 서산마애삼존불을 찾아가려면 32번 국도를 이용하여 합덕 읍내로 이동하다가 합덕 읍내에 도착하기 전에 이정표를 따라 우회전하여 70번 국가지원지방도로 향하는 지름길을 따라 이동하면 10여 분 정도 시간을 절약할 수 있다.

서산마애삼존불이 있는 가야산에는 용현계곡이 자리 잡고 있는데, 그 계곡을 따라 자동차로 10분 정도 올라가 용현자연휴양림에서 삼림욕을 하며 쉬어 가는 것도 매력적이다.

가야산에서 해미읍성을 찾아가려면 618번 지방도를 이용하여 서해안고속도로 서산IC 방향으로 이동하다가 좌회전하여 647번 지방도를 따라 해미 방향으로 20분 정도 이동하면 된다. 해미읍성에 도착하기 전에 도로 좌우에 넓게 펼쳐진 한우목장의 목가적인 분위기가 매력적인데 마치 유럽이나 미국의 대목장을 연상시킨다. 봄철에 방문하여 시간이 허락되면 인근의 개심사에서 왕벚꽃의 화려한 자태를 감상하는 것도 좋다.

해미읍성(사적 제116호)은 조선 태종 18년(1418년)부터 세종 2년(1420년)에 걸쳐 건립된 읍성으로 충청도의 군사권을 통수함은 물론 내란 방지와 왜구 격퇴 등 다목적으로 축성된 성곽이다. 이 성곽은 조선 말기에 대원군의 쇄국정책에 따라 천주교 박해 장소로 활용되어 많은 천주교인들이 고초를 겪었다.

:: 천주교인들의 생매장 순교지, 여숫골

천주교인들의 생매장 순교지로 알려진 여숫골은 해미읍성에서 1.2km 떨어진 하천 변에 자리 잡고 있다. 1866년 병인양요와 1868년 옵페르트 도굴 사건('남연군 묘' 도굴 사건)으로 인해 천주교 박해는 더욱 극심해졌다. 당시 충청도 내포 지역의 많은 천주교 신자들이 해미 감옥에 투옥되어 고초를 겪었는데, 천주교인들 중 일부는 해미읍성의 서문 밖에서 처형되고 대부분은 여숫골에서 생을 마감했다.

읍성 내에서 고문을 받다가 숨진 사람들을 제외하면 사형수도 읍성 밖에서 사형을 집행하는 것이 당시 관행이었기 때문에, 순교자들은 만신창이가 된 몸으로 해미읍성 내의 감옥에서 서문을 통과하여 밖으로 나가면서 서서히 죽어갔다. 자리개질, 생매장, 수장 등 형용할 수 없이 끔찍한 방법으로 처형됐고 이렇게 순교한 천주교인들이 무려 1,000여 명에 이른다.

서산의 천주교 성지를 답사한 후에 여건이 허락되면 간월도를 방문해도 좋다. 여숫골 성지에서 29번 국도를 따라 홍성 방향으로 자동차로 20여 분 이동하다가 서해안고속도로 홍성IC 인근에서 40번 국도를 따라 우회전하여 안면도 방향으로 이동하면 쉽게 찾을 수 있다. 간월도에는 만조 때 바다 위에 떠 있는 간월암이 매력적이고, 웰빙 음식으로 알려진 굴밥이 유명하다.

서산 지역에서 천주교인들이 가장 많이 순교한 여숫골

Silver Travel Tip

- 첫날 오전 9시 이전에만 출발하면 수도권과 충청권에서 비교적 여유롭게 즐길 수 있는 1박2일 여행 코스다. 여기서 언급한 경유지들은 서산마애삼존불을 제외하고는 대부분 다리가 불편한 노약자나 장애인도 자동차를 이용하여 편안하게 찾아갈 수 있다.

- 김대건 신부 탄생지인 솔뫼성지는 정문 앞에 주차장이 있지만 성지 내에서 자동차를 타고 여행하는 것은 불가능하다. 하지만 성지 내부는 경사가 완만하여 노약자와 장애인이 휠체어를 이용하여 관람할 수 있다.

- 합덕성당은 입구까지는 자동차를 타고 도달할 수 있지만, 입구에서 성당으로 오르는 아름다운 돌계단에는 노약자와 장애인을 위한 특별 장치가 설치되지 않아 먼발치에서 합덕성당의 전경을 바라보는 것이 좋다. 하지만 신리성지는 평지라 휠체어를 타고 자유롭게 관람할 수 있다.

- 백제인의 미소를 머금은 서산마애삼존불로 향하는 산비탈은 경사가 가파른 데다 노약자와 장애인을 위한 특별한 시설이 아직 없다. 하지만 가야산 자락에 위치한 용현자연휴양림은 차도가 잘 정비되어 여행하기에 편리하다.

- 해미읍성은 평지에 축성되어 휠체어가 자유롭게 드나들 수 있지만, 노약자와 장애인이 혼자 힘으로 돌로 축성된 성곽을 따라 주변 풍경을 살펴보는 것은 쉽지 않다.

- 여숫골 성지는 도로에서 10여m 낮은 평지에 조성되어 성지 내부를 관람하려면 돌계단을 내려가야 한다. 휠체어로 움직이는데 동행자가 없다면 돌계단 위에서 전체 풍경을 감상하는 것에 만족해야 한다.

김대건 신부의 동상

서산마애삼존불

신리성지

여행정보(지역번호 041)

🛏 숙박
솔뫼성지, 합덕성당, 신리성지, 해미읍성, 여숫골 성지 등에는 관광객들에게 추천할 만한 숙박업소가 없다. 당진·서산 여행 코스에서 하룻밤 묵기에 가장 적합한 곳은 서산마애삼존불이 있는 가야산의 용현계곡과 용현자연휴양림(664-1971)이다. 용현계곡에는 이슬펜션(664-6336)과 황토민박(662-0129)이 매력적인데, 피로 회복에 큰 효험이 있는 곳으로 소문나서 단골손님들이 주로 이용한다.

🍴 맛집
삽교호관광지 내에서 아산만과 삽교호를 한눈에 내려다보면서 해물탕과 다양한 활어회를 맛볼 수 있는 전망대횟집(362-8701)을 추천한다. 가야산으로 이동하면 서산마애삼존불로 향하는 어귀에 용현집(663-4090)의 어죽이 유명하고, 용현계곡의 서울가든(664-6336)은 닭도리탕과 오리백숙이 일품이며, 간월도의 대표 음식인 굴밥을 맛보려면 맛동산(669-1910)에 가자. 굴밥이 가장 맛있는 식당이다. 간월암과 어우러진 낙조를 감상하면서 활어회를 맛보기에 적합한 식당은 등대회관(669-2708)이다.

간월도의 대표 음식, 굴밥

🎁 쇼핑
- **면천두견주** : 두견주는 진달래 꽃잎을 섞어 담근 향기 나는 술이다. 진달래꽃에 꿀이 많아 술에 단맛이 나고 요통, 진통, 해열, 류머티즘 등의 치료약으로 써왔다. 2005년 12월, 전통 민속주 제조 기능을 보존하고 전승하기 위해 당진군 면천의 두견주 제조 기능을 중요무형문화재로 지정했다. 면천두견주는 당진 지역의 마트에서 구입할 수 있는데, 더욱 자세한 정보를 얻으려면 (주)면천두견주(355-5430)로 문의하면 된다.
- **서산 어리굴젓** : 어리굴젓은 생굴을 소금에 삭혀 고춧가루를 버무려 짭짤하면서도 매콤한 맛이 나고 빛과 향이 좋아 선물하기에도 적당하다. 현재 간월도에는 어리굴젓을 비롯하여 새우젓, 조개젓, 명란젓, 창란젓, 밴댕이젓, 간장게장 등 지역 특산품을 판매하는데, 청정해 젓갈건어물(011-439-6196) 등 다양한 판매점들이 성업하고 있다.
- **당진 5일장** : 끝수가 5, 10일인 날마다 들어서는 당진 5일장은 아직까지 순박한 시골 장터의 인정을 느낄 수 있는 곳이다. 당진의 대표적인 특산품은 당진 삼베, 당진 쌀, 꽈리고추, 느타리버섯, 송악황토감자, 초락도 약쑥 등이다.

천불천탑으로 유명한 운주사

{ 오랜 세월 민중의 염원을 담고 선
절집으로의 여행

화순 和順_한은희

전남 화순군은 들이 넓고 물이 풍부하여 살기 좋은 조건을 갖춘 덕분에
일찍부터 사람들이 마을을 이루고 살았다.
세계문화유산으로 지정된 화순 고인돌 밀집 지역에서 그 흔적을 찾을 수 있다.
호남 일대가 예로부터 지금껏 사람이 살기 편한 장소였음을 알게 해주는 유적이기도 하다.
이처럼 사람들이 모인 곳에는 문화도 발달한다.
화순에 유난히 사찰이 많은 것도 그런 덕분이 아닐까.
천불천탑(千佛千塔)의 운주사,
3층목탑 대웅전이 있는 쌍봉사 등을 따라 화순 여행을 시작해 보자.

추천일정

Day 1

- 09:30 호남고속도로 동광주IC
- 09:30~10:00 광주제2순환도로 소태IC→화순 방면(22번 국도)→화순중앙병원 사거리(우회전)→매정리 쌍봉사 입구(좌회전)→쌍봉사(061-372-3765) 도착
- 10:30~12:00 쌍봉사 답사
- 12:00~13:30 이양면 소재지에서 점심식사(불낙)
- 13:30~14:00 29번 국도(화순읍 방향)→춘양면 삼거리 지나 좌회전→대신리 3구 지동마을→고인돌 유적지
- 14:00~15:00 대신리-효산리 세계문화유산 고인돌 유적지 답사
- 15:00~15:15 효산리(822번 지방도 따라 좌회전)→817번 지방도(도곡면 방향)
- 15:15~17:30 도곡온천 도착
- 17:30~19:00 저녁식사(두부정식) 후 취침

Day 2

- 07:30~09:00 세면 후 아침식사(순두부, 청국장찌개)
- 09:00~09:30 도곡온천 입구(우회전)→지월리(좌회전, 818번 지방도)→운주사 입구(우회전)
- 09:30~12:00 운주사(061-374-0660) 답사
- 12:00~12:15 운주사 입구(좌회전)→봉하산촌체험마을 이정표 따라 우회전→선림원(061-375-9001) 도착
- 12:15~13:30 선림원 산책 및 점심식사(수제비)
- 13:30~14:30 운주사→석정삼거리(광주 방향)→화순읍(22번 국도)→구암IC(15번 국도)→남면 사평초등학교 앞 삼거리(좌회전)→사평기정떡집(061-372-6522)
- 14:30~16:00 하천 건너기 전 삼거리(우회전)→사평교회 앞(좌회전)→상사교(우회전)→임대정 원림
- 16:00~17:00 사평중학교 앞 삼거리(우회전)→벽송 제2교 앞 삼거리(좌회전, 화순읍 방향)→구암교차로(22번 국도, 화순·광주 방향)→광주제2순환도로 소태IC→호남고속도로 동광주IC

::화순의 국보, 쌍봉사를 만나다

　　　　　　　　　　　　이양면 증리 사동마을에 자리한 쌍봉사는 3층목탑을 대웅전으로 가진 통일신라시대 사찰이다. 처음 사찰이 만들어진 때는 정확하지 않다. 다만 곡성 태안사의 혜철부도비에 혜철이 신무왕 원년인 839년에 당나라에서 돌아와 쌍봉사에서 여름을 보냈다는 기록이 남아 있어 그 이전에 창건됐으리라 추정한다. 이후 문성왕 17년인 855년, 철감선사가 이곳에 머무르면서 철감선사의 호(號)인 '쌍봉'을 절 이름으로 붙였다는 이야기가 전해진다.

쌍봉사 입구인 해탈문을 들어서면 제일 먼저 눈에 띄는 것은 1986년에 복원된 3층목탑 대웅전이다. 이곳에는 석가여래좌상과 석가모니의 제자인 가섭존자와 아난존자가 모셔져 있다. 이곳을 찾는 많은 사람들은 대웅전 한쪽에 앉아 가섭존자의 엷은 미소를 바라보곤 한다. 가섭존자의 미소가 중생의 마음을 어루만져주

쌍봉사 3층목탑 대웅전

쌍봉사 철감선사탑

는 듯 편안하기 때문이다. 속세에서 복잡했던 마음을 가라앉히기에 좋은 장소다.
 21구의 채색 목조각상이 있는 지장전을 돌아 대숲으로 이어지는 산책로를 따라 오르면 화순의 유일한 국보인 철감선사탑에 닿는다. 국보 제57호로 지정된 이 탑은 쌍봉사를 크게 중창했던 철감선사의 부도로 섬세한 조각이 돋보이는 신라 유물이다. 암막새, 수막새 등 기와를 얹은 듯 정교한 지붕 모양을 비롯하여 탑신과 하단의 화려한 조각들이 마치 살아 움직이는 것 같다. 부도탑 옆에는 몸돌 없이 서 있는 철감선사탑비가 있다. 거북이 앞으로 기어가는 움직임을 담고 서 있는 이 탑비는 보물 제170호로 지정됐다.
 신라 고찰인 쌍봉사 곳곳에는 너른 그늘을 드리운 나무들이 많다. 그 나무 그늘 아래에 평상이 놓여져 지친 발길을 쉬어 갈 수 있다. 절 안 약수터에서 약수를 한잔 받아 마시고 평상에 앉아 쌍봉사의 풍경을 누리기에는 제격이다.

:: 선사시대를 체험하는 대신리-효산리 고인돌 유적지

도곡면 효산리와 춘양면 대신리를 잇는 4.5km 고갯길은 기원선 5~6세기 청동기시대의 대표 유적인 고인돌 지대다. 사적 제410호로 지정하여 관리되고 있는 이곳은 영산강의 지류인 지석강을 따라 너른 평지가 펼쳐져 사람들이 모여 살기에 좋았을 것이다. 지금도 고인돌 유적지를 사이에 두고 대신리와 효산리 마을이 자리하고 있다.
 고인돌 유적지가 발견된 것도 마을 입구에 놓여 있던 7~8기의 고인돌 상석(뚜껑돌) 때문이다. 이 마을을 찾은 사학자가 커다란 돌들이 나란히 서 있는 것을 보고, 돌이 놓인 방향을 더듬어 올라가 수풀 속에 숨어 있는 고인돌 지대를 발견했다고 한다. 이곳은 좁은 지역 안에 다양한 형태의 고인돌이 밀집되어 있는 점과 깎아지른 듯한 바위 절벽에 뚜렷한 채석 흔적이 남아 있는 점이 특징이다.

:: 천불천탑의 기적을 만나는 곳, 운주사

도암면 대초리에 자리한 운주사(사적 제312호)는 화순을 대표하는 관광지다. 운주사에는 하룻밤에 천불천탑(千佛千塔)을 세우려 한 도선국사 이야기가 전해진다. 풍수지리에 능했던 도선국사가 배의 돛대와 사공을 상징하는 천탑과 천불을 세우기 위해 하늘에서 석공들을 데려와 공사를 했다는 것이다. 그때 시중들던 동자승이 일하기 싫어 '꼬끼오' 하고 닭 울음소리를 내자 석공들이 아침이 된 줄 착각하여 일하던 손을 멈추고 하늘로 다시 올라갔다고 한다.

이 전설을 뒷받침하듯 운주사 산자락에는 조각을 다 했으나 미처 떼어내어 세우지 못한 와불이 있다. 와불 좌우에는 원래 협시불이 함께 조각되어 있었다고 한다. 왼쪽의 협시불을 떼어내어 세운 것이 와불로 올라가는 길에 서 있는 시위불인데, 일하기 싫어 닭 울음소리를 냈던 동자승이 벌을 받아 그곳에 서 있게 되었다는 이야기도 전해진다.

와불에서 주차장 방향으로 내려오는 길에는 동그랗게 잘라진 바위 7개가 북두칠성 모양으로 배열되어 있는 칠성바위를 볼 수 있다. 실제 하늘에 떠 있는 북두칠성과 그 배열은 물론 빛의 밝기에 따른 돌의 크기까지 같아 우리 선조의 천문지식수준을 짐작케 하는 공간이다. 운주사를 꼼꼼하게 돌아보고 싶다면 운주사 주차장 입구의 관리사무소에서 시작되는 운주사해설프로그램(061-374-0548)에 참가하길 바란다.

:: 자연과 조화로운 쉼터, 선림원과 임대정 원림

도암면 봉하리에는 폐교된 초등학교를 바꾼 자연 쉼터가 있다. 농민 택견을 배울 수 있는 사단법인 선림원이다. 이곳에 휴식 공간인 북카페 '청시'와 한국방향식물원이 자리하고 있

다. 운동장 가득 피어 있는 산야초들이 한국방향식물원의 중심인데, 곳곳에 놓여 있는 의자에 앉아 눈을 감은 채 바람을 타고 날아오는 향기에 취해보자. 본격적인 휴식은 북카페 '청시'에서 누릴 수 있다. 너른 정원을 바라볼 수 있도록 만들어진 탁자에 앉아 아이들과 함께 책을 보면서 천천히 쉬어 갈 수 있다.

　남면 사평리에 자리한 임대정 원림은 조선 철종 때 병조참판을 지낸 사애 민주현이 여생을 보낸 공간이다. 바위 언덕 위에 정자를 짓고 그 아래에 연못 두 개를 파서 백련과 홍련을 심었다. 연못 가운데는 작은 섬을 만들어 배롱나무를 심어두었다. 여름이면 연초록 개구리밥으로 덮인 연못 수면 위에 배롱나무의 분홍 꽃잎들이 떨어져 한 폭의 그림을 그려낸다. 언덕 위 정자 마루에 앉아 발아래 연못 풍경과 사평천을 바라보면서 산들바람과 함께 쉬어 가기에 좋다.

- 쌍봉사는 평지에 자리한 사찰이다. 노약자라도 다니기에는 큰 불편함이 없다. 다만 휠체어 이동로가 없어 불이문을 통과하는 낮은 계단을 올라서기가 쉽지 않다. 철감선사탑으로 가는 길도 계단이 놓여 있어 휠체어 이동은 불가능하다. 그러나 계단의 경사가 완만하고 길지 않아 걷는 데 문제없는 노약자는 충분히 오를 수 있다.

- 화순군 도곡면 효산리와 춘양면 대신리를 잇는 4.5km 고갯길은 자동차로 이동할 수 있다. 길을 따라 고인돌들이 즐비하게 늘어서 있어 자동차 안에서도 관람할 수 있을 정도다. 중간중간 쉬어 갈 수 있는 전망 파고라가 만들어져 있다.

- 운주사는 매표소 앞에 주차장이 마련되어 있다. 장애인이 탄 차량은 사찰 안까지 들어갈 수 있지만, 산등성이에 있는 불사바위나 와불까지 오르기는 쉽지 않다.

- 임대정 원림은 원림 옆 마을로 이어지는 길로 들어서서 길 한쪽에 주차하는 것이 좋다. 원림 앞쪽 두 개의 연못 사이로 이어지는 길을 따라 언덕 위 임대정으로 올라갈 수 있지만 계단이 좁고 안전하지 못하다. 뒤편 마을과 언덕을 잇는 길은 넓다.

- 화순군에서는 4월부터 11월까지 매주 토요일에 광주역에서 출발하여 광주역으로 돌아오는 화순버스투어를 운영하고 있다. 매월 1·2주 토요일과 3·4·5주 토요일로 나누어 두 개의 코스가 운영되는데, 이곳에 소개한 쌍봉사와 화순 고인돌 유적지, 운주사가 포함된 코스는 3·4·5주 토요일 프로그램이다. 추석 연휴 기간에는 화순투어버스가 운행되지 않는다. 1회 탑승 인원은 45명으로 반드시 탑승 예약을 해야 한다. 예약 및 문의는 화순군청 문화관광과(061-379-3503, bus.hwasun.go.kr)로 하면 된다.

화순 고인돌 유적지   임대정 원림

여행정보(지역번호 061)

 숙박

도곡면 천암리, 원화리 일원의 도곡온천지구에 숙박업소들이 밀집되어 있다. 그중에 하우트 모텔(375-7779)은 한국관광공사가 굿스테이로 지정한 숙박업소다. 도곡온천에서 솟아나는 중탄산나트륨 온천수가 각 객실로 공급된다. 객실 내에 황토볼과 대나무숯을 비치하여 맑은 공기를 유지하는 것도 매력적이다. 가족이 함께 머물 수 있는 가족객실 이용료는 1박에 4만원이다. 미송온천호텔(375-9800)도 깨끗하다. 운주사 인근의 봉하산촌마을(375-3258)에서도 민박할 수 있다.

 맛집

70%가 산지로 이루어진 화순군은 밭이 많다. 그래서 주로 생산하는 것은 콩이다. 그렇다 보니 화순군에는 유난히 두부집이 많다. 도곡온천으로 오가는 길가에 즐비하게 간판을 건 두부집들 중 색동두부(375-5066)와 달맞이흑두부사랑(375-8465)이 대표 맛집이다. 색동두부는 파란콩, 흰콩, 검정콩으로 만드는 두부를 기본으로, 납작하게 눌러 만든 포두부에 수육을 싸 먹는 포두부보쌈으로 유명하다. 달맞이흑두부사랑은 검은콩으로 만드는 두부요리집이다. 순두부찌개와 청국장찌개도 맛있다. 남면의 전원식당(372-6004)은 다슬기탕과 다슬기수제비로 유명하다. 선림원 북카페 '청시'에는 잔치국수, 비빔국수, 수제비 등 간단한 식사도 준비되어 있는데, 모든 메뉴는 3,000원 정도에 맛볼 수 있다.

 쇼핑

■ **사평기정떡** : 사평기정떡집(372-6522)은 쌀을 발효하여 만드는 증편 전문 떡집이다. 구경숙 사장의 외할머니 때부터 시작된 떡집으로 오로지 증편만 만들어낸다. 한여름 성수기에는 하루 600상자가 팔려 나갈 만큼 맛있다. 4kg 1상자가 1만 원이지만, 원가 상승으로 2009년 1월부터는 1만 2,000원에 판매할 예정이다. 증편은 여름철에도 실온에서 2~3일간 보관할 수 있으므로 여행 중에 간식이나 아침식사 대용으로 먹기 좋다.

■ **화순 5일장** : 끝수 3, 8일인 날마다 들어서는 화순 5일장은 화순 군청 인근의 화순시장을 중심으로 열린다. 화순 인근에서 생산되는 농산물과 장흥, 보성 등에서 생산되는 해산물이 풍부하다. 능주면에서 많이 생산되는 복숭아가 제철을 만나면 장터 곳곳에 복숭아 판매상이 자리를 잡는다.

그랭이질로 백합 같은 조개를 잡는 춘장대해수욕장 주민들

축복받은 땅, 최초의 성경전래지 마량포구
서천 舒川 _김수남

금강을 사이에 두고 전라도와 얼굴을 맞대고 있는 충청남도의 끝자락, 서천.
서천만큼 다양한 색깔의 관광자원을 가지고 있는 곳도 흔치 않다.
영화 속 배경으로 유명해진 신성리 갈대밭과 금강하구 철새 도래지,
넓은 모래밭이 장관인 춘장대해수욕장과 천연기념물로 지정된 동백나무 숲,
싱싱한 수산물로 넘쳐나는 마량포구와 홍원항,
다이내믹한 농어촌 체험마을들. 그런데 그 서천에 놀랄 만한 일이 더해졌다.
꾸준한 학계의 고증으로 뒤늦게 마량포구가
우리나라에 처음 성경이 전래된 곳이라는 사실이 밝혀진 것이다.
서천은 축복받은 믿음의 땅이다.

추천일정

Day 1

10:00 서해안고속도로 춘장대IC 통과→21번 국도를 타고 우회전→비인면에서 607번 지방도를 타고 춘장대 방향으로 우회전
10:40~12:00 마량포구 성경전래지 도착, 마량포구 산책
12:00~14:00 홍원항으로 이동, 점심식사 후 홍원항 둘러보기
14:00~15:30 서천해양박물관(041-952-0020) 관람
15:30~17:00 춘장대해수욕장 산책(여름에는 해수욕, 041-951-9110)
17:00~18:00 숙소 도착, 여장 풀기
18:00~19:00 마량리 동백나무 숲(041-952-7999) 낙조 감상
19:00 저녁식사 후 마량에서 숙박

Day 2

06:00~07:00 일출 시각 맞춰 일출 감상
08:00~09:00 아침식사
09:00~09:30 농어촌 체험마을로 이동(이색체험마을 또는 월하성체험마을)
09:30~12:00 마을의 농어촌 체험 프로그램 참가
12:00~13:00 점심식사
13:00~15:00 한산모시관(041-950-4431)으로 이동, 한산모시관과 한산소곡주양조장(041-951-0290)을 차례로 관람
15:00~16:00 신성리 갈대밭 산책
16:00 서해안고속도로 서천IC를 이용하여 서천 출발

::1816년 가을, 그 바닷가에 무슨 일이 있었나?

1816년 9월 4일, 중국 산둥반도를 출발한 영국 국적의 두 함선이 비인만 마량진 갈곶에 정박했다. 마량진 첨사의 신분이었던 조대복은 군졸을 거느리고 해상으로 출동하여 그 외국 함선을 문정(問情)하기에 이르렀으니 조선인과 영국인들의 역사적 대면이 이루어지는 순간이었다. 말은 서로 통하지 않았지만, 그들은 충분한 교감을 나누었고 마침내 문정문을 교환했으며, 그 내용은 영국인들의 기록으로 후대까지 남겨지게 되었다.

기록에 의하면 조선인과 영국인들은 그리 적대적이지 않았던 것 같다. 조선인 현감은 영국 군의관으로부터 건강진단 성격의 진찰을 받았고 함포사격을 시범 관람했을 뿐 아니라 식사 초대도 받았다. 그 다음 날 영국인들은 조선인들에게 작은 선물을 남겼는데 그것이 바로 성경이었다. 성경의 전래에는 단순한 종교적 의미 이상이 내포되어 있다. 신문화가 전래되는 역사적인 순간이었고 새로운 사상이 자리 잡게 된 계기였다. 마량포구가 역사의 변혁 한복판에 있었던 것이다.

:: 마량포구 제1경, 동백정

서천의 축복은 오늘날에도 계속되고 있다. 충청도 끝자락에 자리하고 있지만 관광 명소는 어느 곳보다도 넘쳐난다.

비인만을 감싸고 둥그렇게 튀어나온 지형 덕택에 서해안에서는 드물게 아름다운 일출을 감상할 수 있는 곳으로 마량포구가 있다. 마량리 발전소를 뒤로하고 형성된 동백나무 숲과 동백정은 마량포구의 제1경이라 할 만하다. 이곳에 동백나무 숲이 조림된 것은 400년 전이라고 한다. 당시 마량의 수군첨사가 어민들의 안전 항해를 기원하고자 제단을 세우고 제를 지냈는데 그 제단 옆에 처음 동백나무를 심은 것이 현재 동백나무 숲의 유래가 되었다고 한다.

작은 언덕을 뒤덮은 동백나무 80여 그루는 고목으로 성장했고, 지금은 천연기념물 제169호로 지정되어 보호받고 있다. 엉거주춤한 자세로 동백나무 숲속에 들어가면 세상 어느 곳에서도 느낄 수 없는 아늑함이 기다리고 있다. 마치 애니메이션 「이웃집 토토로」에 나오는 정령의 숲 같다는 느낌도 든다. 서해가 한눈에 들어오는 언덕 꼭대기에는 박정희 전 대통령 필체의 현판이 돋보이는 누각, 동백정이 듬직하게 서 있다.

마량이 서해안 끝으로 튀어나와 먼 바다를 직접 대하고 있다 보니 왜구나 중국과의 마찰도 적지 않았으리라. 이와 관련된 옛이야기도 많이 전해지는데, 그중에서도 중국 장수의 두 딸 이야기는 동백 빛깔만큼이나 슬프다. 동백정 밖에 해당되는, 마량 북쪽으로 피는 동백은 붉은색이고 동백정 안에 해당되는, 마량 남쪽으로 피는 동백은 분홍색이라고 한다. 사연인즉, 옛날 중국에서 난을 피해 피

동백정이 있는 마량리 동백나무 숲

마량포구의 일출

신한 장수가 한 명 있었으니 그의 두 딸이 아비의 피난길을 따라나섰다. 그런데 중국 왕실에서는 도망간 장수의 능력을 높이 사서 사로잡아 올 것을 명했고, 그 명을 받아 출동한 병사들과 중국으로 돌아가지 않으려는 장수 사이에 격전이 벌어지게 되었다. 그러다가 마침내 장수가 죽고 말자 병사들은 그의 두 딸이라도 데려가려 했다. 하지만 아버지처럼 딸들도 강하게 저항했으니, 언니는 남쪽 백사장에서 은장도를 꺼내 자결했고, 북쪽으로 달아난 동생은 혀를 깨물어 자결했다고 한다.

후세 사람들은 북쪽에는 빨간 동생의 동백이 피고, 남쪽에는 분홍빛 언니의 동백이 핀다고 이야기하고 있다. 장수와 두 딸의 슬픈 전설 때문일까. 동백정에서 조망하는 서해의 일몰은 동백 빛깔만큼이나 붉어 관광객들의 마음을 아리게 한다.

:: 하루로는 부족한 마량포구의 바다 이야기

사실 마량포구만 둘러봐도 하루가 부족할 정도다. 마량포구와 바로 옆에 있는 홍원항은 바다를 무대로 삶의 끈기를 이어오는 어촌 사람들과 어촌 마을의 풍경을 몸으로 마음으로 느낄 수 있는 곳이다. 특히 철따라 해산물 축제를 열 정도로 해산물이 풍부하다. 봄날의 동백과 주꾸미축제, 여름의 광어·도미축제, 그리고 가을의 전어축제는 이미 전국적인 명성을 얻고 있다.

홍원항과 마량포구 사이 갈림길로 들어서는 언덕에는 서천해양박물관이 들어서 있다. 세계적인 희귀 패류와 아름다운 산호, 진귀한 화석 등이 15만 점가량 진열되어 있고, 철갑상어를 비롯하여 살아 있는 물고기도 일부 전시되어 있다. 아이들에게는 산 교육장이고 어른들에게도 신비의 세계로 다가온다. 땅 위에서의 삶이야 몇 십 년을 자랑한다지만 바다 속 세상은 구경이나 해봤던가!

바다를 좀더 적극적으로 보듬을 수 있는 곳도 있다. 춘장대해수욕장은 넓은 백사장이 압권인데 해수욕장으로 개장하지 않는 봄, 가을, 겨울에도 찾아오는 사람들이 많다. 서해안에 있는 해수욕장들이 대개 그렇듯이 이곳도 경사가 완만하여 어린이나 실버여행객들에게 제격이다. 게다가 규사질의 모래 갯벌이라 물이 깨끗하고 발이 빠지지 않는다. 그 덕분에 갯벌체험도 비교적 품위 있게 즐길 수 있다. 호미같이 간단한 도구만 있으면 조개를 잡을 수 있고 갯벌 생물도 관찰할 수 있다.

:: 갈대와 철새들의 천국, 금강하구

서천의 서쪽에 풍요로운 바다가 펼쳐져 있다면, 서천의 남동쪽에는 갈대와 철새의 천국인 금강이 흐르고 있다. 한산면 신성리에 펼쳐진 30여만 평의 갈대밭은 영화에도 등장한 명소로, 「공동경비구

금강하구에 몰려든 철새들

역 JSA」에서 남과 북의 병사가 달빛 아래 서로 이념의 총부리를 겨누었던 희비극의 현장이다. 지금은 관광객들을 위해 산책로를 말끔히 조성하고 군데군데 볼거리도 만들어놓았다. 사람 키를 훌쩍 넘기는 갈대가 빼곡하게 들어선 이곳에서는 누구나 영화배우가 되고 모델이 된다.

금강하구 쪽으로 조금 내려오면 철새 탐조대가 있다. 금강하구는 갈대가 무성하고 갯벌이 넓게 형성된 까닭에 먹이가 많아 철새들이 쉬어 가기 좋은 조건을 가지고 있다. 겨울이면 고니나 검은머리물떼새 같은 희귀 철새들이 이곳을 많이 찾는데, 특히 수십만 마리가 함께 움직이는 가창오리의 군무는 세상 어디에서도 볼 수 없는 환상의 비경이다.

말 만들기 좋아하는 사람들은 서천과 군산을 잇는 금강하구둑을 두고 '한국의 보스포러스(Bosporus)'라고도 한다. 아시아와 유럽을 잇는 터키의 보스포러스처럼 서천의 금강하구둑은 전라도와 충청도를 잇기 때문이다. 금강하구둑에는 소규모이긴 하지만 놀이공원도 조성되어 있고, 장항 쪽으로는 분위기 좋은 카페촌도 형성되어 있다.

Silver Travel Tip

- 성경이 최초로 전래됐다는 기념비 외에는 별다른 기독교 유적지가 없는 점이 아쉽지만 볼거리와 즐길 거리는 다른 어느 지역보다 풍족하다. 서천의 관광 명소는 크게 마량포구가 있는 서면과 한산모시관, 신성리 갈대밭이 있는 한산면으로 나눌 수 있으니, 이를 고려하여 동선을 짜는 것이 좋다.

- 사리물때를 맞추면 마량리 동백나무 숲 앞에 펼쳐진 갯바위에서 해삼 잡기 체험을 즐길 수 있다. 곳곳에 펼쳐진 물웅덩이에 살아 있는 해삼들이 제 모습을 드러내고 있는데 거동이 불편한 관광객들은 자칫 다칠 염려가 있으니 주의해야 한다.

- 농촌과 어촌을 모두 보듬고 있는 서천에는 월하성어촌체험마을(041-952-7060)과 이색체험마을 같은 체험마을도 많다. '달빛 아래 성(城)'이라는 제법 시적인 이름을 달고 있는 월하성마을은 맛조개 잡기 체험으로 유명하고, 주민들이 경운기에 고깃배를 매달고 바다로 들어가서 띄우는 특이한 광경도 볼 수 있다. 물때가 맞으면 바닷가에서 '해루질 체험'도 즐길 수 있는데, 밤중에 랜턴 같은 불빛을 들고 물 빠지는 선을 따라다니면 흔히 골뱅이로 불리는 갯우렁이, 게, 낙지 등을 잡을 수 있다.

- 그 외에 한산의 대표 특산물인 모시를 살펴볼 수 있는 한산모시관도 서천 여행의 필수 코스이며, 바로 앞에 있는 한산소곡주양조장도 한 번쯤 들러볼 만하다.

대한민국 최초 성경 도래지를 기념하는 마량포구

바다에 직접 들어가는 경운기

여행정보(지역번호 041)

  숙박

서천해양박물관 가기 전에는 버섯 모양으로 된 도깨비펜션(952-7123)이 눈에 띈다. 젊은 부부가 운영하는데 친절하고 싹싹한 데다 시설도 좋아 서천을 찾은 관광객들에게는 널리 입소문이 났다. 춘장대해수욕장에도 아드리아모텔(951-6699)이라는 대형 숙소가 하나 있는데, 바다와 바로 접해 있고 조망도 좋아 인기가 높은 편이다. 그 외에 종천면 산천리에는 희리산해송자연휴양림(953-2230)이 있어서 피톤치드를 몸과 마음으로 들이마실 수 있는 상쾌한 하룻밤을 보낼 수 있다.

  맛집

깨끗하고 음식이 잘 나오는 횟집은 마량포구와 홍원항에 밀집되어 있는데 홍원항의 하나네회센터(952-0054), 혜민네회센터(952-2373), 홍원항횟집(953-3405), 춘장대의 바닷가 횟집(953-7000) 등이 추천할 만하다. 금강하구둑에는 장항 카페촌이 형성되어 멋진 분위기를 좋아하는 사람들이 많이 찾아든다. 보스포러스(957-0086), 화이트뮤즈(956-8259)에서는 저녁마다 라이브 공연이 펼쳐진다. 금강하구는 우렁쌈밥으로도 유명한데 수라원(956-7554), 대장금(956-6848)이 추천할 만하다.

쇼핑

■ **한산소곡주** : 백제 왕실에서 애용했다고 하는 이 술은 허가된 양조장 외에 한산의 민가에서도 빚고 있다. 18도로 부드러운 편이지만 한 잔 한 잔 술맛이 좋아 계속 마시다 보면 일어나지 못한다고 하여 '앉은뱅이 술'이라고도 한다. 한산모시관 건너 한산소곡주양조장(951-0290)에서 구입할 수 있다. 서천 사람들은 일반 가정집의 소곡주를 선호한다. 민가에서 만든 소곡주는 서천 땅 어디에서든 구입할 수 있는데 이때 '생주'를 달라고 해야 한다.

■ **한산세모시** : 한산에서 생산되는 모시는 '한산모시'라고 하여 특상품으로 쳐주는데, 색깔이 희고 맑으며 까칠까칠하면서도 시원한 느낌을 주어 여름철 옷감으로 많이 사용된다. 한산모시관(951-4100)에서 구입할 수 있다.

■ **서천 김** : 서천 앞바다 청정 해역에서 한겨울에 채취한 서천 김은 서해 바다 특유의 향이 전해진다. 해돋이맛김(952-2762) 외 여러 곳에서 생산한다.

■ **해산물** : 싱싱한 해산물과 건어물은 서천 읍내 수산물특화시장에 가면 한자리에서 모두 보고 고를 수 있다. 재래시장 특유의 분위기가 살아 있어 눈요기만으로도 즐거운 곳이다.

| 한국여행작가협회 |

양영훈 travelmaker@empal.com | blog.naver.com/travelmaker
1993년 월간 『샘이 깊은 물』 취재기자를 그만둔 뒤부터 지금까지 한눈팔지 않고 국내 전문 여행작가로 활동하는 데만 전념하고 있다. 여행의 여러 테마 가운데 섬여행, 생태여행, 가족여행, 오토캠핑에 대한 관심이 각별하다. 1999년 『아름다운 바다 여행』 1, 2권부터 근래 발간된 『자연의 신비를 간직한 평화의 섬, 제주도』에 이르기까지 9권의 개인 저서를 펴냈으며, 현재 한국여행작가협회 회장을 맡고 있다.

한은희 sky3600@hanmail.net
국내외 여행 콘텐츠 전문업체인 월드컴에서 국내여행팀장을 지냈으며 경향신문사 출판기획팀장을 거쳐 현재 체험여행을 중심으로 하는 프리랜서로 활동 중이다. 『여성동아』 『레이디경향』 등 잡지와 사보에 여행 기사를 기고하고 있으며, 저서로는 『엄마, 우리 이곳에서 놀아요!』 『초등학생이 꼭 가봐야 할 꼼꼼 학습여행지』 등이 있다. 한국여행작가협회 총무이사를 맡고 있다.

유연태 kotour21@naver.com
국어 교사, 『경향신문』, 『국민일보』 관광 전문 기자를 거쳤으며, 한국관광공사 '이달의 가볼 만한 곳' 선정위원을 맡고 있다. 『조선일보』를 비롯한 각종 사보에 여행기를 연재하는 한편 교통방송(TBS), 한국정책방송(KTV) 등에 출연하고, 우리나라의 여행지와 문화유산을 홍보하는 외에 기업체를 대상으로 한 강의도 펼치고 있다. 저서로는 『내나라 쉴토여행』 『체험학습 어디로 가면 좋을까』 『서울근교여행』 『멋있는 여행, 맛있는 남도』 등이 있다. 가족여행, 맛집기행, 교육여행, 체험여행 등에 각별한 관심을 가지고 있다. 한국여행작가협회 홍보이사를 맡고 있다.

허시명 twojobs@empal.com
서울대에서 국문학, 중앙대 대학원에서 민속학을 전공했다. 『샘이 깊은 물』에서 일했고 편집기획회사 '이야기꽃'을 운영했다. 역사, 음식, 술, 민속문화에 관심 갖고 여행하며 글을 쓴다. 펴낸 책으로는 『조선문인기행』 『허시명의 주당천리』 『풍경이 있는 우리 술 기행』 『비주, 숨겨진 우리 술을 찾아서』 『평생 잊을 수 없는 체험여행 40』 『체험여행, 즐거운 서해안』 『두 배로 벌면 열 배는 즐겁다』 『맛이 통하면 마음도 통한다』가 있다. 한국여행작가협회 대외협력이사를 맡고 있다.

이동미 chorani7@chol.com
생물학을 전공했으나 대학 3학년 때부터 여행과 인연을 맺었다. 『Tour Times』와 『World Travel』의 취재기자로 일하며 전 세계를 쏘다니다가 프리랜서 여행작가로 전환했다. 여행 중 만나는 골목과 맛, 재미난 이야기에 관심이 많다. 저서로는 『골목이 있는 서울, 문화가 있는 서울』 『역사가 살아 있는 야외 박물관, 강화도』 『부산』 『경주』 『강화도』 편 외 다수의 공저가 있고 신문, 사보, 방송 등에 여행안내를 하고 있다. 현재 한국여행작가협회의 기획이사를 맡고 있다.

정보상 webmaster@waw.co.kr

자동차전문지 『카라이프』 기자를 거쳐 여행과 자동차 전문 자유기고가로 활동하고 있다. 2002년부터 2005년 2월까지 한국여행작가협회 회장을 역임했으며 온라인여행전문사이트 와우트래블 대표이사이기도 하다. 여행 전문 포털 와우트래블(www.wawtravel.com)과 자동차 전문 웹매거진 와우(www.waw.co.kr)를 운영하며, KBS 라디오 '행복한 책읽기'에서 '책으로 떠나는 세계여행'을 고정 진행하고 있다. 저서로는 『잊지 못할 해외가족여행지 36』 『알뜰한 여행책』 『수도권 베스트 여행지 42』 『돈 걱정 않고 차 굴리는 절약운전 습관 65가지』 등이 있다.

백남천 nanjang777@hanmail.net

1985년 『월간 문학』으로 등단 후 시집 『참꽃이 피면』 『새벽에 쓰는 시』, 기행 시집 『그대에게 가는 길』 등을 펴낸 시인으로, 한국작가회의 회원으로 활동 중이다. 축제여행, 교과서여행, 가족여행, 예술기행 등에 남다른 관심을 갖고 여행작가의 길을 걷는다. 잡지와 사보 등 여러 매체에 여행 칼럼을 게재하고 방송 패널로 출연하고 있다. 여행산문집 『대한민국 베스트 여행지』 『행복한 축제여행』 『행복한 테마기행』 『사계절 가족여행지』 등을 펴냈다. 현재 대전동방여중 국어 교사로 일하고 있다.

송일봉 dahun21@hanmail.net

해외여행 전문지 『코리안 트래블러』 편집부장, 대한항공 기내지 『모닝캄』 편집장을 지냈다. 현대문화센터와 신세계문화센터에서 '테마여행클럽'을 진행하면서, 매일경제신문을 비롯한 여러 매체에 여행 관련 기사를 연재하고 있다. 방송에서는 케이블방송 C&M '해피투어 여행이 좋다', KBS 라디오 '생방송 토요일', SBS 라디오 '이숙영의 파워 FM' 등에 출연한다. 저서로는 『주제가 있는 여행』 『이번 주말엔 어디 가면 좋을까』 『세계의 아름다운 곳 50선』 등이 있다.

이신화 nadri97@naver.com | www.sinhwada.com

10년 이상 잡지사, 신문사에서 취재기자로 활동했다. 1994년 중앙일보사 『이코노미스트』를 끝으로 직장 생활을 마치고 15년 정도 오로지 원고료만으로 생활을 유지해 온 전업 여행작가다. 저서로는 『DSLR 메고 떠나는 사계절 여행지들』 『없어지기 전에 꼭 가봐야 할 여행지 맛집 967』 『걸어서 상쾌한 사계절 트레킹』 『결혼 전에 꼭 가봐야 할 낭만적인 여행지』 『좌충우돌 여행기』 『몸이 좋아하는 건강여행 1, 2』 『서울 근교 낭만드라이브 완벽가이드 101선』 『그래 떠나고 보는 거야』 『서울 근교 여행 베스트 33선』 외 공저 다수가 있다.

이영관 yklee@sch.ac.kr

어린 시절부터 여행을 무척 좋아해서 전국 각지를 두루 섭렵했으며, 50여 회의 해외여행을 통해 세계문화유산에 흥미를 갖게 되었다. 한양대에서 관광학을 전공하여 문학박사 학위를 받았으며, 국제관광학회 회장과 미국 코넬대 호텔스쿨의 교환교수를 역임했다. 현재 역사여행과 리더십 연구에 몰두하고 있으며, 순천향대 관광경영학과 교수로 재직하고 있다. 저서로는 『조선견문록』 『우리 강산 샅샅이 훑기 – 서해안 여행』(공저) 『여행업 창업과 경영』 등이 있다.

구동관 revolkoo@korea.kr

여행작가이자 가족여행 실천가다. 가족들과 함께 매월 한 차례 정도 다닌 여행 기록을 '초록별 가족의 여행' 홈페이지(www.sinnanda.com)에 남기고 있다. 「소년조선일보」, 「담배인삼신문」에 여행기를 연재했고 강원교통방송, 진주MBC, 대전KBS 라디오에서 여행안내를 했다. 현재는 여행전문지 「여행스케치」의 객원기자이며, 충청남도 농업기술원에서 농촌관광체험 업무를 담당하고 있다.

이종원 ljhkhs44@hanmail.net
잘나가던 직장 생활을 하루아침에 벗어던지고 외로운 여행작가의 길을 걷고 있다. 한국관광공사 '이달의 가볼 만한 곳' 선정위원이며 KBS, SBS, 기아자동차, 한국은행, 월간 「행복한 가정」 등 방송, 사보, 잡지 등에 여행 칼럼을 연재하고 있다. 현대백화점에서 여행 프로그램을 진행하며 대우증권, 대한주택공사 등 각종 기업체에서 여행 강연에도 나서고 있다. 여행동호회 '모놀과 정수(www.monol.co.kr)'를 운영하면서 75회 정도 문화유산답사도 진행했다. 저서로는 「한국의 숨어 있는 아름다운 풍경」, 「살맛 나는 이야기」, 「문화체험지도 50」 등이 있다.

박동식 jayuin66@hanmail.net | www.parkspark.com
카메라를 들고 길을 떠나는 유목 여행자이며 글과 사진을 통해 세상과 소통하길 원하는 작가다. 감성적인 글과 사진으로 많은 팬들의 가슴을 어루만지는 서정적인 작업을 해왔다. 세상 곳곳에 숨겨진 보물을 찾아내는 것을 즐기며 작고 사소한 것들일지라도 모두 의미 있는 것들이라 믿고 있다. 저서로는 「마지막 여행」, 「제주도」, 「열병」 등이 있으며 단행본 「담장 허무는 엄마들」과 음반 「On Eastern Angle」의 사진을 찍었다.

김수남 sackful@hanmail.net
어린이 체험학습, 가족여행 전문 프로그램 키즈투어넷(www.kidstour.net)과, 체험관광 개발과 홍보를 위한 (주)말뚝이티앤씨(www.malttugi.com)를 운영하고 있다. 체험학습 여행과 농어촌체험 관광, 전통문화 여행 등이 주요 관심 분야이며 우체국, 국민연금, 한국농촌공사 웰촌 등의 온라인, 오프라인 매체에 여행기를 연재하고 있다. 저서로는 「우리 아이 창의력을 키우는 체험학습 여행」, 「교과서에 나오는 체험학습」, 「갯벌」 등이 있다.

김정수 saijeje@paran.com
1999년 21일간의 전국 일주 여행기를 인터넷에 연재한 후 반응이 좋아 여행작가의 길로 나섰다. 순천·부산·창원KBS, 원주·진주MBC 등 라디오에 출연했으며 한국농촌공사, 삼성SDS 사보 등에 여행 칼럼을 연재 중이다. 출발넷(www.chulbal.net)을 운영하고 있으며, 저서로는 「TV드라마 & 영화 촬영지 여행」, 「남도의 정취가 물씬 풍기는 섬진강」, 일본어판 「韓國 ドラマ & 映畵ロケ地 紀行」 등이 있다.

채지형 pinksally@nate.com | www.cyworld.com/buenviaje
모든 답은 길에 있다고 믿는 여행가. 일간지와 각종 사보에 여행기를 연재하고 있으며, 최근에는 블로그로 여행 유전자를 가진 이들을 연결하는 방법도 궁리하고 있다. 국내는 물론 세계 구석구석을 여행했으며, 펴낸 책으로는 「지구별 워커홀릭」, 「까칠한 그녀의 스타일리시 세계여행」, 「노웨어」, 「넌, 이번 휴가 어디로 가」, 「싸이월드는 왜 떴을까?」, 「잊지 못할 가족여행지 48」, 「수첩 속의 풍경」 등이 있다.

정철훈 wanggune@korea.com
여행작가 겸 프리랜서 사진작가. 대학에서 사진을 전공한 탓에 이리저리 좋은 그림을 찾아 여행을 하고 있다. 현재 한국관광공사 「추천 이달에 가볼 만한 곳」, 경기관광공사 「GGi Tour」를 비롯해 GM대우, 한전KPS, 현대모비스 등 각종 기업체 사내외보에 여행 칼럼 및 포토 에세이를 기고하고 있으며, 사진작가로도 활발히 활동 중이다.

2005년 (사)한국사진작가협회 주최 '제1회 2030 청년작가 10인전'과 2007년 한국도로공사 주최 '제8회 길사진공모전' 등 다수의 공모전에서 입상했다.

문일식 foreverhappy4u@empal.com
'여행은 떠나는 자의 몫'이라 믿으며 대한민국 구석구석을 누비는 여행자이자 여행작가다. 대형 유통업체에서 11년 동안 마케팅에 몸담으며 주말마다 여행을 다녔다. 다음 카페 여사모(길따라)를 운영하고 있고, 오마이뉴스를 통해 100여 편이 넘는 여행 기사를 올리기도 했다. 2008년 문화유산 사진 및 답사기 공모전에서 답사기 부문 대상을 수상했다. 현재 농수산물유통공사 사보에 연재 중이다.

이시목 san1889@naver.com | blog.naver.com/san1889
경남 함양에서 태어났고 대학에서 국문학을 전공했다. 1997년 대구의 한 지방 잡지에서 여행기자로 첫발을 디딘 후 6년간 여행 웹진 등을 거치며 여행 전문 기자로 활동했다. 이후 레저주간지 『프라이데이』와 『일요신문』의 객원기자로 꾸준히 활동했으며, 『여성동아』 등 여성월간지와 한국가스안전공사, 교보생명 등 각종 기업체 사내외보에 여행 칼럼을 기고했다. 감성적인 글쓰기에 관심이 많으며, 저서로는 『내 마음속 꼭꼭 숨겨둔 여행지』와 『TV보다 재밌는 1박2일 '가족여행이 떴다'』가 있다.

김연미 mujek54@nate.com
여행은 만남이다. 길 곳곳에는 늘 새로운 만남들이 기다린다. 사람, 소리, 빛, 풍경······. 그 만남으로 시작된 여행은 무수한 이야기를 남긴다. 나는 그 이야기들을 좋아하고, 그 이야기를 풀어내는 것을 더 좋아한다. 문예 창작을 공부했고 잡지사에서 여행기자를 했다. 현재 여행 칼럼리스트로 활동 중이다. 저서로는 『맛, 건강 100배 즐기기』, 『연인들의 달콤한 로맨틱 여행』이 있다. 그리고 새로운 여행책을 준비하고 있다.

유철상 poetry77@empal.com
전북 고창에서 태어나고 자랐다. 광주대 문예창작과와 동국대 문예창작과 대학원을 졸업했고, 대학 재학 중에 광주매일 신춘문예에 소설이 당선됐다. 중앙일보 레저주간지 『FRIDAY』에서 여행 전문 기자와 월간 『AB-ROAD』 편집장으로 일했다. 현재는 랜덤하우스코리아 출판사에서 여행책을 만들고 있다. 그동안 지은 책으로는 『행복한 가족여행 만들기』, 『내 마음속 꼭꼭 숨겨둔 여행지』, 『절에서 놀자, 템플스테이』가 있다.

박수연 ozilove@paran.com
IT업계에서 시스템 엔지니어로 근무했지만, 일상의 탈출로 시작한 여행에 매료되어 오지여행 동호회를 만들 정도로 열성적인 마니아가 되었다. 우리나라 자연과 사람보다 아름다운 것은 없다는 생각으로 갓 입문한 새내기 작가다.